한반도의 분단, 평화 통일 그리고 민족

사회와 철학 연구총서 ❹

분단과 국민국가의 미래에 대한 철학적 성찰

2019
세종도서
학술부문

사회와 철학 연구회 **지음**

선우현 **기획·편집**

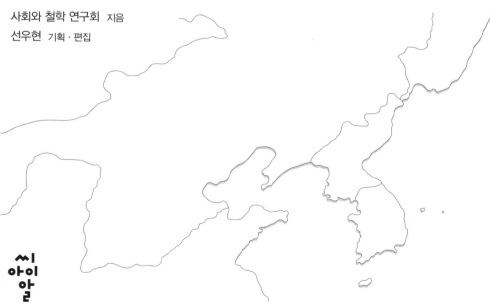

씨아이알

머리말

한국 사회에서 '철학을 한다(philosophieren)'는 것은, 여러 의미가 있겠지만 무엇보다 한국 사회의 현실에 대한 철학적 비판을 통해 사회의 발전에 기여함과 동시에 한국 사회에 대한 철학적 이론을 연구개발하는 것이라 할 수 있다. 이는 사실 우리 '사회와 철학 연구회'의 창립 목적 가운데 하나이기도 하다. 한데 오늘의 한국 사회에서 가장 시급하고 중차대한 철학적 주제는 단연 '한반도의 분단 현실'이라 할 것이다. 그런 만큼 분단의 실상에 관한 비판적 분석과 성찰적 규명을 통해 그것을 극복하고 넘어서는 데 기여할 이론적 지침과 시사점, 구체적인 실천 방안을 모색·제시하는 과업이야말로 오늘의 분단 현실을 살아가는 이 땅의 철학자들에게는 마땅히 수행해야 할 책무로서 다가온다.

이 같은 문제의식에 기대어 이번에 펴내게 된 '사회와 철학 연구총서' 시리즈의 네 번째 권은 다름 아닌 『한반도의 분단, 평화, 통일 그리고 민족: 분단과 국민국가의 미래에 대한 철학적 성찰』이다. 사실 이 주제에 관한 철학적 연구서는 진즉에 나왔어야 했지만, 학회 내부의 여러 사정으로 인해 이제야 내놓게 되었다. 여러모로 미진하지만 그럼에도 이번 연구총서의 출간을 결행하게 된 데에는, 최근 한반도의 '비핵화'와 '평화체제' 문제를 둘러싸고 남북한 모두를 휘감은 채 긴박하게 요동쳐나가고 있는 국제 정세의 흐름과 예측 불허의 한반도 미래 상황에 관한 철학적 고민이 나름 결정적으로 고려되었다.

주지하다시피 분단으로 남북이 갈린 지 어언 70여 년이 다 되어가지만 남북한 사이에는 여전히 팽팽한 군사적 긴장 관계를 바탕으로 한 적대적인 대결 구도가 공고하게 구축되어 있다. 한데 결코 허물어질 것 같지 않던 견고한 분단의 장벽도 최근에 이르러서는 조금씩 균열의 조짐을 나타내 보이고 있다. 문재인 정부가 들어선 이래 일관되게 개진된 대북 화해 및 남북 평화의 메시지에 북한의 김정은 정권이 호의적으로 화답하면서, '전쟁 일보 직전'까지 갔던 한반도 위기 상황은 봄기운 가득한 상생과 협력, 화해와 평화의 상태로 급변하기 시작하였다. 그리고 이는 남북정상회담을 거쳐 분단 이후 최초의 북미 간 정상회담의 개최로 이어지면서, 한반도에 남북한 간 '평화 공존 체제'가 안착될 가능성을 그 어느 때보다 한껏 높여주고 있다. 한반도의 분단 현실에 혁신적인 변화의 조짐이 강하게 일고 있는 것이다.

다만 반전(反轉)에 가까운 지금과 같은 사태 변화가 향후 남북 관계나 한반도의 미래에 대한 장밋빛 전망을 보장해주는 것은 아니다. 한반도의 분단 현실과 관련하여, 작금의 희망적인 신호와 긍정적인 징후는 언제든 돌변하여 비관적인 사태로 다시금 이어질 수 있기 때문이다. 이를테면 민주적 선거를 통해서든, 혹은 체제 내부의 정치적 급변 사태로 인한 것이든, 남북한 내 집권 세력의 교체와 그에 따른 대북·대남 전략에 변화가 이루어질 경우에 남북한 사이의 지금과 같은 화해협력적 분위기는 한순간 일변하여 이전과 같은 상호 대결 및 충돌 사태로 치달을 수 있는 위험성이 강하게 상존해 있다.

　이처럼 그 귀착점을 가늠키 어려울 만큼 긴박하게 돌아가고 있는 한반도의 현 상황을 감안할 때, 차분하고 냉정하게 현 사태에 대한 '비판적 거리두기'를 견지한 가운데 보다 치밀하게 '철학적으로' 들여다보면서 한층 치열하게 '철학적으로' 고민해볼 필요성이 대두된다. 본 연구총서 4권은 이러한 철학적 의도에 부응하여, 그간 한반도의 분단과 평화, 민족과 통일의 문제와 씨름하며 나름 치열하게 사유하고 고민했던 철학적 탐구 작업의 '잠정적' 성과들을 선별하여 하나로 묶어낸 것이다.

　그런 만큼 이번 연구총서에는, 분단체제의 실상과 그 극복책에 관한 철학적 논의를 개진한 글을 비롯하여, 한반도 평화체제의 구축과 평화통일에 관한 철학적 성찰을 담은 글들, 민족통일과 한민족 공동체의 실현을 위한 새로운 민족주의 및 민족(국민) 정체성의 재구성을 주창하거나 민주적 민족(국민) 정체성을 통일 논의의 기본 원리로 제안하고 있는 철학적 통일론 및 민족 담론의 글들이 담겨 있다. 아울러 남남 갈등을 야기하는 새로운 요인으로 떠오른 남한 거주 탈북민 집단의 정치적 행태를, 향후 남북 통합 과정의 성공적 완수 여부를 가늠해볼 수 있는 하나의 문제 상황으로 조망해본 글과 예멘 난민 사태를 통해 분단체제 극복의 문제점 등을 지적한 철학적 통일 담론의 글도 수록되어 있다. 나아가 남북이 통합된 이후 직면하게 될 다양한 정치 사회적 문제들의 만족스러운 해결을 위한 지침의 일환으로, 독일 통일 과정에서 이루어진 대학 개편 과정에 대한 비판적 해명의 글도 이번 연구총서에 실려 있다.

다만 이번 주제와 관련하여 훌륭한 글들이 더 있었지만, 여러 사정으로 인해 이번 총서에 싣지 못한 점은 여러모로 아쉬움으로 남는다. 그럼에도 이번에 수록된 글들이 이 점을 일정 정도는 메꾸어줄 것이라 자위해본다. 그만큼 이번 연구총서 4권에 실린 글들은 하나 같이 분단과 통일, 민족과 평화의 문제에 지속적인 관심을 갖고 치열하게 사유하고 고뇌했던 철학적 탐구 과정의 결실로서, 충분히 학술적으로 평가받을 만한 자격을 갖추고 있다고 감히 말할 수 있을 성싶기 때문이다.

게다가 이번의 총서 4권은 분단 현실을 다룬 본격적인 '철학적' 연구서인 만큼, 이 주제에 관해 정치학이나 북한학, 경제학 같은 사회과학이 이제껏 활용해온 접근방식이나 분석 틀, 그 연구 성과 등과는 '차별화된' 인문학적 성찰의 고유한 학술적 결실을 일정 부분 보여줄 수 있을 것으로 기대된다. 아무래도 정치학을 비롯한 사회과학은 좀 더 미시적이며 현실적인 관점에서 주어진 문제를 분석하고 구체적인 정책 방향이나 지침 등을 제시하는 데 치중하고 있는 데 비해, 철학을 위시한 인문학은 보다 거시적이며 원리적인 측면에서 해당 문제의 기저에 자리한 근본적인 사상적 기반과 전체적인 이론적 윤곽, 그 지향점 등을 고찰하는 데 주안점을 두고 있다고 생각되기 때문이다.

당연히 이는 매우 거칠게 양자를 대비시켜 그 차이성을 좀 더 부각시켜본 것이며, 실제로는 상호 중복되고 겹치는 측면들 또한 적지 않다. 더욱이 이러한 비교가 어느 한쪽의 소위 '학문적 우위성'을 드러내 보여주는 것도 아니다. 사실 인문학적 성찰과 사회과학적 분석은 서로의 부족분을 메우며 상호 보완해줌으로써, 주어진 문제에 관한 탐구 성과의 충실도와 완성도를 높이는 데 충분히 기여할 수 있다. 그런 만큼 그간 주로 정치학과 북한학 등을 중심으로 탐구되어왔던 '한반도의 분단과 평화, 민족과 통일'이라는 '거대 주제'이자 '핵심적 현안'에 대해 철학의 시각에서 논구해본 잠정적 성과들을 담은 본 연구서는, '이론적' 차원에서 보탬이 될 새로운 해명과 방법론적 분석 틀, 학술적 시사점 등을 미력하나마 제시해줄 수 있을 것이다. 뿐만 아니라 '실천적' 측면에서도 문제의 해결 및 극복을 위한 구체적인 방안을 모색하는 데 유의미한 내용과 정보, 지침과 아이디어, 지향점 등을 제공해줄 수 있을 것으로 내심 기대해본다.

사실 이러한 기대와 바람에 부합하는 수준의 연구총서가 되게끔 나름 애를 썼으나, 막상 출간을 앞둔 시점에서 보니 미흡한 점이 한두 가지가 아님을 직시하게 된다. 여러모로 부족하지만, 한반도의 분단과 평화, 통일과 민족 문제에 관심과 애정을 갖고 지켜보아온 일반 독자들, 아울러 이 문제를 놓고 치열하게 연구 작업을 벌여온 관련 분야의 전문 학자와 연구자들에게 이번 연구총서 4권이 조금이라도 도움이 된다면, 더 바랄 나위가 없을 것 같다. 더불어 본 연구서에 관해 많은 비판과 지적, 조언을 또한 부탁드린다.

끝으로, 우리 학회에 애정을 갖고 '사회와 철학 연구총서'의 지속적인 간행을 독려하고 기꺼이 출간을 맡아주신 '도서출판 씨아이알'의 김성배 대표님께 감사의 말씀을 드린다. 또한 본 연구총서를 보다 훌륭한 책으로 만들고자 여러모로 애써주신 출판부의 박영지

편집장님과 최장미 선생님의 노고에도 진심으로 고맙다는 말씀을
전해드리고자 한다.

2019년 2월
기획·편집 책임자 선우현

차 례

머리말 / v

1

한반도의 분단체제와 그 극복

김용해

1.
한반도의 분단체제와 그 극복[1]

김용해

들어가는 말

국제법상 모든 사람(민족)들은 자신의 운명을 스스로 결정할 수 있는 자기결정권을 갖는다. 시민적·정치적 권리에 관한 국제규약에는 "모든 사람은 그들의 정치적 지위를 자유로이 결정하고, 또한 그들의 경제적, 사회적 및 문화적 발전을 자유로이 추구한다."[2]라고 명시되어 있다. 또한 일반 국제법에서 허용되는 계약의 자유 원칙에 따라 각 민족들은 상호계약을 통해 자신의 운명을 스스로 결정할 수 있다. 그러나 한반도에 살고 있는 남북한 민중들의 절대다수는 통일이 자신들의 삶에 중요하다고 생각하고 통일을 진심으로

---

1) 이 논문은 『사회와 철학』 제23집(2012.4)에 출판된 것을 2018년 사회와 철학회가 주관하는 단행본 사업에 참여하고자 그동안의 남북정세의 변화를 고려하여 수정한 것이다.

2) 「시민적·정치적 권리에 관한 국제협약(International Covenant on Civil and Political Rights)」, Art. 1, 1.

원하고 있음에도 불구하고 여전히 분단된 상태에서 살아가고 있다. 최근 남북관계는 2018년 한 해 동안 세 차례의 남북정상회담과 극적인 북미정상회담 이후 급진전되면서 군사대치국면이 완화되고 남북의 철도와 도로 잇기 사업이 시작되었지만 아직 북한의 핵포기 검증이 이루어지지 않았고 유엔의 북한 재제도 풀리지 않았으며, 남북의 개성공단 사업과 금강산관광사업 등은 재개하지 않았다. 여전히 미국과 북한 그리고 남한의 국내 정치적 역학구조에 따라 기대와 불신이 교차되고 있는 상황이다. 남북의 민중들은 일반적으로 자신들의 정체성을 말할 때, 한반도라는 지정학적 공동 공간에서 지배왕조는 바뀌었지만 단일 민족국가 형태로 1,300년 이상을 유지하면서, 건국신화, 통일신라, 고려, 조선 왕조사 등 역사서와, 전시대를 관통하는 한민족 사상을 공유하고 동일한 언어와 문화를 보존하였다고 생각한다.[3] 그런 한민족 공동체가 최근 60여 년의 분단 상황을 극복하지 못한 이유가 어디에 있을까? 분단의 역사를 청산하고 통일을 이루어야 한다는 점에 있어서는 현재 살고 있는 남북민중 절대다수가 동의하고 있는 것으로 나타난다. 경제적, 정치적 위기에 처해 있는 북쪽 민중은 물론이고 남쪽 민중들의 85%가 통일을 원하는 것으로 최근 2010년의 여론조사는 말하고 있다.[4] 통일

---

[3] 에르네스트 르낭(Ernest Renan)에 따르면 흔히 근대민족국가를 형성하는 공통요소라고 일컫는 종족, 언어, 종교, 이익 공동체, 지리 등은 충분한 근거가 되지 않고 거의 이데올로기에 불과하다고 주장하며, 베네딕트 앤더슨(Benedict Anderson)은 민족은 근대 이후의 정치적 필요에 의해 구성된 '상상의 공동체'라 규정하는 등 민족국가의 허구에 대한 토론이 있다. 우리나라에서도 최근 외국인 노동자의 유입이 불가피한 상황에서 '다문화 사회'라는 개념으로 인종차별을 완화하려는 노력을 하고 있다. 탈민족주의 시대에 살면서도 민족주의 논의를 불가피하게 해야 하고, 또 그것이 유효한 것은 남북 민중이 한민중임을 의식하며 정치 사상운동을 하는 현실이 있기 때문이다. 민족의 이념과 정체성에 관한 논의는 졸고, 「남북통일의 비전과 통일국가의 비전」, 『신학과 철학』(16호 2010, 봄)을 참고 바란다.

비용을 기꺼이 부담할 의향이 있다고 적극성을 띠는 이들도 52%나 된다. 통일보다는 현재대로가 낫다(10.7%), 통일은 불가능하다(5.9%)라는 반대 의견 전체보다도 통일은 하루빨리 이루어져야 한다(17.4%)는 의견이 더 많지만, 대부분은(65.6%) 통일이 점진적으로 이루어져야 한다고 답변하였다. 남쪽의 구성원들은 통일의 문제는 민족자결의 문제이고 통일에 대한 의지가 있으면서도 여전히 그 여건은 충분히 성숙되어 있지 않다고 판단한 것으로 보인다.

우선 분단의 역사를 간단히 일별하여 보자. 일반적으로 남북분단의 역사를 1) 분단확정기(1945~1953년), 2) 냉전기(1954~1987년), 3) 탈냉전기(1988~현재)로 구분하고 있다.[5] 한반도의 허리를 관통하고 있는 현재의 남북한 영토의 경계선, 즉 휴전선은 1953년 한국전쟁을 마치며 조인된 유엔군과 북한군 간의 휴전협정으로 설정된 것이다. 그러나 한반도의 분단은 이보다 더 이전인 1945년 제2차 세계대전 막바지에 한반도 전선에 참전하여 항복한 일본군을 무장해제하기 위한 미국과 소련의 남북 점령정책으로 북위 38도 선을 중심으로 분할점령한 데서 유래한다. 따라서 분단은 제2차 세계대전 후 연합군의 전략적 분할점령으로부터 잠정적으로 시작되었지

---

4) 민주평화통일자문회의, 「국민통일여론조사결과보고서」, 『대북정책추진에 관한 정책건의(2010. 1차)』, 110쪽 이하. 통일을 긍정적으로 보는 여론 동향은 2005년 56.2%에서 계속 증가추세이고 2009년 미국발 경제위기 때에 80.4%로 약간 감소되었다가 2010년 84.8%로 다시 증가하고 있음을 보여준다.

5) 통일노력 60년 발간위원회 편, 『하늘길 땅길 바닷길 열어 통일로』, 통일부, 2005. 필자는 한반도의 분단현실을 여전히 냉전 상황으로도 해석할 수 있기 때문에 지금을 탈냉전시대로 보는 데에 어려움이 있다고 생각한다. 그러나 1987년부터 시작한 소련과 유럽의 탈냉전시대의 영향으로 1988년 이후 한반도에도 변화가 시작되었고, 그 변화의 흐름을 세분화하고, 뒤에서 전개되는 학자들의 논의를 잘 이해하도록 돕기 위한 방편으로 여기서는 일반적 견해를 따른다.

만 1950년 한국내전이 발생하고 곧 이어 미국과 유엔, 소련과 중국
이 개입하는 국제전으로 비화되고 이후 정전협정이 맺어지면서 구
조화되었다고 말할 수 있다. 그 후 미소를 중심으로 하는 세계 냉전
체제에 남북도 편입되어 장기휴전 상태로 분단이 고착화되어 갔다.
남북관계의 새로운 돌파구는 1972년이 되어 처음으로 마련되었다.[6]
비록 남북 정권의 공통된 정치적 이해관계에서 비롯된 것이긴 하지
만 서울과 평양에서 동시에 발표된 7·4 공동성명은 남북이 한 민족
임을 최초로 천명하고, 자주, 평화, 민족대단결의 원칙을 세웠다.
동구의 공산권의 붕괴 직후인 1991년 남북의 화해와 불가침 교류합
의서가 채택되어 상호 인정, 내정불간섭, 비방 금지, 파괴, 전복 금
지, 평화 상태로의 전환 노력, 국제무대에서 협력 등을 다짐했다.
2000년 6월 15일에는 정해진 사전의제 없이 처음으로 김대중 대통
령과 김정일 위원장, 남북정상이 평양에서 만나 허심탄회하게 회담
을 갖고 공동선언을 하게 되었다. 남북공동선언 5개 항의 내용은
자주적 해결, 남북 통일방안의 공통성 인정, 인도주의, 협력과 교
류, 조속한 이행이었다. 그러나 클린턴 정부에서 부시 정권으로 바
뀌면서 북미 간 관계는 냉각되고 북쪽은 이에 소위 '벼랑끝' 전술인
핵개발로 응답하여 이로 인해 남북의 관계 역시 침체되었다. 그러
나 북쪽의 고립은 오래가지 않았고, 남북과 미일중소가 참여하는 6
자 회담을 통해서 북핵문제가 해결되어가는 듯한 상황으로까지 진
전되었다. 마침내 2007년 10월 2일 남쪽의 노무현 대통령과 북쪽의

---

6) 여기서 서술하고 있는 남북관계 진전사의 상당 부분은 졸고, 「민족통일의 정당성과 통일
국가의 비전」(신학과 철학 16호)에서 인용.

김정일 위원장은 평양에서 만나 이틀간의 회담 끝에 '남북관계 발전과 평화번영을 위한 남북정상의 선언'을 발표했다. 이는 평화와 남북협력의 좀 더 구체적인 사항을 마련한 것으로 평가된다. 2007년 현재의 정부가 들어서면서 남북관계는 경색국면으로 치달아 2010년 3월의 천안함 침몰사건, 9월의 연평도 피폭사건 등 군사적 대립 관계가 계속되고 있다. 이처럼 남북은 한편으로 각각의 내부 정치의 전환용 전략에 의해서든, 정상들의 순수한 민족주의 리더십에 의해서든, 혹은 북미 관계와 맞물린 종속변수로 작용한 정치적 제스처였든 지난 40년 동안 '민족'을 줄곧 천명하였고 민족의 화해와 교류, 협력과 연대를 선언해오면서 통일의 긴 여정을 이미 시작하였다. 그러나 다른 한편 남북의 관계가 민중차원에서 주도되기보다 남북의 정권의 상황, 미국 행정부의 의지에 따라 동반자 관계로 동포애를 나누다가 하루아침에 '주적(主敵)'이 되기도 하는 상황에 있다.

우리는 이 소 논문에서 우선 무엇이 통일로 나아가는 데 걸림돌이 되고 있는지 분단체제론을 중심으로 살펴보고(2장), 냉전체제 해체의 역사를 돌이켜보면서 한반도 분단체제의 현실을 분석한다(3장). 그런 후에 분단체제를 극복할 수 있는 길은 무엇인지 논의할 수 있으리라 생각된다(4장).

분단체제론

일반적으로 남쪽 사회에서 쓰고 있는 '분단체제'라는 말은 단순히 '분단', '분단시대' 또는 '남북대결상태'를 뜻하는 표현이거나 남한 내부의 '반공체제', '냉전체제' 등의 동의어로 쓰인다. 그러나 백낙청은 80년대 남쪽 사회에서 '사회구성체' 논쟁이 활발할 때, '선통일 후민주', '선민주 후통일'의 이분법적 이데올로기에 머물지 않고 '분단모순'에 대한 총체적이고 체계적인 해명을 시도하기 위해 '분단체제론'을 들고 나왔다.[7] 그는 한반도의 분단이 엄연한 현실임을 인정하고 '분단시대'라는 말을 당연시할 정도로 분단현실이 상당한 지속성을 띤 것임을 고려하고 남북 전체를 망라하는 이 현실이 사실상 '체제'로서의 성격을 띠고 있는 것으로 보고 있다. 백낙청은 체제 개념과 관련해서 다른 학자들과의 대화를 통해 점차 다듬어가는데, '체제'란 정치학에서 지배권력과 지배집단을 망라하는 체제(regime)라기보다 '체계이론'에서 말하는 체계(system)에 더 가깝다고 생각한다. 그러나 그렇다고, 대외적으로 폐쇄적이고 대내적으로 수평적인 이념형의 순수 체제라기보다 사회과학적 인식에 역사인식을 곁들인 체제로 해석하고 있다.[8] 남한 사회의 민주화와 산업화 그리고 경제건설은 민족분단의 현실과 무관하게 진행될 수 없음은 명백하다. 남한의 재야운동가뿐 아니라 집권층 스스로도 '시도 때도 없이' 남북문제를 들고 나와 분단과 안보를 정략적으로 이용하고 있음을 우리는 목도하고 있다. 최근에는 북쪽 민중의 식량난과 경제적 궁핍을 외면한 남쪽 정권과 보수진영에서 굶주림 때문에 북한을 탈출하여 중국 공안 당국에 체포된 탈북자들의 인권에

---

7) 백낙청, 『분단체제 변혁의 공부길』, 13쪽 이하.
8) 백낙청, 같은 글, 42쪽 이하.

지대한 관심을 보이고 있다. 북한으로의 송환을 하지 말라는 외교적 압력을 중국에 강하게 행사하고 있는 듯이 한국사회에 보이고 있다. 이는 일관성 없는 남북정책과 중국과의 외교적 협력의 실패에 대한 더 큰 책임은 망각하고 책임을 타자에게 돌리는 동시에 시민의 감정에 호소하여 국내 정치 상황에서 정략적 이익을 취하려 하고 있다는 비판에서 자유롭지 못하다. 마찬가지로 2011년 김정일 사망 후 유례가 없는 3대 부자세습(父子世襲)으로 현대 세계의 웃음거리가 된 북쪽은 정권의 정당성을 획득하기 위해 남북관계의 단절과 긴장을 유지하는 정책을 쓰고 있다. 이러한 분단체제하에서 남북한 양측의 지배계층이 내세우는 분단 이데올로기는 남한의 반공주의와 북한의 김일성주의 내지 주체사상으로 집약할 수 있는바, 양자는 민족통일을 지상목표처럼 내세우면서도 실은 남북한 지배계층의 기득권 유지에 이용하고 있는 것이 현실이다. 이러한 현실은 단지 '분단체제'라는 특수한 조건에서만 해명된다고 백낙청은 주장한다.[9] 그의 분단체제론은 네 가지로 요약된다.[10] 첫째, 남북한이라는 분단된 두 국가의 관계는 자기 재생산 능력을 가진 분단체제로 규정할 때, 한반도 전체 및 남북한 각각의 역사와 현실을 효과적으로 설명할 수 있다. 둘째, 한반도의 분단체제는 자기 완결적 체제가 아니라 자본주의적 세계체제의 하위체제로서 동아시아에 자리 잡은 고유한 존재로 자리매김할 수 있다. 셋째, 한반도에서의 분단체제는 반민주적이고 비자주적이므로 남한 내부의 민주화, 자주화

---

9) 백낙청, 같은 글, 18쪽.

10) 박순성, 「분단체제와 변혁운동」, 『동향과 전망』, 제15권 2호, 161쪽 이하.

운동의 진전은 '분단체제 변혁'이라는 보다 총체적인 틀 속에서 민중 주도로 이루어져야 한다. 넷째, 남한 내부의 민주화, 자주화 운동은 분단체제 변혁운동이자 세계체제 변혁운동으로 나아가야 하고, 이를 위해 남한민중의 변혁운동은 북한민중, 더 나아가 동아시아 및 세계 각국의 민중과 연대해야 한다.

이러한 백낙청의 분단체제론이 지니고 있는 각론을 손호철은 다음과 같이 긍정적으로 평가한다.[11] 첫째 남북한 사회의 부정적이든 긍정적이든 상호연관성을 강조하고 따라서 남북한민중의 연대가 분단체제를 극복하는 데 핵심주체가 된다. 둘째, 분단의 부정적 효과와 관련하여 상대적으로 남한에서 등한시한 북한의 '자주성의 제약'이라는 문제를 꺼내기가 쉽다.[12] 셋째, 남북한 지배세력 간의 '대립', 즉 '체제모순'만을 주목해온 종전의 사고와는 달리 분단 유지에서 얻어지는 '이해관계의 공유'라는 측면을 부각시켰다. 넷째, 분단의 효과로서 분단하에서의 민주변혁과 민중권력의 가능성이 낮다는 점을 현실주의 입장에서 강조한다. 다섯째, '당위론'과 '관념론'으로 치닫는 '선민주변혁, 후통일론'에 대해 '정치적 현실주의'로 비판하고 있다는 점이다. 여섯째, 현실주의적 수용으로 세계체제를 상부구조로, 분단체제를 하부구조로 놓고 다시 분단체제의 극복을 세계체제의 변혁이라는 큰 기획하에 이루어져야 함을 강조하고 있

---

11) 손호철, 「분단체제론의 비판적 고찰」, 『계간 창작과비평』 86호, 321쪽 이하.

12) 외국군 주둔을 청산하고 외국의 내정간섭을 배제하며 경제적 자립을 내세우는 북한의 자주성이 미국과 일본의 포위망에 갇힌 '일종의 농성체제'로서 자신이 소망하는 바를 남들의 간섭 없이 성취할 수 있는가 라는 관점에서 백낙청은 비판을 하고 있다. 백낙청, 『분단체제 변혁의 공부길』, 앞의 글, 19쪽.

다. 손호철은 분단체제론의 긍정적인 공헌에도 불구하고 한반도의 분단을 '하나의 단일한 체제'로 이해하기에는 어려움이 있다고 비판하고 있다. 크게 두 가지 관점, 즉 체제 이론적 관점과 분단사회학적 관점으로 나누어 비판한다. 첫째로 체제이론적 관점에서 살펴보자. 분단체제가 체제(System)가 되기 위해서는 체제의 경계와 경계밖의 환경이라는 요소 이외에 체제 내부에 1) 복수의 구성요소 2) 구성요소 간의 관계 3) 관계로부터 도출되는 법칙성 그리고 4) 요소들 간의 상호의존성, 5) 자기 충족적 재생산성이 필요하다.[13] 그런데 손호철은 남북한이 '체제'라고 부를 만큼 상호의존적인지, 남북양측의 기득권 세력들이 분단을 통해 누리는 공통의 이해관계가 두 사회체제, 즉 자본주의 체제와 사회주의 체제 간의 체제모순과 적대감을 능가하는 것인지를 묻고 이를 부정하고 있다. 특히 체제의 상호의존성, 공동이익성이라는 관점에서 분단체제의 성립시기를 48년으로 보면 50년 초의 한국전쟁을 설명할 수 없고, 분단체제 성립시기를 53년 휴전협정으로 보더라도 60~70년의 북한의 대남공작 및 침투를 설명할 수 없다고 생각한다.[14] 왜냐하면 이러한 시도는 분단의 체제를 유지하여 이익을 추구하기보다 어떤 형태로든지 분단 상황을 종결하려는 시도라 할 수 있기 때문이다. 체제이론에

---

13) 같은 곳, 324쪽 이하. 손호철은 이 체제의 정의를 *International Encyclopedia of Social Science*, Vol. 6, 453쪽에서 인용하였다. 독일의 체제이론가 루만(Niklas Luhman)에 따르면 정치, 사회적 체계라는 것은 '합리성'을 기반으로 의사소통을 통해 구축되는 '의미체제'이고 이때 '의미(meaning)'란 1) 복잡성의 단순화, 2) 체제와 환경과의 차별, 3) 자기관계성, 4) 자동성, 5) 운용의 폐쇄성의 요소를 가지고 있다고 한다. N. Luhman, *Grundrechte als Institution*, 62쪽 이하.

14) 손호철, 위의 글, 325쪽 이하.

대한 회의적인 또 다른 근거는, 분단체제론에 따르면 북한을 남한과 마찬가지로 자본주의 세계체제의 하부구조로 보아야 하는 점에 있다. 현실사회주의도 교역을 통해 자본주의 세계경제에 참여하고, 상품생산과 가치법칙이 존재하였기 때문에 동구 몰락 이전에도 '세계 사회주의 경제체제'가 아니라 자본주의 세계경제의 일부였고 생산양식 자체도 자본주의였다고 생각하는 월러스타인 같은 학자들이 없는 것은 아니지만 이에 쉽게 동의할 수 있는 것은 아니라고 주장한다. 극소량의 경제교역을 이유로 북한이 노동의 상품화라는 생산관계로서의 자본주의체제라고 하는 것은 사회주의적 실험을 지나치게 과소평가하는 것으로 보고 있다고 해석한다.[15]

둘째로 분단체제론을 비교 분단사회학적 관점에서 손호철은 비판하고 있다.[16] 북한이 '세계체제'의 일부라는 주장이 문제가 되는 것이 아니라 '자본주의 세계경제'의 일부로 보아야 하는 것이 문제라고 생각한다. 왜 하필 남북한체제만이 분단체제이고, 동서독이나 남북베트남은 분단체제가 될 수 없는지에 대한 문제의식이다. 손호철은 분단체제론이 세계체제와 분단체제의 구체적 연관성을 과학적으로 규명하지 못하고 있다고 지적한다.[17]

백낙청은 손호철의 첫째 문제제기에 세계체제의 하위체제로서의 분단체제는 그 구성요소로 '자기 완결성'이 낮은 남북한 사회라고 답변한다.[18] 따라서 백낙청의 '체제'는 엄밀한 체제 이론적 의

---

15) 위의 글, 326쪽 이하.
16) 위의 글, 327쪽 이하.
17) 위의 글, 330쪽.
18) 백낙청, 「분단시대의 최근 정세와 분단체제론: 손호철 교수의 비판에 답하며」, 『창작과비

미, 즉 자기충족적 재생산과 자기관계성(요소의 상호의존성)이 단순화된 법칙에 의해 자기운동하는 그런 체제가 아님을 밝히고 있다. 필자의 견해로는 백낙청의 분단체제론은 분단의 모순을 획책하고 있는 숨겨진 동력을 부각시키고 이를 극복하기 위한 의미체제, 혹은 해석체제로서 분단체제를 말하고 있다. 더 나아가 백낙청은 남한과 북한의 대립이 세계차원의 냉전시대에 존재했던 미소 중심의 '진영모순'이나 한반도 차원의 '자본주의와 사회주의 간의 체제모순'으로는 적절하게 설명할 수 없다는 문제의식을 가지고 있다. '적대적이면서도 상호규정적인 체제경쟁' 혹은 '적대적 의존관계'를 통하여 내적 체제안정을 달성하고 분단을 자신이 유리한 방향으로 해소하려고 하지만 번번이 세계체제의 하위체제로서 좌절되고 마는 상황을 설명하기 위해 '분단체제'를 상정한 것이다.[19] 둘째의 비판에 대하여 백낙청은 "민족모순을 포함한 세계체제의 모순이 분단모순의 형태로 남북한 민중을 모두 억누르되 그 구체적인 작동방식은 남북의 현실에 따라 달라진다."라고 답변한다.[20] 따라서 한반도의 '분단모순'이란 세계체제의 모순이 '한반도에서 작동하는 특수한 형태'이고 남북한 각각에서 구체적으로 작동하는 방식은 남북의 현실에 따라 달라지는 것이다. 백낙청의 분단체제론에 따른 북한체제의 이해는 월러스타인(Immauel Wallwrstein)이 자본주의 세계경제에 대항하는 반체제 운동들, 집권한 사회민주당, 집권한 공산당, 집권

평』, 244쪽.

19) 박순성, 앞의 글, 167쪽.

20) 백낙청, 앞의 글, 250쪽 이하.

한 민족주의자들에 대한 평가와 맥락을 함께 하고 있다. 월러스타인은 이들 반체제운동들이 국가 권력을 장악하고도 세계체제변혁에 이르지 못하고 오히려 세계체제를 정당화시켜주는 기능을 담당함으로써 '체제에 포섭되었다'고 보고 있다.[21] 자본주의 생산양식의 근본조건인 자본축적 과정에 대해 반체제운동이 발생하였어도 자본주의 세계경제의 다중구조, 즉 자본주의 세계경제, 상부구조로서의 국가 간 체제, 문화적 억압기구와 중간계층 및 반주변부 등이 지닌 복잡한 상호관계를 벗어날 수 없다고 월러스타인은 보고 있다. 그는 따라서 근대세계체제에 대한 반체제운동은 국가에 대한 새로운 태도 및 운동전반의 기본전략에서 변화가 있어야 한다고 강조하고 있다. 백낙청은 이런 관점에서 북한마저도 이러한 자본주의적 세계체제에 편입되어 있고, 이러한 세계체제의 하부구조로서 한반도식 특수 형태인, 불완전하고 극복해야 하는 '분단체제'를 말하는 것으로 보인다. 마지막으로 손호철이 제기한 세계체제와 하부구조인 분단체제 간의 과학적인 관계설명이 불가능한 점은 위에서 보는 것처럼 다층 다중구조를 가지고 있는 세계체제의 성격상 쉬운 작업이 결코 아니고 지속적인 연구가 있어야 한다는 점은 백낙청도 동의하고 있다. 박순성은 월러스타인의 근대 세계체제론은 하나의 '과학적 연구계획의 기본모형'으로 틀을 제공한다면, 분단체제론은 이 틀에 기초하여 구체적인 지역과 상황을 설명하려는 부분이론이고 이러한 부분이론들에 의해 세계체제 이론이 성공할 것인지가 결정 날 수

---

21) Wallerstein, "The Agonies of Liberalism: What hope progress?", *New Left Review*, 59쪽; 박순성, 앞의 글 174쪽에서 재인용.

있다고 해석하고 있다.[22)

우리는 위에서 백낙청의 '분단체제론'과 관련된 논의를 통해서 분단체제론의 장점과 한계 그리고 보충가능성을 살펴보았다. 남북 분단 상황은 손호철이 지적한 것처럼 '하나의 체제'로 설명하기에는 너무도 복잡한 이해와 동인들이 결합되어 있다. 체제이론은 체제(사회적 공동체)와 환경과의 관계, 더 넓은 범주의 체제(사회)와 그 부분으로서의 체제(사회)와의 현상적 관계를 기능적이고 체계적으로 관찰하고 설명하는 데 유용하겠지만 사회를 변화시키려는 여러 차원의 구성원들의 의지와 창조적 결단을 담아내기엔 한계가 있다. 백낙청도 엄밀한 체제 이론적 체제가 아님을 시인했듯이, 그의 분단체제론은 니클라스 루만(Niklas Luhman)이 주장하는 자기충족적 재생산과 자기관계성 안에서 자기운동하는 '기능적 체제'라기보다는 오히려 위르겐 하버마스(Juergen Habermas)의 구상처럼 생활세계를 통해 변혁해갈 수 있는 체제를 의미하고 있다고 해석할 수 있다. 아래에서 냉전과 분단체제의 동인 중 가장 중요한 패권주의를 살펴보기로 한다.

냉전과 분단체제의 동인: 패권주의

탈냉전시대 상황 속에서 한반도의 분단은 동서냉전의 마지막 현장이라고 흔히 말한다. 제2차 세계대전이 끝나고 해방군으로 한반도에 진입한 미국과 소련이 강력한 군사, 외교적 영향력을 행사

---

22) 박순성, 앞의 글, 175쪽.

하면서 두 축이 중심이 된 냉전시대에 한반도의 남북은 냉전의 첨예한 현장이 되었고, 더 나아가 1950년 한국전쟁으로 대립체제가 더욱 굳어졌다고 보는 것이 일반적 시각이다. 그러나 1987년 소련의 개혁 개방 정책을 기점으로 냉전체제가 무너지기 시작하고 민족자결권에 따라 동유럽이 스스로 자유시장체제를 도입하고, 동서독이 냉전을 해소하고 통일을 이루는 등 탈냉전시대가 도래하였다. 그러나 한반도의 분단은 냉전종식으로도 끝나지 않고 있다. 이데올로기에 따른 냉전이 한반도 분단의 원인일 수 없다는 반증이다. 또한 세계적 차원에서 전쟁의 시대가 가고 평화의 시대가 오리라는 탈냉전시대는 기대와 달리 세계가 새로운 불안한 혼란기로 접어들고 있다. 보스니아 내전, 9·11 사태, 이라크, 아프가니스탄 전쟁과 팔레스타인, 아프리카 등 이슬람권의 반미 저항과 테러, 한반도에서의 연평도 사건 등의 국지전은 냉전시대의 평화보다 더 불안한 상황으로 전개되고 있다. 이것은 자본주의와 사회주의 이데올로기 사이에서 발생한 것으로 이해된 냉전을 새롭게 해석할 필요성을 반증하는 것이다. 냉전은 힘이 대등한 미국 소련 간, 더 나아가 소위 자유진영과 공산진영 간의 대결이었던 것이 아니라 미국의 패권주의적 전략이었음을 커밍스(B. Cummings)는 새로이 밝히고 있다. 냉전구도는 미소 간의 실제적 적대, 요란한 대립과 경쟁도 있었지만 심층적으로는 미국이 소련과의 공존을 전제로 세계적 패권을 수립하기 위해 선택한 전략으로 보는 것이 더 타당하다고 그는 주장한다.23) 이 냉전 중에 초강대국인 미국과 소련이 긴 평화를 유지하게 되었는데, 일반적으로 생각하는 것보다 훨씬 더 소련이 미국의 관점을 공유하고 있었다. 소련은 동유럽에 대한 지배를, 미국은 독일을 비롯한 서유럽과 일본에 대한 막강한 권한 행사로 양국은 적성국과 동맹국 모두에 대항해서 안보를 제공하는 봉쇄정책을 단행했다. 특히 냉전은 미국에게 있어서 경쟁 공업국의 필수자원에 대한 칼자루를 쥘 수 있었던 패권 프로젝트였던 것이다.[24] 냉전 패권 프로젝트를 통해 미국이 얻을 수 있었던 것을 월러스타인은 네 가지로 본다.[25] 첫째, 세계시장 확장에 도움이 되지 않는 공산권은 봉쇄를 통해 부담을 줄이면서 자본주의 세계경제의 팽창을 주도했고 동맹국들을 하위에 둔 패권체제를 확립하였다. 둘째, 양 진영 내부를 통제함으로써 세계 전역에 안보국가 체제를 이루고 모든 국가의 국내 억압체제를 정당화시켰다. 셋째, 자본주의 세계체제에 대한 제3세계의 저항을 봉쇄하고 후진국 선진국 간의 남북갈등을 통제하였다. 마지막으로 냉전은 미국 국내 지배체제의 강화를 가져왔고 국내의 노동과 자본 간, 인종 간 갈등을 통제함으로써 자본축적의 가속화를 가져왔다. 따라서 미국의 1930년대를 생각해보면 이런 냉전체제가 없었더라면 패권국가 미국이 되기는 어려웠을 것이라 예상하기에 충분하다. 한반도의 분단은 이런 미국의 패권 프로젝트, 자본주의적 세계경제의 하부구조로 동서냉전의 일부이고, 동시에 한국전쟁은 동아시아 지역뿐 아니라 세계적 차원에서 냉전체제를 굳히는 데 큰 역할을 한 세계사적 사건이었다.[26] 한국전쟁과 분

---

23) 부르스 커밍스, 「70년간의 위기와 오늘의 세계정치」, 『창작과비평』, 74쪽.

24) 같은 글, 74쪽 이하.

25) I. Wallerstein, *After Liberalism*, The New Press, 180~183쪽.

26) 유재건, 「한반도 분단체제의 독특성과 6·15시대」, 『지역과 역사』 20호, 297쪽.

단의 고착화는 세계 냉전체제의 단면을 잘 보여주고 있다. 첫째, 한국전쟁은 세계경제의 팽창기간 중 엄청난 군사비 지출로 미국과 일본경제의 비약적 성장을 가능케 하였다. 둘째, 한국전쟁은 미일방위조약, 일본 자위대 창설, 유럽냉전의 공고화에 영향을 미쳐 범세계적 안보국가 구축에 기여하였다. 셋째, 한국전쟁은 한편으로 미국의 패권주의에 대한 제3세계의 저항의 측면이 있었지만 다른 한편 장기간의 휴전체제는 남북한 모두를 봉쇄하는 이중 봉쇄, 즉 분단체제를 유지하는 기제였다. 넷째, 한국전쟁은 미국의 체제를 전환시킨 중대한 사건이었다. 국방예산이 엄청나게 늘어났고, 군산복합체에 막대한 예산을 투여했고, 이로써 미국의 패권주의의 성립과 유지를 가능케 하는 체제가 완성되었다.[27]

냉전이 단지 공산주의와 자본주의의 대결로 본다면 사실상 공산주의가 막을 내린 이 시대의 한반도의 분단은 냉전의 마지막 유물로 보아야 할 것이다. 그러나 냉전을 미국의 패권주의하의 자본주의 세계체제의 확립으로 본다면 한반도의 분단은 낡은 유물이 아니고 그 본질을 확실히 구현하고 있는 현재진행형의 현실이다. 자본주의와 공산주의의 대결이 냉전의 본질이었다면 미국은 냉전에서 승리를 거두었다. 그러나 냉전의 본질이 미국의 패권하의 자본주의적 세계체제였다고 하면 미국은 승리한 것이 아니라 패배했다는 역설적 주장도 성립한다.[28] 냉전시대에 미국이 획득한 제왕적 주도권은 이제 유럽연합, 일본, 중국 등으로 분산되는 다극화시대로 접

---

27) 같은 글, 297쪽 이하.
28) 같은 글, 296쪽 이하.

어들고 있다고 보는 것이 탈냉전의 본질로 보기 때문이다. 물론 현재의 탈냉전 상황을 미국 중심의 단극시대로 부르는 사람들도 있지만 장기적 전망으로 볼 때 군사력을 제외하고는 과거의 경제 및 외교의 주도권을 미국이 유지하기란 불가능해 보인다. 그런데 한소, 한중 수교, 남북의 유엔 동시가입으로 한반도에도 냉전이 해소되는 듯이 보이던 것과는 달리, 북미 북일의 냉전 대립이 해소되지 못한 것은 미국의 세계전략과 관련이 있지 않다고 말할 수 없다. 미국의 자본가와 매파집단은 다극화시대에도 소위 깡패국가들과의 대립과 '테러와의 전쟁'을 통해 지속적인 패권을 기획하고 있다. 부시행정부의 국무장관이었던 라이스(C. Rice)는 국가안보보좌관 시절 인사청문회에서 대테러전을 과거 냉전시대 공산주의 국가들과의 투쟁에 견주었다. 그러나 미국 패권주의는 군사력에서 압도적 우위를 점하고 있음에도 경제와 이데올리기적 정당화에서는 실패하고 있다고 말할 수 있다.[29] 2008년 서브 프라임 모기지 사태로 경제 위기를 맞이한 미국은 최초의 흑인 대통령 버락 오마마를 선택했다. 오바마는 국내의 경제기반의 재정립과 건강보험 등 복지제도 정비를 우선과제로 삼고 개혁을 주도하는 한편, '하드 파워' 외교를 탈피하고 적성국가와의 새로운 화해시대를 열려는 의도로 일방주의 배제 원칙과 '리셋' 외교를 주요 대외정책으로 천명했다. 그러나 병력을 증강하고 핵억제 정책을 강화하여 이란 북한 등의 국가를 압박하려는 의지 또한 분명하고, 자본가들과 매파 세력뿐 아니라 민주당 내에

---

29) Michael Mann, *Incoherent Empire*, Verso, 13쪽: 유재건, 앞의 글, 300쪽에서 재인용.

서조차 그의 개혁 정책에 저항하고 있어 부시정부와 크게 다르지 않는 패권주의적 전략이 계속될 전망이다. 미국의 강력한 패권적 지배체제의 기획으로 냉전이 있었고, 한반도의 분단이 지속되고 있다면 남한과 북한이 동일한 지배체제의 일부라는 분단체제론은 설득력을 더 얻게 된다. 이런 면에서 백낙청이 분단체제를 극복하면서 동시에 패권주의적 자본주의 경제를 핵심으로 하는 세계체제를 변혁시키는 비전을 제시해야 한다는 주장은 터무니없는 것이 아니다. "한반도의 통일은 한반도란 국지적 지역에서 치열한 전쟁의 교착상태로 굳어진 남북한 억압 체제의 해체 혹은 전복이고, 그것이 세계 전체의 억압적인 구조와 연관이 깊은 한에선 현 세계체제 일각의 타파인 셈이다."[30]라고 유재건은 분단체제론을 옹호한다. 이는 한반도의 분단체제의 극복은 곧 '세계사적 보편성'을 가질 수 있다는 점을 강조한 셈이다.

아래에서는 탈냉전을 가능케 한 동인이 무엇인지 살펴본다. 냉전을 극복한 힘은 당연히 냉전체제를 유지하고 지탱하는 체제의 자기운동일 수 없고, 체제 밖 생활세계의 시민들의 의지였다는 것을 파악할 수 있을 것이다. 우리는 탈냉전의 동인을 파악함으로써 분단체제를 극복할 힘의 원천도 얻을 수 있을 것이란 전망을 갖는다.

분단체제의 현상과 그 극복의 가능성

앞에서 우리는 한반도의 분단을 제2차 세계대전 직후부터 한국

---

30) 유재건, 앞의 글, 301쪽.

전쟁 종료 시점까지의 분단확정기, 그 후 냉전기(1954~1987)를 거쳐 현재는 탈냉전기(1988년 이후)로 변화하고 있다는 사실을 현실주의적 입장에서 보았다. (신)현실주의로 대표되는 미국의 국제관계학은 이러한 변화가 무엇보다 미국과 소련이 주도하는 세계체제의 동인에 의해 이루어졌다고 해석한다. 즉, 미국과 소련이라는 행위자가 독립변수 역할을 하고, 남북한의 자율적 선택은 단지 종속변수로 작용한 것이라 해석하고 있다. 이 해석에 따르면 한반도의 분단은 민족내부의 좌우 사상적 갈등이라기보다 1945년 제2차 세계대전 막바지에 한반도 전선에 참전한 미국과 소련의 남북 점령정책 때문에 성립되었다. 그리고 다시 1950년 한국내전과 1953년의 정전협정으로 한반도는 냉전체제의 첨예한 현장이 되었다. 이는 냉전체제의 국제구조가 한반도에서 '재생산'되고 있음을 보여준다. 1950년 이후 미국과 소련이 패권주의적 기획으로 '안보국가'를 발명하고 냉전체제를 구축하자 남북한도 종속변수로서 안보국가를 수입할 수밖에 없었다. 안보국가란 세계를 무정부 상태로 가정하면서 자력구제를 국가의 행동원리로 삼을 수밖에 없기 때문에 안보가치를 강조하고 국내 민주주의의 제약을 정당화하는 국가이다.[31] 냉전체제 하의 세계는 자본주의와 공산주의체제, 즉 동서진영으로 나뉘어 각각 미국과 소련에 의해 봉쇄되고 안보를 두 제국에 의탁할 수밖에 없게 되었다. 한반도 냉전체제가 정전협정이 체결된 시기를 기점으로 '1953년 체제'라고 말한다면 1953년 체제는 남북한 공동

---

31) 구갑우, 「한반도 분단체제와 평화국가 만들기」, 『시민과 세계』, 23쪽.

의 제도가 존재하지 않는 상황에서 한미일 동맹과 북중러 동맹에 의존하는 남한의 안보·개발국가와 또 다른 안보국가의 극단적 형태로서 북한의 유격대·개발국가를 낳았다. 남북은 경쟁적으로 군비를 확장하면서 서로에 대한 적대성을 재생산해내는 체제로 발전하였지만 서로 공존할 수 있었던 것은 무엇보다 미국과 소련의 핵 억지와 동맹 블록내의 통제정책 때문이었다.[32]

　　그런데 1987년 이후 냉전체제가 소련과 동유럽에서 해체되기 시작하였는데, 이것은 남북관계에도 새로운 전기를 마련할 수 있는 계기가 되었다. 1991년 남북의 화해와 불가침 교류합의서가 채택되어 상호 인정, 내정불간섭, 비방 금지 등 평화 상태로의 전환 노력과 국제무대에서 협력 등을 다짐하게 되었다. 그러나 북한은 남한이 흡수 통일할 것을 두려워한 나머지 핵무기 개발에 박차를 가하게 되고, 마침내 북미갈등과 남한사회의 내부갈등이 야기되었다. 2000년 들어 남북정상회담이 열리고 6·15 공동선언을 계기로 6자회담을 통해 북핵문제를 해결하고 개성공단과 금강산관광, 남한의 북한에 대한 인도주의적 지원 등의 사업을 통해 본격적인 화해의 시대를 여는가 싶었는데, 2008년 시장자유주의를 내세운 남한의 보수 정권의 등장으로 남북관계는 급속히 냉각되기 시작했다. 마침내 2010년 천안함 폭발 사건, 연평도 피폭사건 등이 발생하면서 점차 남북은 다시 안보국가체제로 회귀하고 있는 중이다. 2008년 이후 최근 몇 년 동안 남북이 군사적 긴장을 고조시키고 안보체제를

---

32) 위의 곳.

강화하여 병영국가화하는 것은 양상은 다르지만 남북 정권에 공통적으로 이익을 가져다주기 때문일 것이다. 남쪽에서는 보수정권을 수립하여 경제발전을 꾀한다는 이유로 자본가 우대정책을 쓰면서 인권 및 진보그룹과 시민운동을 약화시키고 있다. 평등, 복지, 참여와 남북화해를 중시한 지난 10년의 진보정권시절을 잃어버린 10년으로 규정하고, 자본가 중심의 자유시장주의적 자본주의를 빠른 시일 안에 만회하고 구조화하기 위해 비정상적 전시상태와 같은 긴장이 필요했을 것이다. 북쪽에서는 최근 김정일의 건강이 악화되고 이윽고 사망하는 동안에 김정은을 후계자로 세우는 과정을 기획하였고 3대 부자세습 왕조라는 비판을 희석시키고 억압적 체제를 정당화할 수 있는 긴장상태가 요청되었다. 한편 남북이 군비증강에 경쟁하고 적대적 공존 상태가 되어야 미국과 중국의 역할은 더욱 커지고 군수산업을 수출할 기회는 더 많아진다.

세계차원의 탈냉전시대를 열게 된, 특히 냉전 해체를 견인하는 동력이 무엇이었는지를 분석한다면 한반도 차원에서의 분단체제를 극복할 가능성도 거기서 찾을 수 있을 것이다. 왜냐하면 앞에서 살펴본 대로 한반도의 분단체제는 세계차원의 냉전체제의 하부구조 내지 종속변수로 조직화되어 있기 때문이다. 우리는 1989년 탈냉전의 해체가 어디서부터였는지를 살피는 한편, 다른 한편 이 계기를 통해 동서독의 분단은 극복된 반면 한반도의 분단체제는 왜 화해와 긴장이 반복되면서 여전히 분단 상태로 남아 있어야 하는지를 해명하는 방식으로 살펴보아야 한다. 구갑우는 존 개디스(John L. Gaddis)에 의거하여 냉전체제 해체의 성격을 다음과 같이 정리하고 있다.[33]

첫째, 냉전체제의 한 극이었던 소련은 자신의 군사력을 유지한 채로 붕괴했다. 이는 군사력이 국제관계의 결정적 요인이 아니라는 것을 의미한다. 냉전체제 해체의 원인은 군사적 패배나 경제적 몰락이 아니라 관념, 즉 이데올로기적, 도덕적, 문화적 능력으로서의 정당성의 붕괴였다고 본다.[34] 둘째, 냉전체제하에서도 냉전체제의 하위행위자로 규정되었던 국가들이 일정한 자율성을 가지고 있었다. 냉전체제하에서 미소의 지배를 막는 것은 불가능한 것이었지만 두 강대국에 협력할 것인가 아니면 저항할 것인가는 그들의 선택이었음을 냉전의 역사는 밝히고 있다. 유럽인들과 일본인들이 이런 결정적 행위자들의 예이다. 특히 동서독의 경우는 하위행위자의 자율적 선택으로 냉전체제를 종식한 예라 할 수 있다. 1991년 베를린 장벽이 동독은 유일한 선택으로 통일로 나아갈 수밖에 없었지만 서독은 자기 주도적 통일의 가능성을 고려하면서 소련을 설득하고 갑작스러운 통일에 대비한 비용을 확보하고 있었다. 개디스의 주장에 따르면 1989년 고르바초프(M. Gorbachev)가 외교안보정책으로 '신사고(New Thinking)'를 주창한 것이 냉전체제 해체의 시작이다. 경쟁적 군비증강은 안보딜레마(security dilemma)를 낳아 무한경쟁을 유도하기 때문에 안보는 일방적으로 추구될 수 없고 공동안보를 구축하는 것이 바람직하며, 힘에 의한 외교정책으로 국가 간 갈등을 해결할 수 없다는 것이 그의 '신사고'의 출발점이다. 이런 인식 전환의 동력은 소련에서 재발견된 '시민사회'였다고 한다. 1970

---

33) 구갑우, 앞의 글, 24쪽 이하.
34) 존 루이스 개디스 저, 박건영 역, 『새로 쓰는 냉전의 역사』, 475~477쪽.

년대 초반 자본주의진영과 사회주의진영은 헬싱키 프로세스를 진행하면서 공동안보 및 협력안보의 개념을 도출했고, 동시에 경제협력과 인권을 안보의 구성요소로 만들었다. 그 결과 소련 및 동유럽 사회주의 국가에서 인권신장을 요구하는 시민운동이 성장하였고 이 시민사회는 혁명적 외교정책을 견인하는 힘이 되었던 것이다.[35]

위에서 살펴본 자본주의적 세계체제와 냉전체제 그리고 한반도의 분단체제에 관통하는 원리는 패권주의다. 패권주의는 자본가와 권력 있는 세력이 자본주의적 이데올로기를 이용하여 자신들의 이권을 극대화하는 것이다. 개인의 이기심과 경쟁의 원리를 기초로하여 수요 공급의 시장을 작동시키면 보이지 않는 손을 통해 모든 자원과 욕구가 효율적으로 분배된다는 자본주의의 이데올로기를 퍼뜨리면서 시장의 배후에서 큰 손 역할을 하는 것이다. 밀림에 존재하는 약육강식의 법칙에 다름 아니다. 힘이 약하면 공존 전략으로 분할통치를 하지만 힘이 강하면 언제든지 침략전쟁을 서슴지 않는다. 냉전과 탈냉전기로 시대가 변화되었지만 여전히 공고한 것은 자본주의적 패권주의이다. 그러나 이러한 패권주의적 냉전체제를 바꾸는 힘은 인권, 시민적 자각, 민주주의 등 생활세계에서 연원한 가치들임을 알 수 있다. 체계의 존재성과 그 효율성을 인정하더라도 체계를 변혁시키는 힘은 결국 체계 밖의 의지, 즉 시민과 민중의 생활 속에서 결집된 의지라 할 수 없다.

우리는 이제 냉전사에 대한 새로운 이해를 바탕으로 한반도 분

---

35) 위의 글, 25쪽 이하.

단체제를 재해석하고 미래지향적 비전을 제시할 수 있게 되었다.

첫째, 현재의 남한의 전쟁 수행능력 대 북한의 대량살상무기의 개발 및 배치를 통한 억지능력의 증강은 사실상 '비대칭적 군비경쟁(asymmetrical arms race)'으로 진행되고 있기 때문에 전쟁수행능력에서는 남한이, 전쟁억지력에서는 북한이 우위에 있는 비대칭적 군사력의 균형하에 있다고 해석할 수 있다.[36] 따라서 남한이 군사력의 우위에 있음에도 불구하고 계속 군비를 증강하고 있다면 미국이 소련의 군사력을 과장하면서 냉전체제를 유지했던 것처럼 의도적으로 냉전체제와 안보국가를 지속하려는 의도를 읽어낼 수 있다. 최근의 천안함과 연평도 사건은 이런 남한 정권의 의도를 보여주고 있다. 남한 정부는 실제 천안함 격침 직전에 이 사고를 예상하거나 격침당할 어떤 의지가 있었다고는 말할 수 없다 하더라도, 냉전 상황과 안보의 위협 상황이 오기를 기다리고 이를 기회로 삼고자 하는 동기는 가지고 있었다고 말할 수 있다. 남한 정부는 한미 해군 간의 연합작전수행 중에 북한 잠수정에 의해 천안함이 격침당했다고 결론지으면서도 전시상황에 패한 책임을 엄정하게 묻거나, 또한 서해의 북방한계선(NLL)에 관한 문제를 해소하려 노력하지 않았고, 오히려 피해 장병들을 영웅시하며 국민들에게 안보심리를 강화하고 군이 신예장비 무장으로 나아가도록 이끈 점이 이 동기를 충분히 보여준다.

---

[36] 구갑우는 함택영의 『국가안보의 정치경제학』을 의지하여 감가상각을 포함한 '총국방지누계'를 통해 비교해볼 때 1960년대 초반까지 남한이 북한보다 군사력의 우위에 1960년대 후반에서 1970년대 초반까지 남한이 작은 차이로 열세에 있었지만 이 열세는 주한미군을 통해 보완했고, 유신체제 말기부터 '자주국방'을 내걸어 1980년대 말부터 남한의 군사력이 계속해서 우위를 보이고 있다고 주장한다. 앞의 글, 26쪽 이하.

둘째, 냉전체제 아래서도 남북한의 관계개선을 반성해보면 인본주의적 상호인정과 나눔, 조건 없는 민족애와 같은 '가치 지향적 이념'이 중요한 역할을 했다는 것을 알 수 있다. 남북이 상대방을 서로 '주적 개념'으로 설정하고 상대하는 한 분단체제는 계속될 것이다. 그러나 남북의 민중들이 '주적 개념'을 버리고 남북이 서로 미래에 한민족공동체로 다시 통합할 민족 구성원으로 간주하고 그 비전을 향해 신뢰를 쌓고 통일의 여정을 차근차근 진행하도록 동기화시킨다면 분단체제를 유지하여 이익을 얻으려는 세력은 온갖 수단에도 불구하고 점차 힘을 잃고 말 것이다. 1991년 남북의 화해와 불가침 교류합의서 채택, 2000년 남북한 정상들의 6·15 공동선언, 2007년 10월 2일 두 번째 남북정상들의 '남북관계 발전과 평화번영을 위한 남북정상의 선언'은 상호인정, 비방금지, 남북협력을 향한 중요한 결단이었다고 평가할 수 있다. 남북관계를 획기적으로 변화시킨, 적어도 변화될 가능성을 체험한 이러한 사건들은 고르바초프의 신사고에 비견할 수 있다. 휴전상태라는 군사적 긴장을 평화 상태로 변화시키지는 못하더라도 또 외부적 환경이 그것을 쉽게 허락하지 않더라도 남북 대다수 민중의 군은 의지에 따라서는 평화협정을 위한 기반을 마련할 수 있다. 한반도의 진정한 평화와 동반자적 발전을 원한다면 적어도 상시적 긴장을 조성하는 서해 북방한계선에 관한 남북 조약을 체결할 수 있을 것이다.

셋째, 남북의 공통된 비전과 가치를 추구하는 민중들의 결단들은 냉전체제라는 환경 속에서도 남북한의 시민 사회의 성장과 자율적 선택이 없었더라면 불가능했을 것이다.[37] 천안함 사건 이전 최근까지 발전되어온 남북경협의 상징인 개성공단사업이나 금강산 관광사업, 도로, 철도와 항로를 잇는 사업들은 한반도 냉전체제를 국제적 환경에 그대로 순응한 결과가 아니라 적대감이 완전히 없어진 것은 아니지만 그러나 한민족이라는 신뢰를 바탕으로 자율적으로 선택한 결과라 할 수 있을 것이다. 남북기본합의서에서 남북한 관계를 정의하고 있듯이 한반도의 분단은 민족이라는 역사적 상징체를 바탕으로 통일을 전제로 한 '두 개의 서로 다른 국가 혹은 국가권력 간의 대립관계'이다. 이는 '통일을 지향하는 과정에서 잠정적으로 형성되는 특수관계'로 이해할 수 있다. 남북의 관계는 '시민적·정치적 권리에 관한 국제협약'의 민족자결권에 따라 한민족 고유한 고뇌와 자율적 선택으로 발전시켜야 하는 관계일 수밖에 없다.

넷째, 한반도의 냉전체제의 행위자는 남북한의 국가나 국가를 대표하는 통치자들로 국한되지 않는다.[38] 세계의 냉전체제 해체과정에서 소련과 동유럽의 시민사회의 인권에 대한 자각과 자율성이 동력으로 작용한 것처럼 남북의 시민들이 냉전체제의 해체를 위한 동력으로 나서야 한다. 유격대 국가로 불리는 북한에도 시민사회를 상정할 수 있느냐가 문제이다. 남한의 시민사회가 미래 통일국가의 시민사회를 향해 기초를 다져나간다면, 그 만큼 이상적인 통일 민주국가가 될 것이며, 통일의 여정에서 북쪽의 시민들에게도 자극이 되어 시민운동을 촉발시키는 중요한 변수가 될 수 있다. 남한의 시민사회가 북한 정권의 비인권적, 비민중적 정책과 탄압에 항의하고

---

37) 구갑우, 위의 글, 28쪽.
38) 같은 곳.

경고하며 견제하는 역할도 할 수 있다. 최근 중국의 탈북자 송환 반대 캠페인이 정치인뿐 아니라 연예인 등 시민들이 자발적으로 참여하고 확산되는 가운데, 중국과 미국 정부의 변화가 감지되고 있는 것은 이런 가능성을 보여주고 있다.

다섯째, 남북 냉전체제를 해체시키는 힘은 단지 남북한의 통일국가 수립이라는 비전과 그 활동에 국한되지 않고, 동아시아의 지역통합과 공동안보체계의 창안 뿐 아니라 더 나아가 세계 평화와 공동번영이라는 비전과 맥락으로부터 오는 것이어야 한다. 분단을 체제화하는 힘이 제국의 야심과 무한 경쟁의 자본주의 이데올로기라고 한다면 분단을 허무는 힘은 민족들의 평화공존이며 인류가 평화롭게 교류하고 모든 민족이 협력하는 정신이어야 한다. 이것이 통일을 위한 방법이자 목적이다. 고 김대중 대통령이 '100년 1000년이 걸리더라도 전쟁으로 민족을 통일할 수 없다'는 원칙하에 햇볕정책과 단계적 통일방안을 제안했던 것은 이러한 비전과 맥락을 기반으로 출발한 것으로 보인다. 평화정책기조는 미시적으로는 정략적으로 이용당할 위험이 있지만 거시적으로는 관용과 덕의 우위를 점하게 되어 이로 인해 성공을 거둔다는 것이 역사의 교훈이다.[39]

나가는 말

우리는 이제까지 백낙청의 분단체제론의 입장에서 체계이론과

---

39) 미소의 냉전시대에 미국은 소련에 대한 인도주의적 지원을 아끼지 않았고, 이로 인해 공산당 일당 독재체제는 경제적 약세뿐 아니라 국민들의 자본주의에 대한 긍정적 평가로 인해 소련과 동유럽이 무너진 것을 상기해보라.

새로운 냉전역사의 인식을 통하여 한반도의 분단현실을 분석하고 그 비전을 찾아보았다. 60여 년 동안의 한반도의 분단 상황이 1987 년까지의 냉전시대뿐 아니라 그 후 소위 탈냉전시대라고 부르는 현재에 이르기까지 지속되고 고착되게 하는 구조적 힘이 존재하고 있음을 분단체제론을 통해 선명하게 파악할 수 있었다. 그것은 다름 아닌 패권주의적 자본주의 세계체제이고 그 하부구조로서 한반도라는 지역의 남북 정권의 지배체제들이다. 남북의 권력자들은 민주와 자주에 대한 민중의 의지를 수렴하여 인간존엄성과 인류 평화를 실현하는 통일된 민주공화국을 건설하기보다 분단체제하에서 정권의 이익과 자본가들의 이익을 추구하는 경향을 자신들의 정책 안에 일상적으로 구조화하고 있음을 보여주었다. 그러나 이러한 한반도의 분단 상황은 반민중적이고 반생명적인 세계체제의 모순을 보여주는 첨예한 현실이면서 동시에 분단 상황을 극복하는 방식에 따라서는 세계체제의 모순을 극복하는 인류 보편적 가치를 창출할 수 있는 기회이기도 하다. 냉전체제를 종식한 관념의 힘이기도 했던, 이데올로기적, 도덕적, 문화적 힘으로서의 정치적 정당성을 잉태하고 발전시키고 정권 담당자에게 이를 실현하도록 권한을 부여해야 한다는 시민들의 자각과 창조적 노력이 중요한 이유가 여기에 있다. 분단체제의 역사 속에서 식민주의 극복, 민주주의 건설 그리고 전지구적 보편가치에 대한 남북 민중들의 체험의 내용과 형식이 다르고, 그 정도도 다를 수밖에 없다. 그러기에 양측의 민중들은 더욱 더 정치인들을 다그쳐서 남북관계에 있어서 대화와 타협의 길을 걸으며 서로의 경험을 존중하고 서로 배우면서 민족정체성을 확보해나가도록 해야 한다. 또한 자주, 평화, 민족대단결의 남북기본합의와 그동안 화해와 불가침에 관한 남북선언을 민족의 명령으로 삼고 정권의 부침에 상관없이 통일을 지향해야 한다. 한반도의 통일은 남북 각각의 사회에서 여전히 유효한 '반공사상'과 '김일성 주체사상'을 넘어 동아시아 지역과 전 세계 평화 그리고 자본주의적 세계 체제 변혁의 지렛대가 될 수 있는 창조적인 비전을 설정할 수 있도록 노력해야 한다. 이런 민중의 자발적 노력이 있을 때, 미국, 중국, 일본, 러시아 등 주변국과 세계 시민들의 지지와 호응이 집중되어 분단체제 종식과 한반도 통일은 현실화될 것이다.

탄자니아의 곰베에서 침팬지의 습성을 연구한 구달(Jane Goodall)은 침팬지들이 집단 정체성을 가지고 자신의 집단에 속한 개체들과 그렇지 않은 개체들을 분명하게 구별-이를 '의사종분화(pseudospeciation)'라 한다-하고 자신의 집단에 속한 구성원들은 서로 보호해주지만, 자신의 집단에 속하지 않은 암컷들의 새끼들과 한 집단에서 분리되어간 개체들에 대해서는 잔인하게 공격하고 살해하는 습성이 있음을 보고하였다.[40] 고등동물에게서 보이고 있는 이러한 의사종분화와 이에 따른 타 집단에 대한 무차별적인 공격본능이 인간 세계에서도 여전히 공공연하게 자행되고 있다. 전쟁과 테러가 있는 모든 곳에 이러한 동물적 증오와 적대심이 존재한다. '악을 악으로 갚는 동태복수적 정의로는 세상의 악을 결코 없앨 수 없음'을 역사를 통해서 문명화된 인간이 미래에도 계속 증오심을 이용하여 권력을 획득하고

---

40) 제인구달 저, 박순영 역, 『희망의 이유』, 168쪽 이하.

유지하는 이들에게 맹목적으로 순종할 것인가. 구달은 인간이 공격적인 본능을 가지고 있음을 확인하고, 더 나아가 오직 인간만이, 자기가 타자에게 가하는 고통을 상상할 줄 알면서도, 심지어 이를 알기 때문에 살아 있는 생물에게 의도적으로 신체적, 정신적 고통을 주는 악마가 될 수 있다고 경고한다. 그러나 그것만이 인간에게 전부가 아니라는 것도 분명히 밝힌다. "인간들이 영원히 악마적 유전인자에 속박되어야만 한다는 것을 의미하는가? 분명히 아니다. 확실히 우리는 원하기만 한다면 다른 어떤 생물들보다 생물학적 본성을 조절할 능력이 있지 않은가?" 인간 본성에는 생물학적 본성으로 환원되고 구속될 수 없는 공감과 배려의 측면, 이타적인 측면들이 그 어떤 영장류의 유산보다도 더 강하다.[41] 초개인적 입장에서 보편타당한 행위를 실현하려는 실천이성의 명령에 근거하여 우리는 '인간의 생명권'을 인권으로 인정한다. 같은 맥락에서 찰스 테일러(Charles Taylor)가 존 로크의 인권개념을 분석하고 있다.[42] 즉, 인간은 자신의 경험을 통해 생물학적 욕구본능을 거슬러 주관적인 당위와 권리주장, 더 나아가 의무를 확립할 수 있기 때문에 '인간의 생명권'은 근거지울 수 있다고 주장한다. 생물학적 본능과 인종적 특권을 거슬러 모든 분단체제를 거부하고 보편타당한 실천이성을 따르는 목적 왕국을 희망하는 것으로부터 자본주의적 세계체제를 변화시키는 원동력이 될 것이다.

---

41) 같은 글, 177쪽.

42) Charles Taylor, "Conditions of an unforced consensus of Human Rights", transl. in Korean: 「인권에 대한 비강제적 합의」, 『계간사상』, 1996년 겨울호, 57~74쪽.

참고문헌

구갑우,「한반도 분단체제와 평화국가 만들기」,『시민과 세계』, 도서 출판 참여 사회, 2007.

김용해,「민족통일의 정당성과 통일국가의 비전」,『신학과 철학』, 16 호, 2010.

민주평화통일자문회의,「국민통일여론조사결과보고서」,『대북정책추 진에 관한 정책건의(2010 1차)』, 민주평화통일자문회의, 2010.

박순성,「분단체제와 변혁운동」,『동향과 전망』, 제15권 2호, 1994.

백낙청,『분단체제 변혁의 공부길』, 창작과비평사, 1994.

_____,「분단시대의 최근 정세와 분단체제론: 손호철 교수의 비판에 답하며」,『창작과비평』, 1994.

부르스 커밍스,「70년간의 위기와 오늘의 세계정치」,『창작과비평』, 1995.

손호철,「분단체제론의 비판적 고찰」,『계간 창작과비평』, 86호, 1994.

유재건,「한반도 분단체제의 독특성과 6·15시대」,『지역과 역사』, 20호, 2007.

제인구달 저, 박순영 역,『희망의 이유』, 궁리, 2000.

존 루이스 개디스 저, 박건영 역,『새로 쓰는 냉전의 역사』, 사회평론, 2002.

통일노력 60년 발간위원회 편,『하늘길 땅길 바닷길 열어 통일로』, 통일부, 2005.

함택영,『국가안보의 정치경제학』, 법문사, 1998.

Luhman, N., *Grundrechte als Institution*, Berlin 21974.

Mann, Michael, *Incoherent Empire*, Verso, 2003.

Wallerstein, I., "The Agonies of Liberalism: What hope progress?", *New Left Review*, 1994.

_____, *After Liberalism*, The New Press, 1995.

평화의 인문학적 성찰

평화체제의 실현은 가능한가?

이삼열

2.
평화의 인문학적 성찰[1]

평화체제의 실현은 가능한가?

이삼열

2018 평창 동계 올림픽이 북한의 참가로 남북대화의 계기를 만들면서 한반도 평화에 획기적인 변화와 발전을 가져온 평화 올림픽이 되었다.

분단 70여 년 동안 남북 사이에는 평화를 위한 회합과 논의가 수없이 있었지만 이번처럼 정상 간의 신뢰분위기 속에서 기적적인 합의와 진전을 가져온 적은 없었으며, 평화는 이제 모든 사람의 입에 오르내리며 우리 민족의 한결같은 꿈과 희망이 되었다.

평화는 누구나 바라며 누리고자 하는 가치며 목표이지만, 평화를 달성하는 길은 쉽지 않으며, 그 방법이나 과정도 간단치 않다. 전쟁과 폭력, 갈등과 지배가 난무해온 세계 역사 속에서는 평화를

---

[1] 이 글은 2018년 8월 18일 서초문화예술회관에서 실시된 인문학 석학강좌에서 강연한 원고이다.

그리며, 꿈꾸는 일조차 소설이나 종교적 기원에서나 가능한 유토피아 적인 것이었다.[2]

그러나 오늘날처럼 핵무기와 대량 살상 무기가 산재하는 과학 기술의 시대에는, 독일의 사상가 칼 프리드릭히 폰 바이재커(Karl Friedrich von Weizsäcker)의 말처럼 '평화는 인류의 생존 조건'이 될 수밖에 없다. 평화가 깨어지면 인류의 생존이 불가능하기 때문이다.[3]

이제 핵무기까지 등장한 한반도에서 평화는 우리 민족의 생존 조건이 되는데, 어떻게 평화를 만들고 유지해갈 것인가에 대한 연구나 성찰은 너무나 빈약하고 무지하다. 학자들의 논의도 대부분 미국에 의존하는 한미동맹 강화에만 매달려 있으니, 근본적이며 자주적인 평화 연구, 논의는 무시되거나 소외되어왔다.

한반도에서 평화가 지속적이며 항구적인 것이 되려면, 요한 갈퉁(Johan Galtung) 평화 사상가의 주장처럼, 단순히 물리적 전쟁이나 폭력이 없는 소극적 평화(negative peace)뿐 아니라, 갈등과 모순, 억압과 차별 같은 구조적 폭력(structural violence)까지 없애는 적극적 평화(positive peace)가 구축되어야 하는데,[4] 이 작업과 과정은 엄청난 개혁을 수반하는 어렵고 힘든 일이 아닐 수 없다.

어쨌든 이제, 남북정상회담과 북미정상회담이 선포한 평화체제의 길을 헤쳐 나가려면, 평화의 개념과 방법에 대한 철학적 논의와

---

2) 이삼열, 『평화의 철학과 통일의 실천』, 햇빛출판사, 1991, 23~29쪽.

3) C.F.v. Weizsäcker, 「Die Verantwortung der Wissenschaft in Atomzeitalter」, Göttingen, 1957.

4) Johan Galtung, "Gewalt, Frieden und Friedensforschung", Dieter Senghaas(Hrsg.), 「Kritische Friedensforschung」, Suhrkamp edition 478, Frankfurt a.M 1972.

함께, 평화를 저해해온 반평화적 현실과 구조에 대한 역사적 반성 등 심도 깊은 인문학적 성찰이 요구된다. 이 글이 한반도 평화의 인문학적 성찰에 한 기여가 되길 바란다.

남북, 미북 정상회담과 한반도 평화

역사적인 4·27 남북정상회담과 판문점 선언은 70여 년 얼어붙었던 한반도의 적대적 분단과 대결체제를 극복하고, 화해와 상생, 공동의 번영과 발전을 기약하는 평화의 길로 나아갈 수 있는 천우신조의 기회를 만들어냈다.

더구나 그 한 달반 뒤 싱가포르에서 열린 6·12 미북 정상회담과 싱가포르 선언은 6·25 전쟁 이후 지금까지 정전상태의 적대관계를 유지했던 미국과 북한의 관계를 새로운 협력관계로 전환시키며, 남북한의 평화체제를 보장하겠다는 약속과 희망을 심어주기도 했다.

작년 말까지도 미국과 북한은 서로 핵단추를 자랑하며 선제공격과 보복타격으로 전쟁도 불사하겠다는 으름장을 놓으며 말싸움을 계속해, 4월 위기설이니, 9월 위기설이니 하면서 한반도 전쟁 분위기를 조장해왔다.

북한은 6차 핵실험과 화성 16호 발사의 성공으로 핵무기를 실은 대륙간 탄도탄(ICBM)을 미국 본토에까지 날려 보낼 수 있다는 실력을 과시해보였으므로, 미국은 이제 자국의 안보를 위해 군사적 해법(military option)이냐? 평화적 협상(negotiation)이냐? 선택의 기로에 놓이게 되었다.

미국은 북한의 핵시설 요지인 풍계리나 동창리 등 몇 곳을 선제공격을 통해 폭파하는 군사적 해법을 여러 가지로 검토했으나, 북한의 대응 전략이 만만치 않고, 한반도의 남북한 주민을 수십만 내지 수백만 희생시킬 수 있다는 위험부담 때문에 트럼프 행정부는 군사적 해법은 협박용으로만 언급했을 뿐, 실제 적용은 할 수 없었다.

미국의 국가이익을 최우선 정책으로 삼은 Trump 대통령은 Bush, Obama 전 대통령이 유지해온 '전략적 인내(strategic patience)' 정책을 지속할 수 없었으며, 핵전쟁의 위기까지 초래한, 제재(sanction)만 강화하며 북핵개발을 관망하는 이 정책을 포기하고, 비용이 덜 드는 해결책을 선택하는 결단을 내리게 되었다.

엄청난 비용과 희생이 따르는 군사적 해법을 저울질 하면서도, 평화적 타협안을 선택한 Trump 대통령의 실용주의적 결단은 한반도 평화와 세계평화에 커다란 공헌이었으며, 그대로 실천된다면 노벨상을 몇 번 주어도 아깝지 않을 만큼 위대한 업적이었다고 평가할 수 있다.

문제는 과연 이 위대한 역사적 선언인 판문점 선언과 싱가포르 선언이 선언문 그대로 실현될 수 있을 것인가에 있다.

4·27 판문점 선언과 6·12 싱가포르 선언의 핵심적 내용은 놀랍게도 동일한 구조와 과제를 담고 있다.

첫째는 남북관계와 북미관계를 획기적으로 개선, 발전시켜 화해와 공존, 공영의 새로운 협력관계를 만들자는 것. 둘째는 군사적 대결을 종식시키고, 긴장을 완화함으로 전쟁위험을 없애고, 셋째는 종전선언과 평화협정을 맺음으로 단계적 군축과 비핵화를 실현하고 항구적인 평화체제를 수립하자는 것이다.

한마디로 하자면 적대관계의 해소와 개선을 통해 긴장을 완화하고 평화체제를 구축하자는 것이다. 비핵화는 평화체제를 만드는 프로세스에 포함시켰다.

싱가포르 선언이 미군 전사자 유골송환이라는 제4항을 따로 두었지만, 제3항까지의 내용은 판문점 선언을 그대로 옮겨놓은 것 같은 내용과 문장으로 되어 있다. 양측 정상회담에 참여한 김정은 북한 국무위원장의 고집스러운 의지와 주장이 그렇게 만들었다고 볼 수 있다.

사실 싱가포르 선언에서는 미국의 주장과 원칙대로 '완전한 비핵화(complete denuclearization)' 정도가 아니라, '완전하며 검증 가능하고 불가역적인 핵 폐기(complete, verifiable, irreversible dismantlement)'가 선언문에 표현될 것으로 기대되었다. 그런데 결과는 판문점 선언과 똑 같은 '완전한 비핵화'에 머물고 있다.

여기에 많은 추측과 비판이 오가고 있지만, 이 사실 하나를 놓고, 싱가포르 북미 정상회담이 김정은의 일방적 승리였다느니, 트럼프의 완패, 혹은 트럼프가 김정은의 술수에 속아 넘어갔다는 등의 비난으로 평가하는 것은 옳지 않다고 생각한다.

한반도에서 핵전쟁의 가능성을 없애고 평화체제를 실현시킬 수 있는 대전환의 토대와 틀을 만들었는데, 비핵화의 과정과 방법을 놓고 시비를 걸며 성패를 논하는 것은 마치 나무를 보고 숲을 보지 않으려는 편견과 독단이라고 할 수밖에 없다.

4·27 판문점 남북정상회담은 김대중, 노무현 대통령 시절의 두 번 정상회담을 잇는 세 번째 남북정상회담이었다. 2000년 6·15 선언과 2007년 10·4 선언에서도 한반도 평화를 향한 중대한 합의가 있었고, 1991년 남북 고위급 회담에서 채택한 '남북의 불가침과 화해협력을 위한 합의서'에서도 적대관계를 극복하고 평화적 공존과 협력관계로 전환시킬 수 있는 길이 열려 있었다.

그러나 이때는 남북 양측의 신뢰와 실천 의지가 부족했고 정권이 바뀌면서 국회 비준이 안 된 합의서나 공동선언은 휴지장이 되고 말았다.

이번 판문점 선언이 이제까지 고위급 회담이나 정상회담이 합의한 선언보다 한걸음 더 나아간 결정적 차이점과 비약적 발전은 제3항, 즉 정전협정을 평화협정으로 전환하여 항구적이며 공고한 평화체제를 구축하자는 데 있다.

남북관계 개선이나 긴장완화, 불가침 선언, 교류 협력은 이미 이전에 여러 번 반복해 언급했지만 평화협정을 통한 평화체제 수립까지 선언문에 담지는 못했다. 공고한 평화 상태를 만들자는 주장까지 하면서(91년 합의서) 미국의 동의를 얻지 못해, 북한이 주장한 평화협정을 맺자는 주장을 못했다.[5]

2000년 6·15 선언은 평화체제 문제를 다루지 않고 남북 연합, 연방제등 통일 방법에 치중한 선언문이었으며, 2007년 10·4 선언에는 "정전 상태를 종식시키고, 항구적인 평화체제를 구축하자는

---

5)   남북의 불가침과 화해, 교류 협력을 위한 합의서, 1991.

데 인식을 같이 한다."라고는 했지만 종전선언만 언급하고 평화협정을 거론하지 못했다. 미국의 눈치를 보았기 때문이다.

2018년 판문점 선언이 중요한 도약을 이룬 것은, 북한이 "완전한 비핵화"를 약속하면서 미국이 "평화협정을 통한 평화체제"를 허락하는 대가적 협상을 통해 이루어진 성과가 아닐까 생각된다.

필자는 80년대 중반부터 평화협정을 맺어야 평화체제의 구축이 시작되고 평화적 통일이 가능해진다고 주장해왔고, 평화협정 체결 후 안보와 신뢰가 확인되면 미군철수와 작전권 반환도 시행할 것을 한국 기독교 교회협의회(KNCC)의 '88년 통일과 평화선언'에 반영시켰다.[6] 그 후 시민사회, 종교계의 평화운동은 군축과 평화협정 서명을 전개했고, 촛불시위에서는 한목소리로 '싸드(THAAD) 반대, 평화협정 체결'을 외쳤다. 그러나 시민사회의 외침은 정부정책에 반영되지 못했는데, 6·25 전쟁 이후 정전협정 65년 만에 남북정상이 처음 공식적으로 평화협정을 함께 주장한 것은 일대 전환이었다. 평화체제를 수립하기 위한 과제와 프로세스를 정상들이 밝힌 것도 역사적인 일이었다.

이제 문제는 정상회담이 합의했다는 평화체제의 개념과 정의가 무엇이며 이를 어떤 과정을 통해 어떻게 실현시킬 것인가를 밝히는 데 있다. 선언문의 영문 번역이 peace regime, 혹은 peace structure로 번역되고 있는데, 필자의 견해는 평화체제의 원 뜻에 따라 peace system으로 하는 것이 맞다고 본다.[7]

---

6) 한국기독교교회협의회는 1988년 2월 29일 총회에서 「한반도의 통일과 평화를 위한 선언문」을 결의하고 발표했다.

평화체제는 단순히 전쟁이 없는 평화 상태나 지배구조가 아니라 전쟁이 일어날 수 있는 조건과 원인을 아예 없애고, 증오와 갈등, 차별과 억압 같은 구조적 폭력을 제거함으로 화해와 상생을 가능케 하는 사회구조와 평화의 문화가 정착되는 어려운 과정을 통해 구축될 수 있는 체제이기 때문이다.

왜 평화체제인가?

평화체제란 말은 아직 평화학이나 평화연구자들 사이에도 학술적으로나 이론적으로 개념이 명확히 규정된 용어는 아니다. 평화가 확실하게 보장되며 완전하게 실현될 수 있는 체제라는 뜻이지만, 어떤 조건이 얼마만큼 충족되어야 평화체제인가라는 데는 일치된 견해나 판단기준이 없다.

그러나 필자는 80년대 중반부터 강연이나 글을 통해 이 말을 운동개념으로 썼으며, 무엇보다 한반도의 적대적 분단체제를 극복하기 위한 대안적 운동목표로 평화체제를 내세웠다.[8] 80년대 5공화국의 통일방안인 '민족화합 민주 통일 방안'이나 6공화국의 '한민족 공동체 통일 방안'에서 주장하는 평화정책은 평화정착이었다. 학자들의 논의도 평화정착론에 집중했다. 정부에서 평화정착 대신에 평화체제라는 용어를 처음 쓴 것은 92년 말 유엔 가입 후 노태우 대통령의 유엔총회 연설에서 처음 언급한 것으로 기억된다. 어떤 개

---

7) 판문점 선언의 평화체제가 한국, 미국에서는 peace regime으로, 북한에서는 peace structure로 번역되고 있음이 확인되었다.

8) 이삼열의 평화군축협의회(1990.6.15. 아카데미 하우스) 주제발표문, "평화체제와 군축의 방향".

념과 경로로 용어를 바꾸었는지는 알 수 없다.

필자는 그 당시 근본적인 구조개혁이 없는 평화정착론을 비판하며 진정한 평화 실현을 위해서는 평화체제가 수립되어야 한다고 이론을 폈다. 「씨알의 소리」 1990년에 실린 "한반도의 평화체제와 군축의 방향"이라는 글에서 평화정착과 평화체제의 차이를 이렇게 설명했다. (이 글은 같은 해 국토 통일원 발간 '통일 연구'지에 기고해 재수록되었다.)

"정부가 내놓은 평화정착안은 진정코 평화를 실현하는 방안이라고 할 수 없다. 평화를 실현하는 방안은 한반도에서 평화체제를 구축하는 길이다.

평화의 체제란 것은 전쟁과 폭력의 원인이 되는 공격성과 증오심, 무력의 대결을 없애야 할 뿐 아니라, 갈등과 대립을 해소하고, 평등하고 조화로운 관계를 수립해야 이뤄지는 것이다. 남북이 불가침 조약을 맺고 상호 인정하며 유엔에 동시 가입을 하는 것은 현상을 안정화(stabilize)시키는 데는 도움이 된다. 이산가족이 오가고, 경제협력과 학술교류가 이뤄진다면 한반도에서는 평화정착이 이뤄졌다고 할 수 있을지 모른다. 그러나 이것이 진정한 평화는 아니며, 평화의 체제에서는 더욱이 멀다. 남한에서는 계속 미군이 주둔하고 핵무기가 배치되어 있고, 한미합동 군사훈련이 북한을 적으로 놓고 대대적으로 행해지며, 북한에선 조소 합동작전과 대남작전이 입체적으로 진행되는 현실은 반평화적 분단과 대립의 지속이며, 평화의 실현이 아닌 위장 평화의 정착일 뿐이다. 무력대결의 폐기와 군비의 감축이 없는 평화정착은 전쟁상태나 냉전의 지속일 뿐이기 때문이다."[9)

독일의 평화학자 디터 셍가스(Dieter Senghaas)는 전쟁 준비와 핵무기 경쟁을 계속하고 있는 유럽의 동서냉전체제를 70년대 당시에 위협체제(Droh System)라고 불렀고,[10) 평화체제라는 용어는 쓰지 않았지만, 필자는 이 개념을 한반도에 적용하여 위협체제의 대안으로 평화체제(Friedens System)라는 용어를 써보았다.

1991년 고위급 회담을 통해 성사된 '남북의 화해와 불가침 교류 협력 합의서'는 어느 정도 평화정착을 이루는 데는 기여했다. 상호 인정과 교류협력이 제한적으로나마 시행되었고, 비핵화 선언과 남북한이 UN에 동시 가입해서 전쟁 위험이 줄어들었으므로 평화정착의 길은 열었다고 볼 수 있다.

그러나 전쟁상태를 종식시키는 군축이나 평화체제를 합의하지 못하고 적대적 군사 훈련과 무기경쟁을 지속시키는 정전체제로는 평화가 실현될 수 없었으며, 전쟁위협과 공포, 안보의 불안과 긴장의 격화 속에서 살아야 했다.

92년 유엔 동시 가입 후에도 남한은 중국, 소련과 국교를 맺었으나, 북한은 미국, 일본과의 국교승인을 거부당했고, 소련 공산권의 붕괴와 해체로 경제원조와 시장을 잃은 북한이 극도의 경제적 고통을 당하게 되자, 체제의 몰락을 막기 위해 북한은 고난의 행군

---

9) 「씨알의 소리」 1990년 5월호, 36~37쪽.
10) Dieter Senghaas, 「Abschreckung und Frieden」 Frankfurt a.M 1969.

을 무릅쓰며, 핵개발에 나서게 되었다. 평화체제의 보장이 없었기 때문이다.

93년에 북한은 핵확산 금지조약(NPT)에서 탈퇴하며, 경제적으로나 군사적으로, 국제적으로도 남한과 도저히 경쟁할 수 없다고 판단한 북한은 핵무기를 갖는 것만이 유일한 체제 보장의 길이라고 믿고 전력투구하게 된다.

핵시설을 폭격하는 외과적 수술론과 서울 불바다론으로 다시 전쟁 위기에 치닫게 되자, 94년에 지미 카터 전 대통령이 급히 방북해서 김영삼, 김일성 양 정상의 회담을 주선하지만, 김일성 주석의 급작스러운 사망으로 무산되고, 후계자 김정일 국방위원장은 선군정치를 실시하며 핵무기와 미사일 실험을 강화하게 된다.

평화체제의 보장 없이 북한은 남한의 흡수통일이 두려워 핵무기와 더 멀리 가는 미사일 개발에 매달리고, 남한은 북한의 남침과 공산화 통일을 막으려 한미군사훈련과 전략 무력의 강화에 박차를 가하게 된다.

북한의 핵개발을 저지하려는 94년의 제네바 회담이 경수로 제공을 조건으로 합의(agreed framework)를 만들어내지만, 작업은 부진했고 부시 정권의 압박(악의 축)으로 북한이 2002년에 고농축 우라늄(HEU)을 재개하자 실패하고 말았다. 다시금 6자회담을 통해 2005년 9·19 성명으로 포괄적, 단계적으로 해결되는 듯했는데, 마카오 은행(Banko delta Asien)에서 북한이 달러를 불법 유출했다는 이유로 미국이 대북 금융제재를 실시함으로 파기되고 말았으며, 드디어 북한은 2006년 10월에 첫 핵폭탄 실험을 강행하게 된다.

핵개발과 장거리 로켓발사를 막기 위해 미국 부시 정부와 북한의 협상은 계속되었고, 한때(2008년 6월) 북한이 5MW원자로 냉각탑을 폭파하는 등 비핵화의 시늉을 보였으나, 합의는 깨어지고 약속은 파기되어 경제제재를 수없이 당하게 되었다. 그러면서도 북한은 핵무기와 대륙간 탄도 미사일(ICBM)을 만들어내고 말았다.

북한으로서는 평화협정 제안이 거부당하고, 평화체제의 보장이 없는 상태에서, 2001년 부시 대통령이 북한을 악의 축(axis of evil)으로 몰아치고, 북한 붕괴론과 참수 작전 등 군사적 대결이 강화되는 상황에서 핵무기를 완성하여 갖지 못한다면 파멸의 길 밖에 없다고 생각한 것 같다.

정전상태를 계속하며 군비경쟁을 강화하는 반평화적 대결과 적대적 분단체제 속에서는 결코 안정된 평화가 올 수 없으며, 평화협정으로 전쟁을 종식시키고, 적대관계를 공존과 협력관계로 전환해 증오와 갈등이 없는 평화체제를 구축해야만 참 평화가 올 수 있고 통일의 길도 열릴 수 있다는 것이 분명해졌다.

동서독의 화해와 유럽의 평화체제

우리와 같은 시기에 분단되어 동서냉전과 분단체제의 모순과 고통을 안고 살았던 동서독은 일찌감치 70년대에 화해와 평화체제를 실현했고, 교류와 협력을 강화해오다 89년에 베를린 장벽을 허물며, 90년에 통일을 성취했다.

역사적 조건과 국제정치적 환경은 서로 다르지만, 강대국에 의해 분단된 뒤 우리처럼 전쟁을 하지 않았고, 평화적 분단을 유지해 오다 동서냉전과 대결체제를 무너뜨리고 민족통일을 성취한 독일을 우리는 몹시 부러워했다.

이제 남북한이 적대적 분단을 극복하고, 화해와 평화체제를 이룩하려는 마당에서는 더욱이 동서독의 경험과 과정에서 여러 가지 지혜와 교훈을 배울 필요가 있다.

빌리 브란트(Willy Brandt) 서독 사민당 수상이 1969년 10월에 집권하면서 시행된 동방정책(Ost Politik)은 우선 이제까지 적대관계였던 동독(DDR)과 그 정권을 인정하고 화해와 공존의 정책을 펴는 일이었다.

집권 5개월 후인 1970년 3월 19일에, 이제까지 적대국이었던 동독의 수상 빌리 스토프(Willi Stoph)를 국경을 넘어 동독 땅 에르푸르트(Erfurt)에서 만났고, 화해와 교류협력의 제안을 했다. 그 후 두 달 뒤 5월 21일엔 동독 수상 스토프가 서독 땅 카셀(Kassel)로 찾아와 브란트를 만났고, 브란트는 여기서 양독관계 개선을 위한 20개항을 제안하고 협상을 시작했다.[11]

그러나 적대관계를 해소하고 평화적 공존관계를 수립하는 데는 많은 어려움과 장애를 넘어서야 했다. 법률적, 정치 외교적 제도부터 바뀌어야 하는데, 우선은 전 수상 아데나우어(Adenauer) 정권 시절 채택했던 외교원칙인 할슈타인(Hallstein) 원칙을 폐기하는 조치를 취하는 것이었다. 즉, 적대국 동독과 국교를 맺고 있는 나라

---

11) Guido Knopp, Ekkehard Kuhn, 「Die Deutsche Einheit」 1991, Berlin Ulstien Sachbuch S.195-202.

들과는 외교관계를 맺지 않는다는 할슈타인 원칙을 폐기해 소련 공산권의 나라들과도 국교관계를 수립하는 일이었다.

다음은 제2차 세계대전 후 미국, 영국, 프랑스, 소련 등 4대강국의 점령국이 된 독일이 서독과 동독으로 분단되었는데, 점령국들과의 평화협정을 맺는 일과 함께, 동서독이 한민족 두 국가(Eine Nation, Zwei Staaten)라는 원칙으로 서로 인정하고 국호와 영토 주권을 승인해주는 기본조약을 체결하는 일이었다.

서독은 아데나우어 정권시절 미국, 영국, 프랑스 등 서방 국가들과는 이미 화해협력의 관계를 수립했기 때문에 문제가 없지만, 동독의 점령권을 가진 소련과 그리고 동독과 국경을 맞닿은 폴란드와의 화해협력, 내지는 평화협정을 맺는 일은 보통 어려운 일이 아니었다.

에곤 바르(Egon Bahr) 수상보좌관, 셸(Scheel) 외무장관 등이 쉴 새 없이 모스크바와 워싱턴을 왕래하며 그로미코 외상이나 키신저 보좌관과 배후에서 협상하고, 브란트 수상은 70년 10월 7일 폴란드 수상을 찾아가 바르샤바 유대인 학살 기념비 앞에서 무릎을 꿇고 사죄하는 모습을 보이며 화해를 이루었다.

그런데 동서독의 관계는 전쟁을 했거나 정전협정을 맺은 상태가 아니었기 때문에 평화협정을 맺을 필요는 없었고, 평등한 이웃 나라로서 서로 인정하고 존중하며 협력하는 기본 관계의 조약을 체결하는 일이 필요했다.

여기서의 어려움은 독일이라는 한민족으로서 언젠가는 한 나라로 통일되어야 한다는 비전과 현실적인 두 개의 국가를 어떻게 조화시키느냐의 문제와, 현재의 영토와 분단선을 국경으로 인정할 경우 제2차 세계대전 전의 독일 영토를 폴란드와 소련에 영구히 양보해야 하는 난제였다.

72년 12월에 체결된 "양 독일의 기본 관계 조약(Vertrag ueber die Grundlagen der Beziehungen zwischen BRD und DDR)"은 "평등한 권리를 갖는 좋은 이웃 관계의 두 국가라는 것과 언어와 역사를 공유하는 같은 민족의 부분(Teil)들이다"고 1조에 규정했다. "두 나라의 정치는 유럽의 평화를 지향하며 독일 민족이 자유로운 자기 결정에 의해 통일을 다시 회복하도록 노력한다."라고 영구분단이 아님을 명시했다. 73년 12월 18일 독일연방공화국(BRD)과 독일민주공화국(DDR) 두 나라는 유엔에 동시 가입하여, 두 개의 주권 국가가 된다.

독일 안에 두 개의 국가가 있음을 인정하면서 민족의 하나됨(통일)을 강조하기 위해, 우리나라의 통일원에 해당되는 '전체 독일 문제성(Ministerium fuer gesamtdeutsche Fragen)'의 명칭을 '내부 독일 관계성(Ministerium fuer innerdeutsche Beziehungen)'으로 고치기도 했다.

베를린과 본 양측 수도에 파송된 대사들은 대사(Botschafter)라는 명칭대신 상주대표(Staendige Vertreter)로 부르기로 했다.

그러나 두 개의 국가라는 명구 분단에 대한 야당(기민당/기사성)의 반발은 만만치 않았다. 구영토의 포기도 민족의 이익에 반한다며 동의하지 않아서 결국 73년 5월 11일 국회의 비준 동의 투표에서 야당은 반대표를 던졌고, 여당인 사민당에서도 몇몇 사람은

탈당까지 하며 반대했다.[12]

　다수 여당의 동의로 기본 조약은 통과되었지만, 야당은 헌법의 통일조항에 위배된다면서 헌법재판소에 위헌 소송을 제기했다. 재판소는 통일조항과 위배되지 않는다고 판결했지만, 정치적 논란은 계속되었다.

　동독의 국경을 폴란드와 접경한 오더 나이스(Oder Neisse) 강변으로 인정한 것도 독일 교회와 시민사회의 강한 지지로 야당이 더 이상 문제 삼을 수 없었지만, 고향을 잃고 쫓겨 온 독일인들에겐 간단한 문제가 아니었다.

　제2차 세계대전이 끝나면서 독일은 옛 프로이센 왕국이 차지했던 엄청난 영토를 러시아와 폴란드에 넘겨주어야 했다. 그곳에서 살던 수백만의 독일인들이 쫓겨나, 동서독으로 이주해 살고 있었지만, 이들은 언제라도 자기들이 태어난 고향땅으로 가고 싶어 했다.

　그러나 빌리 브란트의 동방 공산국가들과의 화해정책은 동독과 폴란드의 국경을 오더나이세강으로 인정해줌으로써 옛 독일 영토의 4분의 1에 해당하는 넓은 땅을 소련과 폴란드에게 넘겨주는 원통한 일이었다. 보수적 민족주의자들이 여기에 불만을 품고 반발하는 것은 이해할 만했다.

　이러한 반발과 민족주의 감정을 무마하면서 동방과의 화해정책을 밀어준 것이 독일교회였고, 여기에 큰 역할을 한 문서가 1965년 독일개신교회 연합회(EKD)가 선포한 "추방민(이주민)의 상황과 독

---

12) Guido Knopp, 위의 책, S.202.

일 민족의 동방 이웃과의 관계(Die Lage der Vertriebenen und das Verhaeltnis der deutschen Volkes zu seinen oestlichen Nachbarn)"라는 동방각서(Ost Denkschrift)를 통해 두 번이나 전쟁으로 피해를 입힌 독일이 동방과의 화해를 위해서는 옛 영토를 포기해야 한다는 주장이었다.[13]

이처럼 동서독의 화해와 평화체제 구축은 4대강국을 포함해 동서유럽의 이웃나라들과의 화해와 평화적 관계를 만드는 작업을 병행함으로써 이루어졌다. 동독과의 화해와 관계정상화는 소련과 폴란드 등 동쪽 공산국가들과의 화해와 정상화를 하지 않고서는 불가능했다.

결국 동서독의 화해와 평화공존의 체제를 만드는 작업은 동서유럽의 평화체제를 만드는 데 결정적인 공헌을 하게 되며 이렇게 형성된 유럽의 평화체제가 동서독의 통일을 가능케 하는 조건과 동력을 제공하게 된다.

동서독의 유엔가입과 관계정상화를 통해 동서유럽의 국가들이 자유민주주의와 사회주의, 공산주의의 벽을 넘어서 만나고 대화할 수 있는 가능성이 열리게 되었다. 핀란드 정부가 소집한 동·서유럽 33개국의 '유럽안보협력회의(Conference of Security and Cooperation in Europe)'가 결성되어 회의를 거듭한 끝에 75년 공동선언문을 만들어낸다.

헬싱키 프로세스로 알려진 유럽 안보협력회의(CSCE)는 영토

---

13) 이삼열, "독일교회와 통일문제", 「분단현실과 통일운동」 한국기독교사회문제연구원 편, 민중사, 1984.

불가침과 갈등의 평화적 해결을 공동 선언문에 담으며, 정치, 경제, 군사적 차원의 협력뿐 아니라 인도적 문제들까지 협의하는 포럼으로 발전시킨다. 결국 유럽의 평화체제를 형성하는 원동력이 되고, 냉전체제가 해체되면서 유럽의 통합에까지 큰 영향을 미치게 된다.

평화협정과 남북기본조약

이제 남북이 관계를 개선하고 평화체제를 이루려한다면 준 전쟁상태를 종결하기 위해 평화협정을 체결하는 것이 우선적이며 필수적인 과제가 된다.

평화협정은 당연히 정전 협정의 당사국인 남과 북 그리고 미국과 중국, 4자가 협의해 체결해야 하고, 핵무기를 포함한 남북 양측과 관련국들의 공격성 무력을 폐기하거나 감축하는 문제까지 해결해야 하는 힘든 일이다.

주한 미군의 주둔 문제와 안보 위협이 걸림돌이 되어, 지난 세월 오랫동안 평화협정이 터부시(금기)되었지만, 판문점 선언을 통해 종전선언과 평화협정이 실행 과제로 합의되었기 때문에 미국이 조건으로 내세운 비핵화 문제만 타결되면 곧 추진될 수 있을 것으로 보인다.

그러나 북한의 비핵화가 일괄타결이냐, 단계적 해결이냐, 대가로 요구하는 체제보장과 안전이 어떤 수준에서 타협이 이루어지느냐는 문제에 따라 어려운 고비와 난관이 있을 수 있기 때문에 평화협정이 단순간에 쉽게 처리되기는 힘들 것 같다. 살라미 전술과 일

대일 이행 방식이 논의되는 이유다.

북한이 주한 미군의 주둔을 어느 정도 허용한다 하더라도, 북의 안보를 위협하는 전략 무기의 배치나 반입을 막으려 할 것이기 때문에, 또한 미국의 대 중국, 소련과의 군사적 대치 상태가 있기 때문에 타협은 쉽지 않을 것 같다.

이 점에서 본다면 한반도의 평화체제는 단순히 남북한만의 문제가 아니며, 미국과 중국, 소련과 일본까지 포함하는 동북아시아의 평화체제를 함께 해결해야 하는 문제이다. 한미일 동맹과 북중, 북러 동맹의 대결체제를 해소해야 하는 문제가 있기 때문이다. 동서독의 평화체제가 유럽의 평화체제를 만들어가는 과정과 병행해서 구축되었다는 사실과 경험을 주목할 필요가 있다.

이렇게 평화협정이 맺어진다 하더라도 아직 평화체제가 실현된 것은 아니다. 평화협정으로 미국과 북한의 화해와 관계 정상화가 이루어질 수 있지만, 일본과 북한의 국교 정상화도 이루어져야 하고, 무엇보다 남북한 사이의 적대적 대결이 청산되고 화해와 정상적인 국교 관계가 정치적으로, 법률적으로 제도화해야만 확고한 평화체제가 성립되기 때문이다.

동서독이 72년에 체결한 기본조약처럼 남북 양측이 상대방을 좋은 이웃나라로 인정하고, 정상적인 교류 협력을 상시화, 제도화하기 위한 '남북관계 기본조약'을 만들어야 한다. 지금까지 있어온 선언들과 합의서는 법률적 효력이 없기 때문에 남북 양측의 입법 기관이 비준하는 조약 수준의 협정이 타결되어야 지속가능한 평화체제가 보장될 수 있다.

그런데 여기에는 휴전선 이북의 대한민국 영토를 조선민주주의 인민공화국이 강점한 것이 아니라, 합법적으로 소유하고 관리하고 있다는 것을 인정해야 하는 어려운 문제가 있다. 우리 헌법의 규정과 현실 사이의 모순을 시정하기 위해 헌법과 국가 보안법 등 법률 체계를 개편해야 하는데, 북조선 측에서도 같은 모순이 시정되어야 하는 것은 마찬가지일 것이다.

이러한 과정을 거치는 데 우리는 상당한 진통과 남남 갈등을 겪게 될 수 있다. 인민공화국 소리만 해도 기겁하는 국민들이 많이 있고, 북한을 인정하지 않으려는 반공사상, 반북의식이 심각할 정도로 팽배해 있는 게 현실이기 때문이다.

동서독과는 달리 남북한은 6·25 전쟁을 치렀고, 수백만의 인명을 살상했으며, 이데올로기 싸움이 격렬했기 때문에 원한과 증오심을 가진 사람들이 너무나 많아서, "과거를 묻지 말고 같은 민족끼리 용서하고 화합해야 한다."라는 말을 당한 사람들은 쉽게 받아들이려 하지 않는다.

특히 종교를 아편으로 매도하고 신앙의 자유를 억압하며, 기독교인들을 탄압하고 숙청한, 분단 초기 북한에서의 체험이 수백만 월남 피난 종교인들에게 거부 반응을 일으키고 있다. 북한의 체제와 사상을 동족의 것으로 인정해주고, '조선민주주의 인민공화국'이라는 나라를 형제의 나라로 포용하는 데는 적지 않은 노력과 시간이 필요할 것이다.

분단 초기에 단독정부 수립을 반대하며, 신탁통치라도 받아들여 분단을 막고 통일을 견지하려는 세력과 운동이 있었고, 남북협상의 시도도 있었지만, 단독정부를 반대하고 영구분단을 막으려던 지도자 김구, 여운형, 북한의 조만식 등은 테러와 암살당하고 말았다.

자유민주주의냐 인민민주주의냐, 사회주의냐의 이념적 대립뿐만 아니라, 단독정부냐 남북협상이냐의 갈등 때문에 민족 내부의 분열과 투쟁은 심각한 경지에 이르렀고 잔인한 학살과 만행이 일어난 제주 4·3 사태, 여수 순천 사태, 신의주 학생 사태 등이 발생하게 되었다. 6·25 전쟁을 전후한 빨치산 공비나 보도연맹 사건 등에서도 죄 없이 억울하게 살해된 희생자들이 너무나 많이 양산되었다.

유족들의 한이나 상처를 치유하기는 쉽지 않다. 더구나 가해자와 피해자들이 오랫동안 질시와 혐오 속에 살았기 때문에 화해나 대화마저도 어렵다. 그러나 분단 70여 년 동안 쌓인 온갖 비리와 상처들을 극복하고, 남북이 화해하고 평화공존하려면 남한 내부의 좌우대립과 보수진보의 갈등을 해소하기 위한 운동과 노력이 시민사회와 종교계 등에서 일어나야 한다고 생각한다.

이를 위해서도 정치권에서는 하루속히 평화협정과 남북기본조약을 체결하여 평화체제를 실현할 수 있는 토대와 법적 제도를 만들어내야 한다.

평화가 우선이다

1945년 제2차 세계대전 직후, 동서냉전체제로 인해 분단되었던 나라가 베트남, 독일, 한국 세 나라였다. 그런데 베트남은 전쟁을 통해 통일을 성취했고, 독일은 평화적인 분단체제를 유지하다가 통일을 이루었고, 한국은 전쟁을 치렀으나 통일도 평화도 성취하지 못했다.

이제 전쟁을 통한 통일은 가능하지도 않고 바람직하지도 않다.

최첨단 무기와 핵무기까지 무장한 남북한이 전쟁을 시도하는 경우, 며칠 안에 남북한 가릴 것 없이 파멸하고 말 것은 명약관화하기 때문이다. 북한이 붕괴하게 되면, 흡수통일하겠다고 기대하는 사람들이 없지 않지만, 설사 북한 정권이 무너진다 하더라도 남한이 쉽게 자본주의 체제로 흡수통일을 할 수 있다는 생각은 주관적 희망일 뿐 환상에 불과하다.

이제 히로시마 원폭의 수십 배에 달하는 핵무기를 개발하고, 일만 킬로 이상을 날아갈 수 있는 대륙간 탄도탄(ICBM)을 실험해보인 북한의 엄청난 위협에 대처하는 길은 선제공격이나 싸드(THAAD)배치에 있지 않고, 스스로 무기를 감축하고 핵무기를 폐기할 수 있도록 한반도의 평화체제를 수립하는 길밖에 없다고 생각한다.

2017년 말까지 분노와 파멸의 설전이 오갔는데, 평창올림픽을 계기로 남북정상회담, 북미정상회담이 열리게 되고, 평화체제를 향한 길이 열리게 된 것은 천만다행의 행운이며 하늘이 도운 축복이었다.

이 천우신조의 기회를 놓치지 않고, 한반도와 동북아에서 평화체제를 실현하려면 모든 것에 앞서서 평화를 우선에 두는 정책과 노력이 정부나 정치권에서뿐 아니라 학계, 종교계, 문화 예술계와 특히 언론계 등 시민사회 각계에서 일어나야 하겠다.

북한에 대한 왜곡된 보도나 편파적이고 일방적인 해설도 시정되어야 하겠고, 잘못된 반공교육과 적대적 반북교육에 물든 젊은 세대의 편견과 무관심을 바르게 깨우치는 교육과 운동도 필요할 것 같다. 마찬가지로 북한의 대남 적대 교육과 보도가 시정되어야 하는 것은 물론이다.

적대적 분단체제가 지속된 오랜 세월 동안, 남북 양측에 쌓여진 오해와 편견, 강요된 증오심과 적개심, 조작된 정보와 비난들을 다 열거하며 시정하기는 불가능하다. 이런 문제는 우리보다 훨씬 자유롭고 합리적이었던 독일, 편지도 방문도 가능했던 동서독에도 심각한 정도로 있었다.[14] 남북한 교류와 방문을 서두르기 전에 북한 바로 알기 운동도 일어나야 할 것이다.

평화체제의 실현 없이는 통일이 불가능하며, 바람직하지도 않기 때문에 이제는 무리한 통일논의보다는 평화를 우선에 두는 정책이 남북 양측에 실시되어야 한다.

---

14) 이삼열, "분단시대 동·서독인의 삶의 이야기-동서포럼전기대화-", FES Information Series 2013-06, Friedrich Ebert Stiftung.

3

한반도 평화론의 모색

민주평화론과 자본주의평화론의 대립을 넘어

김원식

3.

한반도 평화론의 모색[1]

민주평화론과 자본주의평화론의 대립을 넘어

김원식

문제 제기

2018년 한반도 정세는 평창 올림픽을 계기로 2017년의 전쟁위기를 극적으로 반전시키면서 대전환의 국면을 맞이했다. 남북, 북미 정상회담 개최를 통해 북한의 완전한 비핵화와 한반도의 항구적 평화체제 구축이라는 공동의 목표도 설정되었다. 북미 비핵화 협상에서 일정한 논란이 발생하고는 있지만 한반도 정세에서 근본적인 변화가 발생하고 있다는 사실을 부인하기는 어려울 것이다.

그러나 항구적 평화체제 구축이라는 과제는 여전히 매우 어려운 도전일 수밖에 없다. 왜냐하면 이는 관련 당사자들에게 70여 년 동안 지속된 갈등과 대결을 넘어 미지의 길을 개척해야 하는 어려

---

1) 이 글은 국가안보전략연구원 편, 『정책연구』 통권 153호(2007 여름)에 게재된 동일한 제목의 원고 중 문제 제기 부분과 결론 부분 그리고 본문 중 몇몇 문장을 수정한 글이다.

운 과제를 던지고 있기 때문이다. 지속적 '전쟁 상황'이 부재하는 조건에서 과연 북한 체제의 정당성은 어떻게 확보될 수 있을 것인가? 북한이라는 불량국가가 부재한 상황에서 미국의 동북아 정책은 어떻게 유지되고 새롭게 구성될 수 있을까? 또한 항구적 평화체제 구축 과정은 우리에게도 한미동맹의 미래, 유엔사 문제, 새로운 남북관계 설정 등 다양한 도전적 문제를 제기하게 될 것이다. 이런 점에서 향후 한반도 평화체제 구축 과정은 분단체제를 전제로 한 기존의 인식 틀을 넘어서는 새로운 상상과 지혜를 절실히 필요로 하고 있다.

이러한 한반도 정세 변화를 염두에 두면서 아래에서는 기존의 평화론들에 대한 비판적 고찰을 진행하고, 결론 부분에서는 이를 기초로 향후 한반도 평화체제 구축을 위한 새로운 평화론의 구성 방향에 대해 시론적 차원에서 논의해보고자 한다.

민주평화론과 그 함의

1) 민주평화론의 의의와 한계

역사적으로 반복되어온 전쟁의 참혹한 실상은 수많은 사람들로 하여금 평화를 갈망하도록 하였으며, 이는 평화를 실현하기 위한 정치사상가들의 이론적 성찰을 추동하는 강력한 힘이 되어왔다.[2] 이러한 탐구들의 현대적 성과로 등장한 유력한 평화론 중 하나가 바로 "민주국가들 사이에는 서로 전쟁을 하지 않는다."는 명제로 압

---

2) 서구의 평화사상 역사에 대한 연구로는 최상용, 『평화의 정치사상』, 나남, 2006 참조.

축되고 있는 '민주평화(democratic peace)론'이다.[3]

민주평화론은 분열된 국가들 사이의 끊임없는 전쟁을 경험하면서 영원한 평화를 갈망하고, 그 실현방법을 모색했던 독일의 철학자 칸트의 성찰에 그 역사적 뿌리를 두고 있다.[4] 칸트는 『영원한 평화를 위하여』(1795)라는 그의 저술을 통해서 독립적인 주권을 가진 공화정들이 수립되고, 그들 사이의 법적 동의를 통한 평화연맹이 수립될 때 영구적인 세계평화의 기틀이 마련될 수 있을 것이라고 주장하였다.[5] 이를 위해 그는 이 저술을 통해서 이러한 국제적 평화 상태를 영구적으로 수립할 수 있는 조약의 초안을 시험적으로 구성해보고자 하였다.

마이클 도일은 1983년 자신의 두 편의 논문을 통해 이러한 칸트의 구상을 재해석하여 민주평화론을 구체화하였다.[6] 이들은 민주국가들이 비민주국가들에 비해 보다 더 평화를 지향하는 경향이 있으며, 특히 안정된 민주국가들 사이에서는 전쟁이 발생하지 않는

---

3) 초기 민주평화론자들이 "민주국가들은 결코 서로 간에 전쟁을 하지 않는다."라는 강한 주장을 제기하기도 했지만, 오늘날 대부분의 민주평화론자들은 "지난 두 세기 동안 민주국가들은 거의 폭력적인 방식으로 서로 갈등하지 않았으며, 사실상 전면적인 국가적 전쟁의 방식으로는 결코 싸우지 않았다."라는 식으로 그들의 주장을 완화하고 있다. Zeev Maoz, Bruce Russet, "Normative and Structural Causes of Democratic peace", *The American Political Science review*(Sep 1993), 624쪽.

4) 이에 대해서는 오영달, "칸트의 영구평화론", 고려대학교 평화연구소 편, 『평화연구』, 11권 4호, 2003, 53쪽 참조.

5) 임마누엘 칸트, 이한구 옮김, 『영원한 평화를 위하여』, 서광사, 1992. 칸트는 민주주의가 아닌 공화제를 전제로 평화문제를 논의했다. 그렇지만 이때 칸트가 말하는 공화제는 자유롭고 평등한 독립적 개인들로 구성된 대의 정부 및 법에 의한 통치를 말한다는 점에서 오늘날의 민주주의를 함축하고 있다고 볼 수 있을 것이다(오영달, "칸트의 영구평화론", 59쪽).

6) Michael W. Doyle, "Kant, Liberal Legacies and Foreign Affairs", *Philosophy & Public Affairs*, Vol 12, No. 3(Summer, 1983), "Kant, Liberal Legacies and Foreign Affairs, Part 2", *Philosophy & Public Affairs*, Vol.12, No.4(Autumn, 1983).

다는 주장을 제시하고, 이를 경험적으로 입증하기 위해서 노력해왔다.[7] 이들은 경험적 사례 연구들을 통해 발전된 민주국가들 사이에는 전쟁이 발생하지 않았음을 입증하는 데 주력했다. 이들의 사례 연구에 의하면 민주국가들이 전쟁을 수행한 사례도 많았지만 그 경우는 대부분 전제국가나 독재국가와의 전쟁이었을 뿐이다.[8]

이들의 주장에 따르면, 민주국가들의 경우에는 다른 국가에 대한 침략전쟁을 수행할 수 없도록 만드는 여러 가지 제약들이 존재한다. 이와 관련해서는 몇 가지 해석들이 제시될 수 있다.

첫째, 공리주의적 관점에 따르면, 전쟁이 가져올 피해와 손해를 시민들이 원하지 않기 때문에 민주사회의 정치지도자들은 전쟁을 위한 시민들의 지지를 확보할 수 없게 된다. 여기서 중요한 논거는 합리적인 시민들이라면 전쟁으로 인한 경기침체, 시민들의 피해, 군인들의 피해를 원하지 않을 것이라는 가정이다. 둘째, 제도론적 관점에 따르면, 민주적 정치과정의 제도적인 제약들로 인해서 민주국가는 전쟁을 결정하기 어렵게 된다. 여기서 중요한 논거는 민주국가의 경우 정책결정과정에서의 견제와 균형, 권력분립, 국민의 지지획득 과정 등의 제도적 제약으로 인해 전쟁 개시를 결정하는 과정이 지연되고 저지된다는 가정이다. 셋째, 규범적 접근에서는 민주국가에서 형성되고 발전되는 규범과 가치들이 전쟁 수행을

---

7) B. Russet, *Grasping the Democratic Peace*, princeton University Press, 1993 참조.
8) 이러한 경험적 입증의 한계로 미국의 은밀한 정권전복 사례들이 지적되기도 한다. 1953년 이란, 1954년 과테말라, 1957년 인도네시아, 1961년 브라질, 1973년 칠레, 1981년 니카라과 등에서 미국은 전쟁은 아니지만 은밀한 개입의 형태로 민주적으로 선출된 정부의 전복을 시도했다. 이러한 사례들은 민주국가들이 필요한 경우 은밀한 군사개입을 감행하기도 한다는 사실을 보여주고 있다. 최상용, 앞의 책, 272~273쪽 참조.

저지한다고 주장한다. 민주적 질서는 대화와 타협을 통한 갈등의 조정을 규범화하며, 따라서 안정된 민주국가일수록 대외관계에서도 이러한 규범을 중시하게 된다는 것이다. 여기서 중요한 논거는 민주주의 발전이 보편적 인권의 존중을 요구하며, 따라서 시민들은 자국의 시민이나 군인들뿐만 아니라 갈등하는 적국의 시민이나 국민들의 인권 역시 소중히 여기며, 결국 전쟁 수행보다는 평화적인 외교적 타협이나 합의를 요구하게 된다는 가정이다.

이러한 해석들 중 가장 설득력이 있는 것은 규범적 접근이라고 판단된다. 공리주의적 관점은 군사기술의 혁명적인 발전으로 인한 현실적인 군사력의 극단적 비대칭성으로 인해 자국의 피해를 최소화하는 전쟁이 오늘날 얼마든지 가능할 수 있다는 점에서 그 설득력을 얻기 어렵다. 이 경우 만일 최소한의 피해로 보다 큰 이익을 얻을 수 있는 경우라면, 시민들이 전쟁을 요구하는 경우를 상정하는 것이 얼마든지 가능하기 때문이다. 또한 제도론적 접근은 제도라는 것이 단지 민주적 의지를 형성하는 절차에 불과하다는 점에서 그 자체로 전쟁가능성을 부정하는 논거로 사용되기 어렵다. 적국에 대한 극단적 분노로 인해 시민들이 전쟁 수행을 요구하게 되는 경우 제도 자체가 전쟁을 막는 결정적인 제약 요인이 되기는 어려울 것이다. 결국 민주평화론을 지지하는 결정적 논거는 뮐러가 주장하고 있는 바와 같이 민주사회 시민들의 인권의식과 민주적 합의 규범의 발전으로 인한 전쟁 반대 의지에 그 궁극적 근거를 두어야만 할 것이다.[9] 마오즈(Maoz)와 러셋(Russet)의 경험적 사례 연구 역

---

9) Harald Müller, "The Antinomy of Democratic Peace", *International Politics*, 2004, 41,

시 구조론적 설명 모델보다 규범적 설명 모델이 민주평화를 설명하는 데서 보다 강력하고 일관성이 있음을 지적하고 있다.[10]

물론 민주평화론자들이 민주국가들 사이에는 그 어떤 갈등의 여지도 존재하지 않는다고 주장하는 것은 결코 아니다. 민주평화론에서는 "민주국가들 사이에서는 서로 전쟁을 하지 않는다."라는 명제와 더불어 "민주국가들은 비민주국가들 만큼 갈등과 전쟁을 지향하는 성격이 있다."라는 명제가 제시되고 있다. 이는 민주국가들 사이에서도 갈등이 발생할 다양한 요인들이 존재함에도 불구하고, 민주주의적 제도나 규범이 이러한 갈등이 전쟁으로 귀결되는 것을 막고 있음을 의미한다.

때로는 민주평화론이 일반적으로 민주국가들이 전쟁을 회피하는 경향이 있음을 주장하는 경우도 있기는 하지만,[11] 이러한 일반적인 설명만으로는 민주국가들이 비민주국가들, 상이한 체제들과 수행하는 전쟁을 설명하기가 어렵다. 민주평화론은 민주국가들이 비민주국가들과 수행하는 전쟁의 가능성을 부정하지 않으며, 오히려 그것이 적극적으로 해석되는 경우 민주평화론은, 반드시 그것이 전쟁의 방법을 함축하는 것은 아니지만, 독재국가들의 민주화를 요구하는 것으로 이해되어야만 할 것이다. 왜냐하면, 독재국가들의

497쪽 이하.

10) Zeev Maoz, Bruce Russet, "Normative and Structural Causes of Democratic peace" 참조.

11) Benoit나 Ray의 연구는 민주국가가 일반적으로 독재국가에 비해 평화적이라고 주장한다. Kennth Benoit, "Democracies Really Are More Pacific(in General)", *Journal of Conflict Resolution* 40(Dec. 1996). Benoit는 민주국가들 사이의 평화를 설명하는 데 집중하는 민주평화(democratic peace)론과 대비하여 민주국가들의 평화적 성향을 강조하는 입장을 민주평화주의(democratic pacifism)라고 명명한다. James Lee Ray, *Democracies in International Conflict*, Columbia: University of South Carolina Press, 1995.

민주화가 완성될 경우에만 진정한 의미에서의 민주적 평화 상태의 유지도 가능할 것이기 때문이다.

독재국가들에 대한 민주국가들의 관계와 관련하여 민주평화론으로부터 두 가지 상이한 입장이 도출될 수 있는 것으로 보인다. 먼저 민주평화론으로부터 독재국가들과의 전쟁을 지지하는 입장이 도출될 수 있다. 이 경우 독재국가들은 내부적으로 인권을 침해하는 국가로 혹은 본래적으로 침략적 지향성을 가지고 있는 국가로 상정된다. 특히 최근의 상황들과 관련하여 중요한 것은 대규모 인권 침해가 자행되는 경우 수행되는 '인도적 개입(humanitarian intervention)'의 문제다. 민주평화론은 이 경우 민주주의적 가치의 수호와 보편적 인권의 보호를 위한 군사적 개입의 수행을 지지하는 근거가 될 수 있다.

그렇지만 민주평화론이 반드시 독재국가들과의 전쟁을 통한 민주화를 지지하는 것은 아니다. 민주평화론으로부터 독재국가들의 무고한 시민들의 피해를 줄이고 독재국가의 점진적인 변화와 민주화를 유도하기 위해 '지원과 협력'을 강조하는 주장 역시 얼마든지 도출될 수 있기 때문이다. 여기서 우리가 주목할 것은 이러한 두 입장 모두가 민주주의적 가치와 인권의 신장을 그 목표로 삼고 있다는 점이다. 뮐러가 지적하듯이 이러한 두 입장 모두는 민주평화론의 기초 위에서 정당한 주장으로서 연역될 수 있다.[12]

뮐러는 이러한 상황을 고려하여 '호전적(militant) 민주주의'와

---

12) Harald Müller, "The Antinomy of Democratic Peace", 507쪽.

'평화적(pacific) 민주주의'라는 이념형(ideal type)을 제시하고 있다. 호전적 민주주의는 대규모 인권 침해의 원인이 되는 독재정권을 타도하고 억압받는 시민들을 해방시키기 위해 군사적 선택을 선호하는 것으로 정의된다. 반면에 평화적 민주주의는 모든 사회의 점진적 발전을 통한 민주화 가능성에 대한 신뢰를 바탕으로 하여 독재국가들에 대한 평화적 협력과 변화 유도를 선호하는 것으로 정의 된다. 물론 평화적 민주주의가 독재정권을 지지하거나 인권 침해를 수용하는 것은 결코 아니다.

나아가서 그는 1950년에서 2001년까지 발생한 국가 간 군사적 분쟁에 대한 분석에 기초하여 대표적인 서구 민주국가들의 성향을 위에서 제시한 이념형에 따라 분류하고 있다.

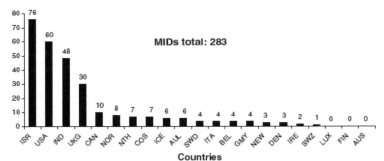

출처: Harald Müller, "The Antinomy of Democratic Peace", 459쪽

[그림 1] 1950~2001년 사이 군사적인 국가 간 분쟁(MIDs)의 수. Polity Index: 7–10[13]; 적대적 행위 수준: 무력 사용 혹은 전쟁

위의 그림은 1950~2001년 사이 총 283회의 군사적 분쟁에서

---

13) 일반적으로 Level 7부터 순수한 민주주의 정체로 정의된다고 한다.

이스라엘, 미국, 인도, 영국의 경우가 군사적 선택을 하는 경우가 매우 빈번한 데 비해 몇몇 국가들은 군사적 선택을 전반적으로 거부하고 있음을 보여준다. 현대전이 대부분 국가 간 동맹의 형태로 수행된다는 점에서 특정 국가들의 전쟁 수행 빈도가 단지 국력의 규모에서의 차이만을 반영한다고 볼 수는 없을 것이다.[14] 물론 이러한 이념형적 분류가 각 국가의 어떤 불변적이고 본질적인 성향을 보여주는 것은 아니다. 왜냐하면 각 국가들의 경우를 역사적으로 고찰하면, 개별국가 내에서도 호전적 민주주의 성향과 평화적 민주주의 성향이 시기적으로 변화하는 사례들이 얼마든지 관찰될 수 있기 때문이다.[15]

　　민주평화론은 발전된 민주국가들 사이에 전쟁이 일어나지 않는다는 사실을 입증하였으며, 나아가서 이를 통해 향후 세계의 평화가 민주국가들 사이의 공존의 형태로 구현되어야 한다는 점을 보여주었다. 이들의 주장은 그 경험적 설명력을 넘어서 민주주의와 인권의 이념을 통해 인류사의 규범적 발전방향을 제시하고 있다는 점에서 나아가서는 그러한 규범의 실천을 통해 민주적 평화를 산출하는 데에 기여한다는 점에서 중요한 의의를 갖는다고 할 수 있을 것이다.[16] 특히 세계화 추세와 더불어 전 세계적인 차원에서 민주주

---

14) Harald Müller, "The Antinomy of Democratic Peace", 495쪽 참조.

15) 예를 들어 미국은 1898년 스페인에 대항하는 해방전쟁에 적극 참여했지만, 제2차 세계대전의 경우 진주만 습격 이전에는 유럽의 자유를 수호하는 것에 힘을 기울이지 않았다. 또한 과거 서독의 경우 동독 정책과 관련하여, 미국의 경우는 쿠바 미사일 사태와 관련하여 볼 수 있는 바와 같이 한 나라 안에서 호전적 민주주의 성향과 평화적 민주주의 성향이 갈등하는 경우도 얼마든지 존재한다.

16) 최상용, 앞의 책, 274~275쪽 참조.

의가 급속히 확산되고 있는 상황을 고려할 때,[17] 민주평화론은 향후 세계평화를 위한 유력한 설명 틀을 제시할 수 있을 것으로 기대된다.

그렇지만 민주평화론은 다수의 비민주국가들이 민주국가들과 공존하는 오늘날의 현실적 상황 속에서 독재국가들과의 공존 상태를 어떻게 유지할 것인지, 또 비민주국가들을 민주화하는 방법은 무엇인지에 대해서는 분명한 견해를 제출하지 못하고 있는 것으로 판단된다. 이러한 이론적 결함은 현재 민주국가들이 일으키는 전쟁의 구체적 양상들에 대한 분석을 소홀히 하는 결과를 낳기도 한다.[18] 최근 미국 중심의 서구 민주주의 국가들은 1991년 걸프전, 1993년 소말리아 내전, 1995년 보스니아, 1999년 코소보에서의 대규모 인권 침해를 방지하기 위한 전쟁, 2002년 시에라리온, 2003년의 이라크 전쟁 등 국제법과 인권의 보호를 명분으로 다양한 전쟁을 수행하고 있다.

이러한 상황을 고려할 때, 민주평화론이 갖는 심각한 위험성은 그 이론이 민주주의와 인권이라는 가치의 정당성만을 극단적으로 강조하며 현실을 무시한 채 혹은 특정국가의 이익을 위해 전쟁을 수행할 여지를 제공하고 있다는 점이다. 무력을 통한 민주주의 확산 정책을 비판하는 견해들은 평화의 유지라는 목적과 전쟁이라는 수단 사이의 불일치를 지적할 뿐 아니라 무력을 통한 민주주의 확

---

17) 임혁백 교수는 세계화와 민주주의를 현재의 '세계 시간(World Time)'을 구성하는 핵심으로 제시한 바 있다. 『세계화 시대의 민주주의』, 나남, 2001, 25쪽 이하 참조.

18) Harald Müller, "The Antinomy of Democratic Peace", 494쪽.

산이 실질적으로 그것이 기대한 성과를 산출하지도 못했다고 주장한다.[19]

이들은 민주평화론의 명제가 가지는 설득력을 인정한다고 하더라도 그것이 강압적인 민주화 정책에 대한 정당화 근거가 될 수는 없다고 말한다.[20] 민주평화론은 발전된 민주국가들 사이의 평화를 설명할 뿐, 그것이 강압적인 민주화나 민주주의 확산 정책의 근거가 될 수는 없다는 것이다. 현재 민주평화론은 유일 초강대국인 미국에 의해 선악구도에 입각한 세계민주화 전략의 형태로 구현되고 있는 것으로 보인다. 그러나 최근 이라크의 상황이 보여주듯이 전쟁을 통한 개입이 독재자를 제압하는 데에는 효과적일 수 있을지 모르지만, 해당 국가를 실질적으로 민주화하는 데에서는 실패할 가능성이 크다.[21] 이런 상황으로 인해 일각에서는 중동 지역에 대한 민주평화론의 적용이 가지는 문제점들을 지적하면서 자유화가 먼저 수행되었어야만 이라크의 민주화도 가능했다는 반론도 등장하고 있다.[22]

강압적인 민주주의 확산 전략은 다음과 같은 사실들을 소홀히 하고 있는 것으로 평가된다. 첫째, 민주주의를 유지하기 위한 우호적 조건을 형성하는 것은 매우 장기적인 과정이라는 점이다. 선거

---

19) 조민에 따르면 페스니의 연구는 미국의 무력 개입의 85%가 민주주의 증진과는 직접적인 상관이 없었다는 사실을, Tures의 분석은 228회의 미국 군사작전 중 정권교체 불가능 사례 42%, 민주주의 악화사례 30%에 비해 민주주의 개선 사례는 28%에 불과하다는 사실을 보여준다. 조민, "남북공동체 형성의 이론적 틀: 평화경제론", 통일연구원, Online Series, PA 06–03, 6쪽.

20) Omar G. Encarnacion, "The Follies of Democratic Imperialism", *World Policy Journal* (spring 2005), 22.1, 50쪽.

21) 같은 글, 55쪽.

22) 정상률, 세종논평 73호.
   (http://www.sejong.org/kor/Publications/cm–data/commentary–0773.htm)

절차의 도입이나 헌법제정만으로 민주주의가 유지될 수 있는 것이 아니다. 민주주의에 우호적인 제반 조건들이 갖추어지지 않은 경우 민주주의는 항상 퇴행할 수 있는 가능성을 갖는다. 둘째, 무력적 개입을 감행한 국가들이 민주주의가 탄생하기 위한 조건을 일시적으로 제공할 수는 있지만, 장기적인 민주화의 성공을 보장할 수 있는 것은 아니다. 장기적인 민주화의 성공은 해당 국가의 정치적, 경제적, 문화적 역량에 의존한다.23)

앞서 제시된 개념을 활용하자면 강압적인 민주주의 확산 정책의 실패 상황은 평화적 민주주의 모델이 간과되고 호전적 민주주의 모델의 측면만이 일방적으로 강조된 결과라고 해석될 수도 있을 것이다. 그렇기 때문에 민주평화론의 옹호자들조차 전쟁이 끝난 후 실시되었던 독일과 일본에 대한 민주화 정책의 경우와 민주주의 확산을 목표로 하는 이라크의 경우가 가지는 차이를 지적하면서 민주평화론이 오용되고 있다고 말한다.24) 독재정권에 의해 대규모 인권 침해가 진행되는 경우 이를 막기 위한 일시적인 인도적 개입이 호전적 민주주의 모델에 정당성을 부여할 수는 있겠지만, 강압적인 민주화나 민주주의 확산의 문제는 보다 복잡한 맥락에 대한 고려를 요구하고 있는 것으로 보인다.

이런 점들을 고려할 때, 현재 민주평화론은 그것이 가지는 규범적이고 이론적인 정당성에도 불구하고 현실과의 매개과정에서 실패하고 있는 것으로 판단된다. 급속히 강화되고 있는 세계화 경향

---

23) Omar G. Encarnacion, "The Follies of Democratic Imperialism", 53쪽 이하.
24) Bruce Russett, "Installing democracy", *Commonwealth*(Dec 3, 2004), 14~15쪽.

과 민주주의의 확산이라는 추세 속에서 오늘날 민주주의와 인권의 이념은 인류가 지향해야 할 보편적 이념과 가치로 자리매김 되고 있다. 민주평화론이 이러한 보편적인 규범적 가치를 내장하고 있다는 점에서 그 이론의 원칙적 정당성이 수용될 수 있을 것이다. 그렇지만 민주평화론에 입각하여 '과연 어떻게 비민주국가들과의 현실적인 평화 상태를 구축할 것인가? 현존하는 독재국가들을 어떤 방식으로 민주화할 것인가?' 하는 실천적인 문제는 보다 많은 성찰을 요구하는 여전히 미결정의 상태로 남아 있는 문제의 영역이라고 보아야만 할 것이다.

2) 한반도에 대한 함의

안정된 민주국가들 사이의 평화를 주장하는 민주평화론은 진정한 평화는 민주주의 체제들 사이에서만 가능하다는 함축을 가지고 있다. 한반도 상황과 관련하여 이는 북한의 민주화가 한반도의 진정한 평화가 성립하기 위한 조건임을 의미한다. 이러한 민주평화론의 함축은 현재 북한 문제와 관련하여 '북한민주화론'의 형태로 전개되고 있는 것으로 보인다.[25] 국제사회와 한국 사회에서 북한의 수령절대주의 체제가 극단적인 독재체제로 인식되고 북한의 열악한 인권상황이 국제사회의 중심 이슈로 부각되면서 북한민주화론은 시민사회 일각에서 일정한 설득력을 확보해나가고 있는 것으로 판단

---

25) 북한민주화론을 명시적으로 제시하는 대표적인 사례로 북한민주화네트워크와 황장엽 전 조선노동당 비서의 경우를 들 수 있다. 북한민주화론의 원칙과 내용에 대해서는 황장엽, 『황장엽의 대전략, 金正日과 전쟁하지 않고 이기는 방법』, 월간조선사, 2003 참조.

된다.26) 그리고 북한민주화론이 부시 정부의 민주주의 확산론과 그 괘를 같이하고 있으며, 최근 북한의 미사일 발사 및 핵실험을 통해 북한정권의 위험성이 부각되는 상황으로 인해 북한민주화론은 중요한 관심의 대상이 되고 있다.

앞서 지적하였듯이 민주평화론은 인권과 민주주의라는 보편적 가치에 기초하여 현 시대의 역사발전 방향을 제시하고 있다는 점에서 그 보편적 의의를 가지고 있다. 이런 점에서 민주평화론은 한반도 평화가 지향해야 할 규범적 이상을 제시한다는 데서 그 일차적 의의를 찾을 수 있을 것이다.27)

앞서 언급한 바와 같이 민주평화론에서는 비민주국가들의 민주화 방식과 관련하여 두 가지 입장이 도출될 수 있다. 첫째로 독재국가들에 대한 군사적 개입을 통해 억압받는 인민의 구원과 민주화를 도모하는 호전적 민주주의 모델의 선택이 존재한다. 그러나 이러한 강압적 민주화 전략은 평화라는 목적과 수단의 불일치, 무고한 인민들의 막대한 피해, 독재자 제거 이후 민주주의 정착의 불투명성 등 여러 가지 문제점들을 가지고 있다. 특히 안보상의 이유로 북한 체제의 존립을 희망하는 중국의 입장이나 북한의 대규모 군사력 등을 감안할 때, 군사적 수단을 통한 강압적인 북한민주화의 경우는 우리의 상황에서 현실적으로 수용하기 어려운 선택이다. 우리에게

---

26) 북한인권문제와 관련된 논의 상황에 대해서는 김원식, "북한인권 논의의 현황과 전망", 사회와 철학 연구회 편, 『사회와 철학 연구 9』, 2005 참조.

27) 이와 관련해서는 허태회, 우영창, "The Implications of the Democratic Peace Theory for the Korea Peace-Building", 북한연구학회 편, 『북한연구학회보』, 10권 1호, 2006 참조. 이글은 민주평화론에 기초하여 향후 한반도 평화의 구축 및 통일을 위해 북한의 민주화와 남한의 민주주의 공고화가 동시에 요구된다고 주장하고 있다.

한반도에서의 전쟁방지는 선택적 과제가 아니라 불가피한 과제라고 보아야만 한다.

둘째로 독재국가들에 대한 지원과 협력을 통한 점진적 개방과 민주화를 지향하는 평화적 민주주의 모델의 선택이 존재한다. 이러한 선택은 모든 사회의 자발적인 민주화 과정에 대한 신뢰를 바탕으로 지원과 협력을 통해 독재국가의 점진적 변화를 유도하고자 한다. 그러나 이러한 선택은 그것이 대규모 인권 침해가 발생하는 급박한 상황에 효과적으로 대처할 수 없으며, 또한 지원과 협력이 오히려 독재정권을 강화하는 의도하지 않은 결과를 야기할 수도 있다는 점에서 그 한계를 갖는다. 특히 한반도의 경우, 같은 민족인 북한인민들이 겪고 있는 심각한 인권 침해 상황과 내부 민주화 역량의 부재를 고려할 때 이러한 모델은 일정한 한계를 가지고 있는 것으로 판단된다.

이러한 검토로부터 우리는 한반도 현실에 대한 민주평화론의 함축을 다음과 같이 요약할 수 있을 것이다. 첫째, 한반도의 진정한 평화는 북한의 개혁개방과 민주화를 통해서만 궁극적으로 실현될 수 있으며, 우리의 대북정책은 인권과 민주주의적 가치의 실현을 그 궁극적 목표로 설정해야만 한다. 이는 민주평화론이 가지고 있는 장점이라고 할 수 있는 규범적 정당성의 측면을 수용하는 것이라고 말할 수 있다.

둘째, 민주평화론이 북한민주화를 명분으로 군사적 개입을 통한 한반도에서의 전쟁으로 귀결되는 것에는 명확히 반대해야만 한다. 우선 한반도의 경우 군사적 개입을 통한 북한민주화 시도는 직접적으로 우리에게 예상되는 피해의 규모가 지대하고, 남한이 북한에 대한 일방적인 힘의 우위를 확보하고 있지도 못하다는 점에서 적용 불가능하다. 뿐만 아니라 군사적 개입을 통한 현 정권의 제거가 만들어낼 기존 권력의 진공상태에서 벌어질 수 있는 혼란들, 향후 민주화 과정의 불투명성 등의 문제들에 대한 세심한 고려가 필요한 상황이다.

이와 같은 사실들을 고려할 때, 우리에게 가능한 선택은 평화적 수단을 통해 북한의 개혁개방과 민주화를 유도하는 전략이 될 수밖에 없을 것이다. 그러나 이 경우에도 어디까지나 한반도 평화와 대북정책의 목적은 인권과 민주주의라는 보편적 가치의 실현에 있다는 점이 반드시 강조되어야만 할 것이다. 북한에 대한 인도적 지원 및 교류 협력은 북한 인민들의 인권을 향상시키고 북한의 민주화를 촉진하는 수단으로서만 그 규범적 정당성을 확보할 수 있다. 이런 점에서 우리의 과제는 전쟁이라는 극단적 수단을 배제한 상태에서 북한의 개혁개방과 민주화를 실현할 수 있는 적극적이고 효과적인 대북정책을 마련하는 것이라고 할 수 있을 것이다.

자본주의평화론과 그 함의

1) 자본주의평화론의 의의와 한계

자유로운 시장 질서에 기초한 자본주의의 발전이 평화를 산출한다고 주장하는 자본주의평화(capitalistic peace)론은 민주평화론에 대한 비판과 반성을 기초로 대안적 평화론으로 제시되고 있는 것으로 보인다. 자본주의평화론은 몽테스키외(Montesquieu), 아담 스미스(Adam Smith), 밀(Mill)과 같은 초기 자유주의자들의 성찰에 그 역사적 기원을 두고 있다.

자본주의평화론에 따르면, 자본주의와 자유시장의 발전은 전쟁을 매력 없는 것 혹은 불필요한 것으로 만들고 국가들 사이의 긴밀한 협력을 창출한다. 자유시장이 종종 국가들 사이에 분쟁의 여지를 만들어내기도 하지만 동시에 자유시장은 이러한 분쟁과 갈등을 전쟁이 아닌 다른 방식을 통해서 해소할 수 있는 경로를 제공함으로써 전쟁을 방지한다는 것이다. 자본주의 발전과 더불어 이제 전쟁을 통한 정복은 지나치게 과도한 비용을 요구함에 따라서 어떠한 이윤도 제공하지 않는 선택지가 되어버린다.

자본주의평화론을 주장하는 가츠케(Garzke)는 민주주의가 여러 가지 이유들로 바람직하다는 사실 자체에 대해서는 동의할 수 있지만 민주주의적 제도나 문화가 그 자체로 국가 간 평화를 설명하는 요인이 되지는 못한다고 주장한다.[28] 나아가서 그는 지난 50여 년간 민주주의 국가들의 군사적 행동이 대부분 군사적, 경제적, 정치적 능력이 열등한 국가들에 대해 수행되었음을 지적하면서, 강압적인 민주화 정책에 대해서도 비판하고 있다. 결국 그의 주장에 따르면 민주주의 제도나 문화가 국가 간 평화의 결정적 요인이 아니며, 민주평화론에 기초한 강압적 민주화 전략이 국제적 평화를

---

28) 가츠케는 통계적 분석을 통해 국가들 사이의 친근성(affinity)이 민주주의보다 국가 간 평화를 설명하는 데에서 더 유의미한 지표라고 주장한다. Erik Garzke, "Kant We All Just Get Along? Opportunity, Willingness, and The origins of the Democratic Peace", *American Journal of Political Science*(Jan 1998), 42, 1, 24쪽 참조.

창출하지도 못한다.[29] 설령 발전된 민주주의 국가들 사이에서 전쟁이 발생하지 않는다는 사실이 민주평화론을 통해서 설명될 수 있다고 하더라도, 이러한 설명 틀은 발전된 민주국가들과 독재국가들 사이의 국제적 평화 혹은 독재국가들이 지배하는 지역에서의 국제적 평화에 대한 설명이나 접근 방식을 제공하지 못한다는 것이다.[30]

자본주의평화론에서 자본주의 발전이 평화를 산출할 수 있다는 주장은 다음과 같은 방식으로 정당화되고 있다. 첫째, 자본주의 발전은 국가 간 경제적 상호의존성을 창출하며, 이는 국가들로 하여금 이러한 상호의존이 산출하는 경제적 이익을 파괴할 수 있는 전쟁을 회피하도록 만든다. 밀접하게 경제적으로 상호의존되어 있는 두 국가들 사이의 전쟁은 공동의 이익에 대한 파괴로 귀결될 것이기 때문에, 해당 국가들은 전쟁을 회피하게 된다는 것이다.[31] 자유로운 자본 시장을 전제할 때, 일반적으로 전쟁의 위험은 국내 투자를 감소시키고 자본의 해외 유출을 가져오기 때문에 정치지도자들은 전쟁의 위험을 피할 수밖에 없다.

둘째, 인적 자본이나 금융 자본이 중시되는 방향으로 발전하고 있는 현대 자본주의는 영토의 확장이나 타국의 영토에 대한 점령을

---

29) 같은 글, 4쪽 이하 참조.

30) Erik Garzke, "Capitalist peace or democratic peace", *Review-Institute of Public Affairs*(Dec 2005), 57, 4. 14쪽.

31) 물론 긴밀한 상호의존관계는 역으로 전쟁의 위험을 통해 한 국가가 다른 국가를 전략적으로 위협하는 수단이 될 수도 있다. 전쟁이 상대 국가에게 파괴적 결과를 미칠 수 있다는 점이 분명한 경우, 다른 한편의 국가는 이러한 상황을 전제로 전쟁의 위협을 통해 자신의 이익을 추구할 수도 있을 것이다.

불필요한 것으로 만든다. 농업이 주요한 산업인 과거에는 영토의 점령이 국익의 확대를 가져왔지만, 오늘날 부의 원천은 더 이상 토지가 아니라 창의적 아이디어와 기업가 정신에 있다. 이런 상황에서 전쟁을 통한 영토의 정복은 유용한 선택지로서의 의미를 상실하게 된다. 군사적 점령 비용은 점점 더 비싸지고, 자원 강탈이 가져다주는 이익은 점점 더 적어진다.

이러한 설명들은 긴밀한 경제적 교류를 통해 자유롭고 풍요로운 경제를 누리고 있는 선진국가들 사이의 국제적 평화를 해명하는 데에 그 일차적 의의가 있는 것으로 보인다. 세계화 추세 속에서 국가 간 경제적 상호의존관계가 긴밀해지고, 자유로운 자본의 이동이 확산되고 있는 상황과 탈 산업적 생산방식이 강화되는 추세 등을 고려할 때, 발전된 자본주의 국가들의 경우 전쟁이라는 수단은 그 유용성이 점차 줄어들 수밖에 없을 것이다. 자유로운 교역의 증대는 공동의 이익을 증대시키고, 자본주의 발전은 교역의 발전을 통한 이익의 증대를 전쟁의 대안으로 제공함으로써 국제적인 평화를 창출한다는 것이다.

이러한 자본주의평화론은 선진국가들과 개발도상국가들 그리고 개발도상들 사이의 진정한 평화를 창출하기 위해서는 자유로운 시장과 풍요로운 경제가 지구적 차원에서 확장될 필요가 있음을 함축하고 있다. 여전히 영토의 확장이 경제적 이익의 원천이 되는 낙후한 경제 상황이나 자유로운 자본의 이동이 통제되고 있는 국가들의 경우 자본주의평화론이 상정하는 국가 간 평화는 요원한 일일 뿐이다. 그렇기 때문에 자본주의평화론은 전 지구적인 차원에서의 자본주의 확장만이 진정한 국제적 평화를 창출하는 길이라고 주장한다. 이러한 주장은 가령 미국의 경우 중동정책에서 민주주의 확산 정책보다는 혹은 그에 앞서서 시장의 자유를 확산하는 정책을 구사할 필요가 있다는 사실을 함축하고 있다.

그렇지만 자본주의평화론에 대해서는 다음과 같은 반론들이 제기될 수 있을 것이다.[32] 첫째, 자본주의의 발전이나 경제적 상호의존관계의 심화가 평화를 가져온다는 설명은 지난 세기 제국주의 역사 속에서 이미 실증적으로 반박되었다. 발전된 자본주의 국가들은 패권을 획득하기 위해 그리고 경제적 이익을 얻기 위해 전 세계적인 차원에서 식민지 전쟁과 제국주의 전쟁을 감행했다. 또한 현재 자유로운 시장경제의 발전은 상호협력의 여지를 만드는 만큼이나 상호갈등의 가능성 역시 증폭시키고 있는 것으로 보인다. 때문에 세계화 시대의 확대된 국가 간 교역이 국제적 평화에 기여할지 아니면 갈등을 유발하는 계기가 될지는 여전히 열려진 문제다.[33] 예를 들어 동북아 지역의 경우만 해도 경제적 교류는 급속하게 확대되고 있는 반면에 국가 간 분쟁과 대결의 양상은 여전히 지속되고 있다.

둘째, 독재국가들 혹은 개발도상국들과 관련하여 현재 진행되

---

32) 네오 마르크스주의자들 및 몇몇 신현실주의자들은 균등한 경제적 유대가 평화를 촉진하는 반면에 불균등한 교역은 오히려 갈등을 유발한다고 주장한다. 또한 전통적 마르크스주의자들은 제국주의 역사가 보여주었듯이 교역은 갈등을 증대시킨다고 주장하기도 했다.

33) Katherine Barbier and Gerald Schneider, "Globalization and peace: Assessing New Directions in the Study of Trade and Conflict", *Journal of Peace Research* 36.4, 1999, 401쪽. 저자들은 교역과 갈등 사이의 관계에 대한 기존의 이론적, 경험적 연구들이 가지는 문제점들에 대한 비판적 검토에 기초하여 국가 간 교역의 확대가 국제적 평화에 기여한다는 직접적 결론이 도출될 수 없음을 보여주고 있다.

고 있는 방식의 세계화를 통한 시장의 확대가 평화를 산출할 것이라는 것은 하나의 환상일 수도 있다. 왜냐하면, 현재 세계화를 통한 교역의 확대는 가장 낙후한 지역의 국가들의 경우 오히려 내전과 갈등을 확대시키는 부정적 결과들을 야기하고 있는 측면이 존재하기 때문이다.

'제4세계'라고 불리는 열악한 상황에 처한 국가들, 예를 들어 사하라 이남의 아프리카 지역 국가들은 국가붕괴, 대규모 인권 침해, 내전 등의 열악한 상황에 처해 있다. 이러한 지역들이 언뜻 보기에는 세계화의 흐름으로부터 배제되어 있는 것처럼 보이지만, 무기, 인신매매, 마약, 상아 등에 관한 암거래 시장에 관한 지표들은 이 지역에서도 급속한 시장의 확대가 진행되고 있음을 보여주고 있다. 그러나 이들 지역의 경우 시장의 확대는 질서를 유지할 국가를 무력화하고, 내전을 위한 전쟁수단을 제공하며, 인신매매와 아동노동력의 착취를 강화할 뿐이다. 이는 결국 시장의 확대가 모든 경우에 그 자체만으로 한 국가 내에서 나아가서는 국가 간에 평화를 가져올 수는 없다는 사실을 보여주고 있다. 오히려 이러한 사례들은 후진적인 독재국가들의 경우 시장의 확대가 일부 특권층들의 권력만을 강화함으로써 오히려 국가 간 무력분쟁, 내전, 인권 침해를 강화할 수도 있다는 점을 지적해주고 있다.[34]

셋째, 자본주의평화론의 자유시장에 대한 낙관주의적 견해는 사회적 질서의 규범적 정당성의 기초 문제와 관련하여서도 취약성

---

34) Volker Heins, "Globalisierung und soziales Leid. Bedingungen und Grenzen humanitärer Politik", *Befreiung aus der Mündigkeit*, Hg. Axel Honneth, Campus, 2002, 208쪽 이하 참조.

을 가지고 있는 것으로 보인다. 시장의 확대가 평화를 산출한다는 자본주의평화론의 주장에는 시장 자체가 바람직한 사회질서의 원천 혹은 원형이 된다는 전제가 함축되어 있다. 예를 들어 가츠케는 아담 스미스의 주장처럼 자유시장이 전제하는 개인의 이기적 욕구야말로 '보이지 않는 손'의 작용을 통해 공공의 이익과 평화를 산출한다고 주장하고 있다. 오늘날의 보이지 않는 손인 전 지구적 시장이 풍요와 더불어 전쟁에 대한 새로운 대안을 산출하고 있다는 것이다.[35]

그렇지만 이러한 주장은 자유시장의 성립 조건으로서 민주주의적 법질서가 가지는 의의를 간과하고 있다. 하버마스가 지적하고 있는 것처럼 경제와 행정 체계는 생활세계의 규범적 질서에 그 궁극적 기초를 두고 있다. 자유로운 개인의 권리가 보장되지 않는 곳에서는 결코 온전한 자유시장도 성립할 수 없다. 자본주의적 근대화 과정에서 화폐를 매체로 하는 경제 영역이 정치적인 질서로부터 일정 정도 자립성을 가지게 되기는 하지만, 그러한 자립성은 민주주의적 법질서의 기초 위에서만 성립되고 유지될 수 있는 것이다.[36] 자유시장은 그 자체로 성립하는 것도 아니며 그 자체로 자신의 정당성의 기초를 산출하는 것도 아니다.

자본주의평화론은 발전된 시장경제를 통해 상호의존성이 심화된 국가들 사이의 평화를 설명하는 데에 그 일차적인 의의가 있다. 또 이는 진정한 국제적 평화를 위해서는 개발도상국들에서의 정상

---

35) Erik Garzke, "Capitalist peace or democratic peace", 16쪽.

36) 이에 대해서는 위르겐 하버마스, 장춘익 옮김, 『의사소통행위이론 2』, 나남, 2006, 244쪽 이하 참조.

적인 자본주의 발전이 강화되고 이를 통해 국가들 간의 경제적 교류와 상호의존이 심화되어야 한다는 사실을 함축한다.

그렇지만 앞서 검토한 바와 같이 시장이 그 자체로 평화를 산출하는 힘이라고 보기는 어렵다. 시장을 통한 평화는 민주주의적 제도와 문화에 의해 보완될 때만 비로소 작동할 수 있는 것으로 보인다. 합리적 시민들의 의지를 통해 패권적 지배욕을 가진 정치지도자의 출현과 그들의 잘못된 선택을 제어하기 위해서, 그리고 낙후한 지역에서의 시장의 확대를 긍정적인 방향으로 유도하기 위해서는, 민주주의적 제도와 문화가 함께 발전해야만 한다. 시장의 발전이 민주주의 발전의 기초가 되기도 하지만, 시장이 그 자체로 민주주의를 산출하지는 못한다. 또한 개인의 권리와 민주주의적 질서가 보장되지 않는 곳에서는 자유시장의 안정적 발전 역시 기대할 수 없을 것이다.

2) 한반도에 대한 함의

우리의 현실과 관련하여 자본주의평화론은 한반도의 진정한 평화를 위해서는 북한의 개혁개방과 자본주의화를 통한 경제적 상호의존관계의 심화가 필요하다는 주장을 함축하고 있는 것으로 보인다. 남북 간의 진정한 평화를 유지하기 위해서는 경제적인 상호의존관계를 강화하고, 이를 통해 공동이익의 공간을 확대해나가야 한다는 것이다. 이를 위해서는 남북한 사이의 교류와 협력의 강화, 특히 경제협력을 통한 한반도 경제 공동체의 실현이 무엇보다 필요하다고 하겠다.[37] 평화에 대한 요구와 민족주의적 화해와 통일에 대한 요구를 배경으로 이러한 주장은 현재 우리 사회에서 큰 설득력을 가지고 있는 것으로 보인다.

그렇지만 앞서 살펴본 바와 같이 자본주의평화론은 민주평화론을 통해서 보완될 필요가 있는 것으로 판단된다. 첫째, 시장의 확대는 그 자체만으로 평화를 창출하지 않는다. 북한의 미사일 개발이나 핵개발의 경우에서 볼 수 있는 바와 같이 현재 남북 간의 긴장은 군사적 안보적 위협 요인들로 인해 발생하고 있다. 이런 상황에서는 경제적 교류의 확대를 통한 시장의 확산을 추진하기도 어려우며, 또 시장의 확대가 단기간 내에 전쟁의 위협을 감소시킨다는 보장도 없다.[38]

둘째, 자유시장의 확대는 그 자체가 개인의 인권에 대한 보호와 민주주의적 질서의 확립을 전제하며 요구한다. 이런 조건이 갖추어지지 않은 조건에서 시장의 확대를 목표로 하는 경제적 지원이나 교류는 북한의 독재 정권을 강화하는 데에 도움을 주는 등 오히려 부정적 결과를 야기할 수도 있을 것이다. 나아가서 개인의 인권이 보장되지 않는 조건에서는 북한 주민들의 생존권 보장도 자유시장경제의 발전도 제대로 이루어질 수 없다.[39] 자유시장의 확대는

---

37) 자본주의평화론에 기초하여 남북 간 경제공동체 구상을 제시하는 견해로는 조민, "남북공동체 형성의 이론적 틀: 평화경제론", 통일연구원, Online Series, PA 06-03, 참조.

38) 김용호는 역사적 불신과 경쟁의식이 팽배한 동북아지역에서 경제적 상호의존이 안보적인 신뢰구축으로 이어진 사례를 찾기 어렵다는 점, 남과 북의 비대칭적인 경제규모를 고려할 때, 교역의 확대가 오히려 북한 내 보수파의 흡수통일에 대한 경각심을 불러일으킬 수 있다는 점을 지적하며, 경제평화론적 접근의 문제점을 지적한 바 있다("대북정책과 국제관계이론", 『한국정치학회보』, 36집 3호, 2002, 140쪽 이하 참조).

39) 아마티아 센의 연구는 자유권이 보장되지 않은 상태에서는 기아와 같은 초보적인 생존권

개인의 자유로운 권리에 대한 보장을 전제로 하며, 이러한 권리는 민주적 정치질서 속에서만 비로소 안정적으로 보장될 수 있는 것이다.

셋째, 우리가 원하는 평화는 단순한 남과 북 사이의 국가 간 평화가 아니다. 우리가 원하는 평화는 남과 북의 모든 주민들의 권리가 보장되는 민주주의적 평화이다. 인권과 자유가 제한되고 압살되는 상황에서의 국가들 간의 평화는 그것이 비록 전쟁보다는 낫다고 할지라도 궁극적으로 우리가 추구해야 할 이상이 될 수는 없다. 이런 점에서 남북 간의 평화 나아가서는 통일의 규범적 정당성은 오로지 인권과 민주주의의 실현이라는 이상을 통해서만 제시될 수 있을 것이다.

이러한 점들을 고려할 때, 자본주의 평화론을 기초로 한 평화구상은 민주평화론적 요소에 의해 보완될 필요가 있는 것으로 보인다. 남북 간의 긴밀한 경제적 상호의존관계의 심화와 북한 내부에서의 자유시장 발전은 북한 내부의 변화와 개혁개방을 유도하는 수단이 될 수 있을 것이며, 나아가서는 남북 간 평화정착에도 기여할수 있을 것이다. 북한은 내부적인 심각한 경제난을 극복하기 위하여 외부자본을 끌어들이고 이를 위해 일부 지역을 개방할 수밖에 없는 상황이다. 그리고 이러한 개방화 조치들은 외부정보의 유입과 접촉기회의 증가 그리고 내부적인 사회적 변화를 초래할 수밖에 없을 것이다. 장기적인 관점에서 볼 때 이러한 변화는 북한체제 내부

의 침해조차 방지될 수 없음을 보여주고 있다(Amartya Sen, "Food and Freedom", *World Development 17권*(Oxford, 1989)). 초보적인 자유권이 보장되지 않는 상황에서 정상적인 자유시장의 발전을 기대하기는 더욱 어려울 것이 분명하다.

의 변화요인으로 작용하게 될 것으로 예상된다. 그렇지만 북한 내에서 이러한 변화가 지속되기 위해서는 이를 뒷받침할 수 있는 정치제도의 민주화와 개인적 권리의 보장이 반드시 동반되어야 할 것이다.

한반도 평화론의 모색: 복합평화론

지금까지 이 글은 민주평화론과 자본주의평화론 그리고 각각의 평화론이 한반도 평화구축과 관련하여 갖는 함의들을 검토해보았다. 그러나 오늘의 시점에서 평가해보자면, 이 두 평화론에 기초했던 '북한민주화론'과 '시장평화론' 그리고 앞에서 우리가 다루지는 않았지만 북한발 '선군평화론' 역시 한반도 평화구축에서는 큰 성과를 내지 못한 것이 사실이다.

국민의 정부와 참여정부의 대북 포용정책은 시장평화론에 기초하고 있었다고 할 수 있다. 남과 북 사이의 경제적 교류와 협력을 확대함으로써 기능적 상호의존성을 높이고 이를 통해 한반도 평화의 토대를 구축할 수 있다는 것이다. 자유로운 시장을 통한 상호교류는 밀접한 상호의존성의 확대를 통해 전쟁을 불가능한 선택으로 만들게 된다는 것이다. 그러나 당면한 안보 위협이 상존하는 한반도 현실 속에서 이러한 시도는 북핵문제로 인해 난파할 수밖에 없었다.

미국 부시 정부의 경우는 명시적으로, 이명박·박근혜 정부의 경우는 암묵적으로 대북정책 구상에서 민주평화론에 의거하였다. 대북 압박을 강화하여 북한 정권의 교체를 실현하고 북한을 민주화함으로써 결국 한반도에서의 진정한 평화를 구축하겠다는 것이다. 역사가 증명하듯이 진정한 평화란 민주국가들 사이에서만 가능하며, 따라서 한반도 평화구축을 위해서도 반드시 북한을 민주화하는 과정이 선행되어야만 한다. 그러나 이러한 구상 역시 결국 북한의 핵능력 강화와 한반도에서의 전쟁 위험 상황으로 귀결되었을 뿐이다.

북한의 선군평화론은 제국주의 침탈에 맞서 자주성과 평화를 실현할 수 있는 길은 오직 군사력 강화에 있다고 주장했다. 김정은 시대 북한의 핵·경제 병진노선도 바로 이러한 선군평화 구상에 기초하고 있다고 할 수 있다. 그러나 이 역시 국제사회의 대북 제재 및 압박의 강화와 미국의 예방전쟁 가능성만을 높였을 뿐, 한반도 평화구축으로 이어질 수는 없었다.

이와 같이 한반도 평화구축을 위해 기존에 제시되었던 근본 구상들이 모두 실패로 돌아갔다면, 이제 우리는 무언가 새로운 구상을 필요로 하는 것이 아닐까? 향후 한반도 평화구축을 위해 '복합 평화론(Complex Peace Theory)'이라는 구상을 제시해보고자 하는 연유다.

복합 평화론은 첫 번째 차원에 안보 딜레마 해소라는 현실주의적 접근을, 두 번째 차원에 시장평화라는 방법론을 그리고 마지막 세 번째 차원에서 민주평화를 궁극적 목적으로 설정하는 '중층적' 평화구상이라고 할 수 있다.

첫 번째 차원에 안보 딜레마 해소라는 현실주의적 접근을 앞세운 이유는 첨예한 한반도 갈등 상황을 해결하는 출발점은 상호 간의 안보 우려를 완화·해소하는 것이 될 수밖에 없다는 인식 때문이다. 이미 북한은 2017년 '국가핵무력 완성'을 선언하였고 북한의 핵무기는 미 본토 타격을 위협할 수 있는 수준에 이르렀다. 또한 이와 동시에 북한이 국제사회로부터의 최대의 제재와 미국의 예방전쟁 위협에 직면했던 것도 사실이다. 이렇게 현실적 안보 딜레마가 심화된 상황 속에서는 한반도의 평화구축 역시 상호 간의 안보 우려에 대한 완화나 해소라는 현실주의적 접근에서 시작될 수밖에 없다. 전쟁 접경에 이른 이러한 극한적 대립 상황을 벗어나기 위해서는 시장이나 민주주의라는 우회로가 아니라 직접적인 '안보-안보' 교환부터 실현되어야만 한다는 것이다.

그러나 잠정적인 세력 균형이나 타협만으로 지속적이고 항구적인 평화를 보장할 수는 없는 법이다. 때문에 지속적인 한반도 평화구축을 위해서는 시장평화라는 두 번째 접근과 민주평화라는 세 번째 접근이 동시에 병행되어야만 한다. 여기서 중요한 것은 시장평화라는 기능적 접근과 민주평화라는 규범적 접근을 조화시키는 것이다. 복합 평화론을 통해 제기하고자 하는 양자의 조화는 민주평화론의 규범성과 시장평화론의 방법론을 결합하는 길이다. 이는 시장평화의 기능적 접근을 한반도의 영구적 평화 상태를 위한 방법론으로 규정하는 동시에 민주평화를 한반도의 영구 평화의 최종적 목표로 삼는 것이다.

민주평화론의 구상은 앞서 언급한 바와 같이 칸트의 『영원한 평화를 위하여』(1795)에 대한 도일의 특정한 독해에 기초하고 있다. 그 저술에서 칸트가 목표로 했던 것은 법을 통해 국가 간의 영원한 평화의 질서를 구축하는 것이다. 모든 국가들이 시민들의 평화에 대한 열망을 민주적으로 반영할 수 있을 때만 국가 간의 영원한 법적 평화도 가능하다는 것이다. 여기서 칸트는 동시에 '상업의 정신'이 이러한 영원한 평화를 가져오는 중요한 한 가지 경로, 방법이라는 사실을 지적하는 것을 빠뜨리지 않았다. 또한 그는 영원한 평화를 위한 예비조항을 통해 상호 간의 안보 위협 감소가 평화구축을 위한 필수적인 조건이라는 사실 역시 이미 지적하고 있다(특히 예비조항3). 도일의 해석과는 달리, 칸트의 경우는 안보위협의 감소, 시민들의 민주적 참여, 상업의 정신 모두를 평화의 동력으로 규정하는 보다 다층적인 인식의 면모를 보여주고 있다.

복합 평화론은 한반도 안보 상황의 긴급성에 대한 현실주의적 인식을 출발점으로 하여 시장평화와 민주평화의 차원을 조화롭게 결합할 것을 추구한다. 북미와 남북 사이의 안보 딜레마 해소를 통한 북핵문제 해결이라는 현실주의적 접근을 출발점으로 삼고, 시장과 민주주의의 조화를 통한 영구적 평화체제 구축 노력을 병행하는 새로운 평화구상의 다층적 틀이 그 어느 때보다 필요하다. 한반도 안보 상황의 엄중함을 직시하고 시장 원리주의나 인권 원리주의의 맹목을 넘어서 한반도 평화구축 과정의 복잡성을 직시할 수 있는 새로운 평화론의 구상이 필요한 순간이다.

참고문헌

경남대 극동문제연구소 편, 『남남 갈등 진단 및 해소방안』, 경남대학
　　교출판부, 2004.

김용호, "대북정책과 국제관계이론", 『한국정치학회보』, 36집 3호,
　　2002.

김원식, "북한인권 논의의 현황과 전망", 사회와 철학 연구회 편, 『사
　　회와 철학 연구 9』, 2005.

오영달, "칸트의 영구평화론", 고려대학교 평화연구소 편, 『평화연구』,
　　11권 4호, 2003.

위르겐 하버마스, 장춘익 옮김, 『의사소통행위이론2』, 나남, 2006.

임마누엘 칸트, 이한구 옮김, 『영원한 평화를 위하여』, 서광사, 1992.

임혁백, 『세계화 시대의 민주주의』, 나남, 2001.

정상률, 세종논평 73호
　　(http://www.sejong.org/kor/Publications/cm-data/commentary-0773.htm)

조민, "남북공동체 형성의 이론적 틀: 평화경제론", 통일연구원, Online
　　Series, PA 06-03.

최상용, 『평화의 정치사상』, 나남, 2006.

허태회, 우영창, "The Implications of the Democratic Peace Theory for
　　the Korea Peace-Building", 북한연구학회 편, 『북한연구학회보』, 10
　　권 1호, 2006.

황장엽, 『황장엽의 대전략, 金正日과 전쟁하지 않고 이기는 방법』, 월
　　간조선사, 2003.

Amartya Sen, "Food and Freedom", *World Development 17권*, Oxford,
　　1989.

Bruce Russet, *Grasping the Democratic Peace*, princeton University Press,
　　1993.

_____, "Installing democracy", *Commonwealth*, Dec 3, 2004.

Erik Garzke, "Capitalist peace or democratic peace", *Review-Institute of Public Affairs*, 57. 4, Dec, 2005.

_____, "Kant We All Just Get Along? Opportunity, Willingness, and The origins of the Democratic Peace", *American Journal of Political Science*, 42, 1, Jan, 1998.

Harald Müller, "The Antinomy of Democratic Peace", *International Politics*, 41. 2004.

James Lee Ray, *Democracies in International Conflict*, Columbia: University of South Carolina Press, 1995.

Katherine Barbier and Gerald Schneider, "Globalization and peace: Assessing New Directions in the Study of Trade and Conflict", *Journal of Peace Research*, 36.4, 1999.

Kennth Benoit, "Democracies Really Are More Pacific(in General)", *Journal of Conflict Resolution*, 40, Dec, 1996.

Michael W. Doyle, "Kant, Liberal Legacies and Foreign Affairs", *Philosophy & Public Affairs*, Vol.12, No.3, 1983.

_____, "Kant, Liberal Legacies and Foreign Affairs, Part 2", *Philosophy & Public Affairs*, Vol.12, No.4, 1983.

Omar G. Encarnacion, "The Follies of Democratic Imperialism", *World Policy Journal*, spring, 2005.

Volker Heins, "Globalisierung und soziales Leid. Bedingungen und Grenzen humanitärer Politik", *Befreiung aus der Mündigkeit*, Hg. Axel Honneth, Campus, 2002.

Zeev Maoz, Bruce Russet, "Normative and Structural Causes of Democratic peace", *The American Political Science review*, Sep, 1993.

한국 국민정체성의
'민주적 반추'와 통일 문제

한승완

4.
한국 국민정체성의 '민주적 반추'와 통일 문제

한승완

한국인이라는 정체성

한국인이라는 말로 우리는 다양한 것을 떠올릴 수 있다. 무엇보다 먼저 대한민국이라는 영토 내에 거주하며 한국 국적을 소유한 사람을 생각할 수 있다. 하지만 이에 못지않게 한국인이라는 이름은 국경 밖의 어느 곳에 거주하든, 현재 어떤 국적을 갖고 있든, 조상이 한국인이었던 사람과 그 후손을 포함하는 더 큰 인구집단을 연상시키기도 한다. 또한 국내적으로는 외적인 용모, 언어, 종교 등에서 일반적인 한국인과 다르지만 한국인으로 기꺼이 포용하고자 하는 국제결혼이주 여성, 즉 다문화가정의 여성과 자녀도 한국인이다.

한국인은 이처럼 더 이상 그 의미가 단순한 개념이 아니다. 이러한 변화는 우선 사상 유례가 없는 규모와 깊이로 상품, 정보, 자본과 함께 인력이 국경을 뛰어넘어 유통되고, 투자되고, 이동하는 것을 특징으로 하는 세계화의 결과이다. 세계화가 진전될수록 우리의 대외적 경계는 낮아지고 그만큼 우리 안에 이질적인 것이 들어오고 우리가 이질적인 것 안으로 들어가, 우리가 우리 아닌 타자와 공존하는 상황이 많아지고 있는 것이다. 아니 타자는 더 이상 우리의 경계 밖에서 우연히 마주할 수 있는 것이 아니라 우리 안에서도 항상 마주하는 존재가 되었다. 이 과정에서 우리의 정체성인 한국인의 의미도 혼란을 겪게 되고 새로운 의미가 부가되거나 의미요소에 변화가 일어났다.

다른 한편 이런 외부적 조건의 영향만으로 한국인이라는 개념의 복잡화는 설명되지 않는 것처럼 보인다. 내부적으로는 우리가 남북분단과 열악한 정치적, 사회적, 경제적 초기조건에도 불구하고 전후 산업화와 동시에 민주화에서도 성과를 내었다는 사정도 이러한 한국인 개념의 변화 배경으로 고려해야 할 것이다. 타자에 대해 폐쇄적이고 내부적으로 단일하고 균질적인 집단정체성이 이 산업화와 민주화과정에 중요한 역할을 하였다면, 이 과정이 일정 궤도에 오른 이후 그러한 응집력을 발휘했던 정체성은 점진적으로 변화를 겪게 된다. 정체성 문제에서도 내부에 다양성을 허용하고 포용할 수 있을 정도로 경제적, 민주적 자신감이 성장했다고도 볼 수 있을 것이다. '다문화'라는 개념으로 총괄되는 이질적인 것의 포용이 우리의 화두가 되면서, 한국인이라는 집단정체성도 변화할 수밖에 없었다. 물론 이것은 단순히 규범적인 문제만은 아니다. 오히려 이러한 변화에는 우리가 외국인 노동력과 국제결혼 이주자의 유입이 없이는 더 이상 활력적인 경제와 사회를 유지할 수 없게 되었다는 필요의 논리가 더 크게 작용했을 것이다.

이러한 내·외부적 요인을 통해 변화하고 있는 한국인이라는 정체성은 우리와 제일선에서 경계를 두고 마주하고 있는 북한 및 북한주민과의 관계를 새로이 조명하게 만들고 있다. '우리와 북한은 하나의 민족이므로 통일되어야 한다'는 것은 남북한이 독립적인 국가로 수립될 때부터 공히 국가적 사명으로 제시되었던 것이고, 이에 대해 남북한 주민 사이에 큰 이견은 없었다. 일정 시기에는 무력에 의한 통일도 정당화될 만큼 남북한의 '민족동질성'은 당연한 것으로 여겨졌다. 다만 사회주의와 자본주의라는 체제에서 차이가 날 뿐이지 민족정체성의 측면에서 남북한은 동일한 민족이라는 것이다. 이처럼 '민족동질성'과 '체제이질성'은 서로가 영향을 주지 않으며 분리될 수 있는 것처럼 보였다. 그러나 '체제이질성'은 시간이 경과할수록 민족정체성에서도 동질성의 침식과 이질성의 균열을 가져오고 있다. 특히 최근 학문적, 저널리즘적 공론장에서 자주 운위되는 이른바 북한주민과 독립된 '대한민국 국민정체성'의 형성은 이를 극명하게 보여주고 있다. 이러한 민족동질성의 균열과 대한민국만의 집단정체성 형성은 비록 그것이 아직 맹아적일지라도 기존의 통일에 대한 기본관점과 전략을 새롭게 숙고하게 만들기에 충분한 자극을 주고 있다.

다음 글은 이러한 배경에서 한국 국민정체성의 성격과 변화를 살펴보고, 기존의 통일론에 대한 비판적 서술을 통해 그것이 남북한 통일에 대해 갖는 함의를 제시하고자 한다. 우선 한국인 정체성이 일반적인 국민(민족)정체성에 비추어 어떤 성격으로 규정할 수 있는가를 간략히 서술하고 그것이 고착, 고정되어 있는 것이 아니라 변형되고 있음을 보여줄 것이다.[1] 그리고 이러한 변형이 단순한 변화가 아니라 일정하게 규범적 함축을 갖고 있다는 것을 벤하비브가 제시하고 있는 '민주적 반추(democratic iteration)' 개념을 통해 설명해보려 한다. 이어 이렇게 변형되어왔으며 앞으로 더욱 변형을 겪어갈 한국 국민정체성이 통일에 대해 제기하는 문제점을 기존의 통일 관련 논의에 대한 비판적 검토를 통해 살펴보려 한다. 마지막으로 이를 통해 국민정체성의 측면에서 통일에 대한 바람직한 접근시각을 제시해보고자 한다.

한국 국민정체성의 성격과 변형

1) 자유주의의 국민정체성과 '민주적 반추'

근대 국민국가는 개인이 자신의 자유와 기본적 권리를 향유하면서 살아가기 위해 필요한 최소한의 울타리이자 공동체일 것이다. 이러한 울타리가 없다면 개인도, 그의 인권도 성립될 수 없고 보장될 수도 없을 것이다. 근대 국민국가가 그 형성의 도정에서 개인에 대한 억압과 배제를 초래한 경우가 있다고 해서 근대 국민국가 자체를 전체주의적 국가와 동일시해서는 안 될 것이다. 최근 민족주

---

[1] 이하에서 나는 국민(민족)정체성이라는 용어로 nation이라는 동일한 사태를 지시하면서 병기하거나 혼용하여 사용하고자 한다. nation에 대한 번역어로 국민과 민족이 근대 초엽 도입된 이래 시대적 변천과 과제에 따라 두 번역어는 경쟁하면서 사용되어왔다. 이에 반해 민족과 국민은 이제 우리말에서 동일한 지시체를 지칭하는 것이 아니라 서로 상이한 지시체를 지칭하며 nation에 대해서는 국민이란 용어를 사용해야 한다는 주장이 제기되고 있다(진태원, 「어떤 상상의 공동체? 민족, 국민 그리고 그 너머」, 『역사비평』, 2011, 가을호). 나는 이하에서 국민(민족)정체성의 성격, 변화 및 통일과 관련한 논의 속에서 이러한 주장에 동의하지 않는 이유를 밝힐 것이다.

의에 대한 근원적 비판과 극복을 시도하는 일부 탈민족주의론, 탈국가주의론의 밑바탕에 깔려 있는 이런 동일시는 국민국가의 내부 동학과 구체적인 역사적 전개를 사상하고 있다.[2] 중요한 문제는 근대 국민국가가 어떤 내부의 긴장과 진통 속에서 민주적 공동체로 전개되어왔는가에 대한 정밀한 접근일 것이다. 국민국가를 안민낙토의 공동체로 봐서도 안 되겠지만, 그렇다고 모든 근대적 병리현상의 원흉인 괴물로 치부해서도 안 될 것이다.

근대 국민국가의 구성원들이 갖는 소속감은 역사상 새로운 집단정체성이다. 그것은 자연적으로 주어져 있고 서로에 대한 면식이 일정 가능했던 친족공동체나 지역공동체를 넘어 국가라는 단위에서 의식적으로 형성된 '추상적 집단정체성'이다. 연고성이나 대면성이 없거나 떨어진다고 해서 이 '추상적 집단정체성'이 허물어지기 쉬운 사상누각이 아닌 것은, 근대 국민국가가 산업화, 근대화에서 보여준 엄청난 대중동원력이 웅변하고 있다. 이 집단정체성으로부터 나온 새로운 종류의 연대성이 일상적 제도로 대표적으로 표현되고 있는 것이 근대적 조세와 병역제도임은 주지의 사실이다.

추상적이지만 강력한 연대성과 소속감을 가져다준 국민(민족) 정체성은 그러나 고정된 것이 아니라 유동적이다. 그것이 의식적으로 형성된 것인 만큼 그것은 언제든 성격과 범위에서 변화할 수 있는 것이다. 그것은 이웃을 병합하여 팽창해갈 수도 있으며 아니면

---

2) 진태원, 「국민이라는 노예? 전체주의적 국민국가론에 대한 비판적 고찰」, 『민족문화연구』, 제51호, 나종석, 「탈민족주의 담론에 대한 비판적 성찰－탈근대적 민족주의 비판을 중심으로－」, 『인문연구』, 제57호, 2009 참조.

떨어져나가는 분리주의적 힘으로 분출할 수도 있다. 이러한 팽창과 분리 과정에서 그것의 성격도 변화해왔다. 마찬가지로 근대 국민국가의 국민(민족)정체성의 원리들도 상호 중첩되어 있으며, 변화되어왔다.

일반적으로 국민(민족)정체성을 구성하는 두 원리로 '데모스(demos)'와 '에트노스(ethnos)', 지연공동체적 원리와 종족공동체적 원리를 말할 수 있다. 국민(민족)국가를 건설하면서 출발조건에 따라 두 원리 중의 하나가 중심적인 국민(민족)정체성을 형성한다. 근대 시민혁명을 경험했거나 처음부터 이민국가로 출발한 나라들이 전자의 원리가 지배적인 국민(민족)정체성을 형성했다면, 시민혁명을 통해 근대국가를 형성하기보다는 소수 엘리트로부터 조직된 후발 국민(민족)국가와 제2차 세계대전 이후 독립한 나라들은 후자의 원리가 지배적인 정체성을 형성했다.

에트노스에 기초한 '종족적 국민(민족)', 혹은 '종족적 민족주의(die ethnische Nation, der ethnische Nationalismus)'에서 중심 개념은 종족(das Volk)이다. 이것은 궁극적으로 혈통에 근거한다고 간주되는 문화적·정치적 공동체로서 하나의 역사의 주체로 상정된다. 그리고 국민(민족)(Nation)은 '자신의 국가를 갖게 된 종족(Volk)'을 의미한다. 이러한 종족적 국민(민족)에서 어떤 특정한 국민(민족) 구성원이라는 것은 곧 법적으로도 그 공동체의 구성원이 될 수 있다는 것, 즉 국적을 보유할 수 있다는 것을 의미한다. 이에 반해 데모스에 기초한 '정치적 국민(민족)(die politische Nation)'에서 국민(민족)은 가치관, 제도, 정치적 신념의 공통성에 기초한다. 프랑스에서 nation이라는 말이 왕에 대항하여 귀족계층이 정당한 지배를 요구하거나 아니면 제3신분이 봉건세력에 대항하여 정당한 정치적 지배를 요구할 때 등장하였듯이, 그것은 정치적 의지의 통일을 통한 정당한 지배와 연관되어 있다. 따라서 여기서 국민(민족)은 국가 외부와 경계 긋기를 위한 개념이라기보다는 '사회내부적 개념'이라 할 수 있다. 여기서 외부로부터 오는 이주자의 최소한 법적 국적 취득은 '종족적 국민(민족)'에서보다 용이하다.[3]

그러나 각각의 유형의 국민(민족)에서 두 원리 중 하나가 지배적이라고 말할 수 있을 뿐, 모든 근대적 국민(민족)국가는 기본적으로 두 원리를 내장하고 있다. 종족적 국민(민족)국가에서도 내부적으로 민주주의가 심화되고 정착되어감에 따라 정치적 국민(민족)의 요소가 확대된다. 역으로 보편적인 자유민주주의적 헌법 원리에 대한 충성만으로 형성되는 민주적 집단정체성으로서 순수한 '시민적 국민(민족)(civic nation)'은 비현실적이다. '시민적 국민' 정체성의 대표적 사례의 하나로 여겨지는 미국의 경우를 봐도 그것이 문화적 요소, 비록 혈통에 근거한 것은 아니지만 '에트노스'의 측면을 가지고 있다는 것은 분명하다. 우리는 민주적 집단정체성의 문제를 '종족적 국민(민족)'이냐 '시민적 국민(민족)'이냐의 양자택일의 관점에

---

3) 이상의 논의는 Friedrich Heckmann, "Nationalstaat, multikuturelle Gesellschaft und ethnische Minderheitenpolitik", Forschungsinstitut der Friedrich-Ebert-Stiftung (Hrsg.), *Partizipationschancen ethnischer Minderheiten*, Bonn, 1993, 7쪽 이하 참조. 이렇게 서양에서조차 나타나는 nation이라는 지시체의 다의성을 고려할 때 nation에 대한 번역어를 국민으로 제한하기보다는 국민과 민족의 혼용이 적절한 것으로 판단된다. 다시 말해 맥락에 따라 '종족적 네이션'에 대해서는 민족이라는 번역어를, '정치적 네이션'에 대해서는 국민이라는 번역어를 사용하거나 국민(민족), 혹은 민족(국민)으로 병기해도 무방하다고 생각한다.

서는 해결할 수 없다.

우리는 언제나 특수한 역사적, 문화적 공동체의 구성원으로서 민주적 정치공동체를 구성할 수밖에 없다. 다만 이 에트노스가 얼마나 두껍거나 얇은가의 차이가 있을 뿐이다. 사실적 근거는 희박하지만 강한 혈통적 전통이 유지되고 있다는 믿음, 고유한 습속과 관습의 고수 등이 강력히 작동하고 있다면 그것은 '두꺼운' 에트노스일 것이다. 반면 공용어와 공용어 사용을 통해 형성된 공동의 제도에 의한 결속 정도라면 그것은 '얇은' 에트노스라 할 수 있을 것이다. 이것이 바로 '자유주의적 민족주의(liberal nationalism)'에서 말하는 '사회적 문화(societal culture)'를 통해 형성된 국민(민족)정체성이라 할 수 있다.

따라서 '두꺼운' 에트노스로부터 '얇은' 에트노스로의 정체성의 변형과정은 국민(민족)정체성의 측면에서 본 근대화와 자유화 과정 자체라 할 수 있을 것이다. 근대화와 자유화는 자신의 전통과의 단절이 아니라 그것에 대해 일정한 거리를 두고 반성적 태도를 취할 수 있는 공간을 제공한다. 이것은 바로 한 국민의 문화적 정체성이 얇아진다는 것을 의미하고 내부적으로는 좋은 삶에 대한 관점의 다양성이 높아지고 외부적으로는 다른 자유주의적 문화와 공유하는 가치가 증가함을 뜻한다. "한 문화가 자유화되면-그리고 그리하여 구성원들에게 전통적인 삶의 방식에 의문을 제기하거나 거부하도록 허용된다면-결과적으로 도출되는 문화적 정체성은 '더 얇아'지고 덜 독특해질 것이다." 반면 대외적으로는 다른 자유주의 문화의 구성원들이 갖는 가치와 공통점이 증가하게 된다. "서구의 근대화와 자유화는 각 민족 문화 내부에서는 보다 적은 공통성으로, 문화들 상호간에서는 보다 더 많은 공통성을 낳는 결과를 가져왔다."[4]

마찬가지로 '헌법애국주의(constitutional patriotism)'도 근대 국민(민족)국가에는 "평등한 권리공동체의 보편주의와 역사적 운명 공동체의 특수주의 간의 긴장"[5]이 내장되어 있다는 사실로부터 출발한다. 중요한 것은 이 긴장 속에서 후자에 대한 전자의 우위성, 다시 말해 '국민들(Staatsbürger)로 구성된 실재적 민족(Nation)이 동포들로 구성된 가공적 민족(Nation)에 대해 지녀야 하는 우위성'[6]이 확보되는 방향으로 나아가는 것이다.

벤하비브는 한걸음 더 나아가 '민주적 대의의 논리' 자체가 대의체의 '닫힘(closure)'을 함축하고 있다고 본다. 민주주의가 제정한 법은 그것을 만든 사람들에만 한정되어야 하기 때문이다. 만약 한정되지 않은 전 지구적 정치체가 있다면 그것은 민주적일 수 없을 것이다. 민주적 대의는 대의체들이 비록 필연적으로 국민국가의 형태를 취할 필요는 없지만, 적어도 그것들이 서로 구획, 분리되어야 할 것을 요구한다.[7]

---

4) 윌 킴리카, 『다문화주의 시민권(*Mulicultural Citizenship*)』, 장동진 외 옮김, 동명사, 2010, 180쪽 이하.

5) 위르겐 하버마스, 『이질성의 포용. 정치이론 연구(*Die Einbeziehung des Anderen*)』, 황태연 옮김, 나남, 2000, 145쪽. '자유주의적 민족주의'가 민주적 정치공동체와 특수한 문화공동체의 결합이 필수적이라 보는 반면, '헌법애국주의'는 이 양자의 결합을 역사적 우연으로 간주한다. 그러나 후자가 헌법 원칙에 대한 충성만으로 결속력 있는 정체성이 형성될 수 있다고 보지는 않는다는 점에서, 이러한 결합은 후자에서도 단지 역사적 우연에 머물지는 않는다. '자유주의적 민족주의'와 '헌법애국주의'의 유사점과 차이에 대한 논의는 한승완, 「'자유주의적 민족주의'와 '헌법애국주의'—한국 민족(국민)정체성의 변형과 관련하여—」, 『사회와 철학』, 제20호, 2010, 참조.

6) 위르겐 하버마스, 위의 책, 149쪽.

7) Seyla Benhabib, "Democratic Exclusions and Democratic Iterations: Dilemmas of 'Just

문제는 이러한 한정, 구획이 규범적으로 정당한 기준에 따른 것인가의 여부인 것이다. 구획의 기준은 결국 이방인을 어떤 기준으로 성원으로 받아들이거나 배제하는가로 귀착된다. 한 유형의 기준들은 인종, 성(性), 피부색, 종족성(ethnicity), 언어공동체, 종교 등과 같은 귀속적 기준들이다. 이러한 기준들에 따라 수용하거나 배제하는 것은 규범적으로 정당화될 수 없다. 우선 인종, 성, 피부색은 말 그대로 타고난 것으로, 자유의지에 따른 행위에 대해서와 같이 그것에 대해 도덕적 책임을 물을 수 없는 성질의 것이다. 반면 종족성, 언어공동체, 종교와 같은 기준들은 타고났다 하더라도 장기간에 걸쳐 변형이 가능하지만, 만약 그것의 특정한 종류를 이유로 배제한다면 이는 비차별의 원리에 저촉되어 규범적으로 정당화될 수 없다. 다른 유형의 기준들은 체류기간, 언어능력, 시민적 문해능력의 증명, 물적 자원의 입증, 시장적 기술 등과 같은 비귀속적인 성격의 기준들이다. 외국인의 국적 취득, 즉 귀화에 있어 이 기준들은 첫 번째 유형의 기준들처럼 그것이 규범적으로 부당한 것은 아니다. 이러한 기준들은 한 정치공동체의 구성원들이 그에 대해 민주적으로 결정할 수 있는 정당한 권한을 가지고 있는 기준들이다.

　벤하비브는 기본적으로 '담론이론(Diskurstheorie)'에 기초하여 '성원권(human right to membership)'에 대한 논의를 전개한다. '담론이론'에서 출발점은 "가능한 모든 관련 당사자들이 합리적 담론의 참여자로서 동의할 수 있는 행동규범만 타당하다."라는 담

Membership' and Prospects of Cosmopolitan Federalism", *European Journal of Political Theory*, 2007, 6, 448쪽 참조.

론원리이다.8) 이 원리를 시민권과 귀화에 적용하면 도출되는 것이 성원권이다. 그것이 의미하는 것은 "어떤 민주적 정체도 타자가 영원히 성원에서 제외되도록 하는 귀화조건을 규정해서는 안 된다."라는 것이다.9) 왜냐하면 어떤 행위와 행위 결과에 의해 어떤 방식으로든 영향을 받을 관련 당사자는 일정한 국경 범위 내에 한정되지 않기 때문이다.

'민주적 반추'는 이 '성원권'을 지속적인 공론화와 토론 그리고 최종적으로 법 개정을 통해 실현시켜가는 것이라 할 수 있다. 이는 구체적으로 앞서 살펴본 규범적으로 정당화될 수 없는 귀속적 기준들을 폐기하거나 수정하는 과정이다. 벤하비브에 따르면 '민주적 반추'는 "보편주의적 권리 요구와 원칙들이 법적, 정치적 제도에서뿐 아니라 시민사회적 친교에서 경합되고, 맥락화되며, 행사되거나 취소되고, 가정되거나 정립되는 그런 공공적인 복합적 토론 과정, 숙고, 의견 교환 과정을 총칭한다." 따라서 그것은 "공공적인 법제기구나 사법기구, 집행기구 차원에서 '강하게' 이루어질 수도 있고, 비형식적으로 시민사회적 친교와 언론 등의 '약한' 공공성 속에서 이루어질 수도 있다."10)

이러한 제도화와 입법화로 표현되는 '강한' 민주적 반추와 시민사회적 공론장의 토의라 할 수 있는 '약한' 민주적 반추의 상호 교

---

8) 위르겐 하버마스, 『사실성과 타당성(*Faktizität und Geltung*)』, 한상진·박영도 옮김, 나남, 2000, 147쪽.

9) Seyla Benhabib, 2007, 위의 논문, 446쪽.

10) 세일라 벤하비브, 『타자의 권리-외국인, 거류민, 그리고 시민(*The Rights of Others: Aliens, Residents, and Citizens*)』, 이상훈 옮김, 철학과현실사, 2008, 209쪽.

호 속에서 성원권이 각 국민(민족)국가 단위에서 실현되어가는 과
정은 우리가 앞서 '두꺼운' 에트노스로부터 '얇은' 에트노스로 국민
(민족)정체성의 변형이라 서술한 과정에 상응한다고 할 수 있다.
'민주적 반추'의 과정은 바로 '두꺼운' 에트노스를 구성하는 귀속적
기준들의 폐기, 완화, 수정 과정이기 때문이다. 따라서 가령 이스라
엘에서와 같이 같은 혈통을 가진 사람을 특별 우대하고 외국인의
귀화를 사실상 영구히 금지하는 것은 자유민주주의와 양립할 수 없
다. 이스라엘에서 논의되는 '종족적 민주주의(ethnic democracy)'
는 규범적으로 정당하지 못하며 성립할 수 없는 것이다.[11] 반면 귀
화에서 같은 혈통 소유자에게 마찬가지로 특별우대 정책을 펼쳤던
독일은 국내에서 치열하게 전개되었던 민주적 반추를 통해 '강한'
에트노스를 더 이상 '데모스'와 일치시키지 않는 방향으로 법과 제
도를 개정해가고 있다.[12]

그러나 민주적 반추를 통해 국민정체성이 변형되는 과정은 어
떤 종결지점을 갖지는 않는다. 그것은 지속적으로 진행되는 과정이
다. 민주적 국민정체성의 형성과 변형은 '입헌적 자기창조의 진행형
적 과정'이다.[13]

---

11) 위의 책, 173쪽 참조.
12) 위의 책, 236쪽 이하 참조.
13) 위의 책, 208쪽. 그가 주장하고자 하는 것은 이 지속적 과정의 결과 궁극적으로 국경을
     없애자는 것이 아니라 그것의 수용성을 높이자는 것이다. 민주적 대의의 논리상 대의체의
     구획은 불가피하기 때문이다.

2) 한국 국민정체성의 성격과 변형

이러한 자유주의의 국민(민족)정체성의 내적 긴장과 민주적 반추를 통한 변형에 관한 일반적 논의를 배경으로 한국 상황을 고찰하면, 한국 국민정체성도 이러한 이론적 틀에서 크게 벗어나지 않는 것처럼 보인다. 한국이 '강한' 에트노스에 기반을 두어 국민(민족)국가를 건설해왔다는 것은 주지의 사실이며, 그러한 한에서 데모스적 원리는 부차적 역할을 하였다고 할 수 있다. 즉, 우리는 강한 문화공동체적 결속을 통해 집단정체성을 형성해왔으며 이런 점에서 개인적 시민권을 기반으로 한 공화주의적 요소는 우리에게 처음에는 부차적이었다고 할 수 있다.

우리가 민주적 공동체의 정체성을 형성한다는 것이 무(無)에서 시작할 수 없는 것이라면, 우리의 출발조건이었던 '강한' 에트노스를 끊임없이 변경, 변형해감으로써 민주적 공동체를 형성해가는 길이 대안일 수밖에 없을 것이다. 이는 곧 기존의 한국 정치공동체가 법적, 제도적으로 구현하고 있는 인권, 정의 등에 대한 재서술, 재해석, 재구성을 통해 이루어질 수 있다. 이러한 재서술, 재해석, 재구성을 통해 우리는 점진적으로 한국 정치공동체의 변경을, 정체성의 측면에서 보면 한국인이라는 정체성의 변경을 가져올 수 있었고 이는 다시 그것의 출발조건이었던 에트노스의 변형, 한민족의 변형을 가져올 수 있을 것이다.

우리가 이러한 한국 정치공동체를 민주적으로 변화시키는 과정은 그간 개인의 자유, 인권, 정의 등의 보편적 가치가 실현되고 보장될 수 있도록 법적, 제도적 장치를 개선하는 과정이었다. 대한민국이 민주공화국이라는 헌법적 기초를 가지고 있는 한, 그것은 "이미 인권과 인민주권 원리의 더 완전하고 제대로 된 실현, 곧 민주화를 위한 내적 동학을 가동시킬 수밖에 없게 하는 그런 정치적 구조틀을 형성하고 있었다"고 할 수 있다.[14] 이러한 민주화를 위한 동학의 압력을 통해 비민주적 법과 제도가 철폐되고 인권과 정의가 실현될 수 있는 법과 제도들은 보완, 신설되어왔다. 이 동학이 일반적으로 작동하는 방식은, 우선 시민사회와 언론의 '약한' 민주적 반추에 의해 국민정체성의 개방이 공론화되고 새로운 수정이 제안되고, 이와 교호하면서 입법, 행정, 사법 부분에서 법과 제도가 정비되는 방식이었다.

이 과정의 대표적 결실은 비록 설립 시 기대했던 그 역할을 충분히 수행하고 있지는 못하지만, 헌법재판소나 국가인권위원회와 같은 기관일 것이다. 다른 한편 이러한 변형이 직접적으로 영향을 미치는 집단은 사회적 약자와 소수자 집단이다. 그간의 대한민국 정치공동체의 발전적 변형을 가늠하는 척도는 이들의 인간적 존엄, 인권, 정의가 얼마나 어떻게 더 보장되었는가에 있다고 할 수 있다. 이들이 얼마나 배제되지 않고 인간적 품위를 갖고 사회의 일원으로 대접받고 살아갈 수 있는가는 곧 우리 민주공동체의 민주성을 확인해주는 바로미터라고 할 수 있다.

경제적으로 성장한 한국사회가 국경을 넘나드는 이주의 증가라

---

14) 장은주, 「대한민국을 사랑한다는 것. '민주적 애국주의'의 가능성과 필요」, 『시민과 세계』, 제15호, 2009, 275쪽.

는 국제적 흐름 속에서 국내에 거주하는 외국인의 증가를 마주할 수밖에 없게 된 것도 정치공동체의 변화와 관련하여 중요한 계기이다. 한국인으로서 우리가 사는 공동체의 경계 안에 우리라고 볼 수 없는 사람들과 함께 살아가야 하는 것이다.

특히 외국인의 포용, 귀화조건에서의 변화는 우리의 국민(민족) 정체성의 변형을 보여주는 결정적인 척도이다. 이런 맥락에서 한국이 2005년부터 아시아에서는 최초로 외국인에게 비록 제한적이나마 참정권을 인정하기 시작했다는 사실이 주목을 요한다. 현재 우리는 일정한 요건을 갖춘 외국인에게 지방선거 선거권, 주민투표 투표권, 주민소환 투표권을 부여하고 있다. 비록 피선거권은 포함되어 있지 않은 한정적 참정권이며, 대선, 총선, 국민투표 등에서도 참정권은 보장하지 못하고 있지만, 적어도 이해 당사자가 기초적인 민주적 의사결정과정에 참여할 수 있도록 길을 열었다는 점에서 우리의 민주적 정체성 형성에 중요한 일보라 할 수 있다. 이방인일지라도 법과 행정적 조치의 수신인인 이상 이들도 해당 법이나 행정행위의 결정에 참여할 권리를 갖는다는 담론이론적 '성원권'의 일부가 인정된 것이라 평가할 수 있다. 앞으로 '민주적 반추'를 통해 참정권의 확대, 사회권의 인정, 귀화조건의 완화 등이 이루어져 우리 국민정체성의 에트노스가 더욱 얇아지는 과정이 진행되리라 기대할 수 있다. 물론 이는 일직선적 과정은 아닐 것이며 그것의 부작용에 따른 반론과 반대의 고조도 충분히 예상할 수 있는 일이다. 다만 장기적 관점에서 귀화조건의 완화를 요구하는 규범적 목소리가 높아지고 그에 따른 공론화와 법 개정의 요구도 높아질 것으로 전망된다.

건국 이후 대한민국 정치공동체의 민주화과정은 정체성의 측면에서 보면, 이미 '두꺼운' 에트노스의 약화 혹은 변형으로 읽을 수 있는 측면이 나타나고 있다. "진정한 한국인이 되기 위해 어떤 조건이 중요한가"라는 물음에 대한 최근의 조사결과를 보면, '대한민국 국적유지(88.2%)', '한국어의 사용(87%)', '전통, 관습 준수(82.1%)', '대한민국에서 출생(81.9%)', '한국인의 혈통(80.9%)', '대한민국의 정치제도, 법 준수(77.5%)', '생애 대부분을 한국에서 거주(64.6%)'로 나타났다. 여기서 주목되는 것은 한국인의 혈통이라는 조건보다 대한민국 국적유지와 한국어의 사용 등이 더 높게 나왔다는 점이다. 이들 조건이 이미 높은 수준에서 중요하다고 여겨지고 그들 간의 차이도 7~8%로 작지만, 주목할 것은 '혈연공동체'보다 '대한민국이라는 정치공동체의 소속감'을 더 중요한 조건이라 보았다는 점이다.[15] 혈통적 결속의 중요성이 다른 조건보다 낮다는 것은 '두꺼운' 에트노스의 핵심이 적어도 흔들리고 있다는 징표로 읽을 수 있을 것이다. 최소한 규범적 의미에서 정당화하기 어려운 혈통이라는 기준보다 더 중시하는, 다른 자유주의 국가와 유사한 기준들이 등장하고 있다. 그러나 이것이 곧 '두꺼운' 에트노스로부터 '얇은' 에트노스로 이미 변형되었다는 것을 보증하는 것이 아니다.

한국인의 경계에 대한 의식을 보면, 이러한 변형이 쉽지 않음을 알 수 있다. '누구까지를 한국인(한국민족)으로 봐야 하는가?'라는 물음에 대해 '북한주민(79.7%)', '해외동포 1세(71.7%)', '해외동

---

15) 강원택, 「한국인의 국가정체성과 민족정체성: 대한민국 민족주의」, 강원택 편, 『한국인의 국가정체성과 한국정치』, 동아시아연구원, 2007, 21쪽 이하.

포 2,3세(34.2%)', '해외입양아(57.9%)', '한국국적 포기(9.1%)', '한국국적 취득 외국인(28.1%)'으로 답하고 있다. 여기서 강원택은 '한국국적 포기자'보다 '한국국적 취득 외국인'을 더 한국인으로 봐야 한다는 결과에 주목하지만, 이는 균형 잡힌 시각이 되지 못한다. 이런 점에서 이건지의 지적은 중요한 지점을 포착하고 있다. "가장 중요한 것은 '국적'이라고 대답하면서도 그 '국적'을 취득한 외국인을 '한국인'으로 간주하지 않는다는 것이다."16) 이건지는 앞서 대한민국 국적이 가장 중요한 조건이라고 보는 동시에 국적을 취득한 외국인을 한국인으로 본다는 응답이 매우 낮은 것에 주목한다. 나는 여기에 더해 '한국국적 취득 외국인'의 거의 2배에 달하는 비중으로 '해외입양아'를 한국인으로 본다는 응답도 시사적이라고 생각한다. 한국어를 못하고 한국 문화에도 생소한 사람을 한국어와 한국 문화에 익숙한 사람보다 더 단지 그가 한국 혈통이라는 이유로 한국인으로 보겠다는 것이기 때문이다. 아직 '두꺼운' 에트노스는 강력히 잔존하고 있는 것이다. 다만 그것은 과거와 같이 더 이상 확고부동한 자리를 차지하지는 못하고 있는 것이다.

앞서 나는 우리가 민주공동체의 민주성을 강화시켜갈수록 우리의 두꺼운 에트노스도 변형될 것이라고 보았다. 이와 관련하여 흥미로운 조사연구가 제시되었는데, 그것은 "민주적 시민성(democratic citizenship)의 성장이 민족정체성(national identity)을 강화시키

---

16) 이건지, 『한일 내셔널리즘의 해체. 복수의 아이덴티티로 살아가는 사상』, 김학동 옮김, 심산, 2008, 165쪽. 법적으로 한국인임에도 불구하고 누구를 한국인이 아니라고 생각하는가는 중요한 물음인 것처럼 보인다. 무엇으로 한국인을 규정하는가라는 적극적인 물음에 대한 태도에서보다는 오히려 누구를 한국인으로부터 배제하는가라는 소극적 물음에 대한 답변에서 한국인에 대한 경계는 보다 분명하게 드러나는 것처럼 보인다.

는가 혹은 약화시키는가?"라는 물음에 대한 연구이다. 한국인의 의식조사를 이러한 시각에서 분석해보면, 한국에서는 "민주적 시민성의 성장이 민족정체성의 약화를 가져온다."라는 세계시민주의의 입장이 확인되지 않는다고 한다.[17] 그러나 나는 민주적 시민성의 성장과 민족정체성의 강화 혹은 약화라는 단순 상관관계보다 전자가 후자 자체의 성격을 변화시키는가의 여부를 보는 것이 더 복합적인 함축을 끌어올 수 있는 것처럼 보인다. 보편적 인권과 민주주의적 가치의 실현은 불가피하게 국경을 경계로 하여 형성된 국민정체성을 초월하여 그것을 대체하는 세계시민으로서의 시민성을 가져올 것이라는 급진적 세계시민주의의 입장은 정치철학적 이론으로도 지지되기 어려운 것으로 보인다. 대신에 앞서 벤하비브에 기대어 살펴본 바와 같이 대의적 민주주의가 실행되는 한 대의체들 간의 구획은 불가피할 것이라고 보아야 할 것이다. 다만 그것이 기존의 국민(민족)정체성과 동일한 형태로 유지될 것인가는 열린 문제이며, 장차 보편적 인권과 영토적 주권원칙 간의 딜레마를 해결하는 다양한 형태의 새로운 국민정체성과 시민권의 출현을 생각해볼 수 있다.

나의 논의에서 보자면, 민주적 시민성의 성장이 민족정체성 자체의 변형을 가져오는가가 보다 더 흥미로운 접근일 수 있겠다. 이런 점에서 본다면 위의 연구는 유의미한 점을 보여주고 있다. 즉, 민주적 시민성이 높은 집단이 아직 민족구성원의 자격에 대한 태도에서 큰 변화를 보여주고 있지는 못하지만, 적어도 외국자본이나

---

17) 정한울·정원철, 「민주적 시민성의 성장과 민족정체성」, 강원택 편, 『한국인의 국가정체성과 한국정치』, 동아시아연구원, 2007, 113쪽 이하.

외국인 노동력의 유입과 같은 외부위협요인들에 대해 더 관용적 태도를 보이고 있다는 것이다.[18] 이는 아직 정치공동체의 경계에 대한 생각의 변화를 가져온 것은 아니지만 적어도 그 가능성을 함축하고 있는 것처럼 보인다. 내가 강조하고 싶은 것은 우리의 민족(국민)정체성이 고정된 것이 아니라 변형되고 있다는 점에 주목하자는 것이고, 그 변형의 방향은 '두꺼운' 에트노스로부터 '얇은' 에트노스로 진행되고 있다는 점이다.

한국의 정체성 변형과 통일 문제

1) 정체성 변형과 통일 의식의 변화

이상으로 세계화에 따른 전 세계적 이주의 증가와 다문화 현상의 확산을 배경으로 시민권에 대한 새로운 논의의 일단에 기초하여 국민정체성의 성격과 변형에 대해 살펴보았다. 이에 비추어보면 한국이 경험했던 국민정체성의 형성과 변화의 윤곽과 방향성은 보다 뚜렷이 드러나는 것처럼 보인다. 그렇다면 한반도의 남과 북에서 각기 독립적인 정치체가 수립되고 반세기 이상이 경과한 지금 과연 남북한은 동일한 민족(국민)정체성을 가지고 있다고 말할 수 있을까? 분단과 건국 초기 남북한은 체제의 이질성을 제외한다면 정체성의 측면에서 단일한 공동체를 형성하고 있었다고 말할 수 있을

---

18) 마찬가지로 다문화수용성, 국민정체성, 시민성에 대한 태도의 연관관계를 분석한 황정미도 유사한 결론에 도달하고 있다. "약자를 지원하는 적극적인 시민활동을 지원하는 사람들이 이주민에 대한 부정적 낙인이나 경계심은 덜 갖고 있지만, 이주민을 한국사회의 구성원으로 동등하게 수용하는 데에 매우 적극적인 태도를 보이지 않는다는 해석을 할 수 있다." 황정미, 「한국인의 다문화 수용성 분석: 새로운 성원권의 정치학(politics of membership) 관점에서」, 『아세아연구』, 제53권 4호, 2010, 180쪽.

것이다. 그러나 이후 한국이 근대화와 자유화 과정을 거치면서 자신의 문화적 전통에 비판적 거리를 취하게 되고 국민정체성에서 비록 맹아적이나마 '얇은' 에트노스로 변형되고 있는 상황에서 한국과 북한이 동일한 '사회적 문화'를 가지고 있다고 말하기는 어려운 것으로 보인다.

이러한 한국의 변화는 '강한' 에트노스를 기반으로 '민족제일주의'를 내세우는 북한으로서는 받아들이기 어려운 것이라 충분히 예상할 수 있으며, 이미 2006년 북한은 '로동신문'의 사설을 통해 공식적 반응을 내놓고 있다. 이에 따르면 중고등학교 교과서에서 다문화 관련 교과 내용의 수정을 하겠다는 한국의 발표에 대해 한국의 "'다민족, 다인종사회'론은 민족의 단일성을 부정하고 남조선을 이민족화, 잡탕화, 미국화하려는 용납 못할 민족말살론이다."라고 비난하고 있다. 이어 사설은 "역사적으로 형성된 사회생활 단위이고 운명공동체"라는 예의 북한식 '민족'에 대한 정의를 되풀이하고, "단일성은 세상 어느 민족에게도 없는 우리 민족의 자랑이며 민족의 영원무궁한 발전과 번영을 위한 투쟁에서 필수적인 단합의 정신적인 원천으로 된다."라고 주장한다. 결론은 "민족의 구조적인 단일성을 확립해가는 자주통일시대"에 "우리 민족제일주의와 '우리 민족끼리'의 기치를 더욱 높이 들고 민족을 지키고 통일을 이룩하기 위한 애국투쟁에 적극 떨쳐나서야" 한다는 것이다.[19]

한국의 '얇은' 에트노스에 기반을 둔 국민정체성으로의 변화는

---

19) 『로동신문』, 2006. 4. 27일자 사설.

'강한' 에트노스의 '단일성'을 고수하려는 북한에게 '민족부정론'이자 '민족말살론'과 같은 것으로 비난의 대상이 된다. '민족의 구조적인 단일성'을 확립하는 것을 시대적 과제로 내세우는 북한과 이방인에게도 제한적이지만 참정권을 부여하기 시작한 한국은 비록 언어적 동질성을 유지하고 있지만 이미 동일한 하나의 '사회적 문화'를 가지고 있다고 보기 어려운 것으로 보인다.

이러한 한국 국민정체성의 변화와 민족정체성에서 남북한의 이질성 심화는 북한 및 통일이라는 문제와 관련하여 새로운 국면을 야기한다. 혹자에게는 그것이 환영할 일이지만 다른 이에게는 곤혹스러운 사태로 다가오는 것처럼 보인다. 이러한 변화의 핵심은 결국 한반도 남쪽에만 국한되는 '한국인 정체성'이 형성되고 있다는 것이다.

2010년 서울대 통일평화연구소의 통일의식조사에 따르면, '통일이 필요하다'는 의견에 19~29세는 48.8%, 30대는 55.4%, 40대는 65.2%, 50대 이상은 67.3%가 동의하고 있다. '통일이 필요하다'고 보는 청년세대가 절반에도 미치지 못하고, 심지어 이들 세대의 27.4%는 '통일이 필요하지 않다'고 답하고 있다. 강원택은 이를 청년세대에게서 "'우리나라'의 범주 속에 북한의 존재가 조금씩 희미해져가는 것을 말해주는 것으로" 본다. "한반도 남쪽만의 정치공동체가 나에게 정체성을 부여해주는 '국가'의 의미를 지니게 된 것이다."[20] 통일은 선(善)이요 꿈에도 소원은 통일이었던 기성세대와

---

20) 강원택, 「현대 젊은 세대의 국가관」, 『철학과 현실』, 제87호, 2010, 77쪽.

달리 대한민국에 국한된 소속감과 정체성을 갖게 된 청년세대에게 북한은 점차 별개의 공동체로 인식되기 시작하고 있다는 것이다. 이는 심각한 변화라고 할 수 있다.

남북한에서 각기 통일은 건국에서부터 하나의 헌법적 가치로 제시되어왔다. 대한민국의 헌법 제4조가 "대한민국은 통일을 지향하며 자유민주적 기본질서에 입각한 평화적 통일정책을 수립하고 추진한다."라고 규정하고 있다. 북한헌법 제9조는 "조선인민민주의공화국은 북반부에서 ⋯ 사회주의의 완전한 승리를 이룩하며, 자주, 평화통일, 민족대단결의 원칙에서 조국통일을 실현하기 위해 투쟁한다."라는 내용으로 되어 있다. 이러한 헌법상의 규정에 따를 때 남북한의 국가는 각기 저마다 체제상 '한반도 내에서 독점성과 배타성'을 주장하는 동시에 다른 쪽의 '국가성을 부인'하는 방식으로 통일을 추구한다.[21] 헌법체제상 하나는 다른 하나의 국가로서의 존립 자체를 인정하지 않으며 다른 하나의 지역에서도 자신의 헌법원리가 관철될 것을 지향하는 구조인 것이다.

그동안 이러한 헌법규정과 남북한 국민들의 의식 사이에 심각한 균열은 없었다고 말할 수 있다. 강한 민족동질성에 기반하고 있는 만큼 상대지역에 자신들 체제에 기초한 통일국가를 건설해야 한다는 것은 남북한 각국의 국가목표이자 각국 국민들의 염원이었다. 그러나 최근의 '한국인 정체성'의 형성은 여기에 균열을 가져오고 있다. 이 균열은 한편으로 민족동질성에 대한 의식의 약화와 그에

---

21) 박명림, 「남한과 북한의 헌법제정과 국가정체성 연구: 국가 및 헌법 특성의 비교적 관계적 해석」, 『국제정치논총』, 제49집 4호, 2009, 247쪽.

따른 통일에 대한 의지의 약화로 나타날 수 있다. 다른 한편으로 그 것은 대한민국의 국민정체성에 근거하여 통일되어야 한다는 의식으로 나타날 수 있다. 그러나 이러한 균열 속에서 등장하는 북한과 통일을 바라보는 새로운 시각은 일부에서 보듯 우려할 사태라기보다는 우리가 '민주적 반추' 과정을 통해 우리의 민주공동체를 심화시킬수록 피할 수 없는 귀결이며 궁극적으로는 바람직한 것처럼 보인다.

2) 기존 통일논의의 문제점

한국의 '얇은' 에트노스에 기반을 둔 국민(민족)정체성의 형성이 기존의 통일에 관한 논의에 새로운 숙고의 필요를 제공하고 있고 이미 이에 대한 여러 의견이 제출되고 있다. 나는 그동안 '민족', '국민', '시민' 등에 대한 개념사를 천착해왔으며 이를 북한문제와 연계시켜 깊게 고민해온 박명규의 의견에 대한 비평을 통해 기존 통일론의 문제점을 제시하고자 한다.[22]

우선 좀 길지만 다음과 같은 그의 입장은 우리 학계에서 상당수가 공유하는 의견인 것처럼 보인다. 그는 "현실적으로 한국사회에서 국민적인 아이덴티티와 민족적 아이덴티티가 일치하지 못하며", "국민과 민족 어느 쪽을 중시하는가가 역사해석에 있어서나 정치적 지향에 있어서 결정적인 차이를 가져온다"고 서술한 이후 다음과 같은 입장을 제시하고 있다. "대한민국 '국민' 아이덴티티에 근거하

---

22) 나의 논의 맥락에서는 백낙청의 '분단체제론'과 '복합국가론'이 또한 중요한 검토 대상일 것이다. 그러나 '분단체제론' 자체가 별도의 논의를 필요로 하는 한편, '복합국가론'이 아직 세부적으로 제시되지 못한 이유로 나는 이를 후속 연구를 통해 다루고자 한다.

여 통일논의를 이끌어가는 것은 적지 않은 어려움도 내포한다. 우선 대한민국 헌법에 기초한 국민정체성을 근거로 할 때 불가피하게 흡수통일론으로 귀결될 수밖에 없는 문제를 어떻게 할 것인가는 중요하다. 대한민국의 공동체적 가치와 정체성이 확산되는 방식으로 통일이 이루어져야 한다는 관점이 북한으로부터 수용될 수 없다는 점에서 이런 시각은 불가피하게 남북 간에 근본적인 불화, 대립, 긴장을 동반할 수밖에 없다. 평화라든지 공존과 같은 논리가 적용되기 어려운 것이다. 실질적으로 북한이 전혀 동의할 수 없는 상황, 남북이 공유할 수 있는 고리를 만들어내기 어려운 한계가 있다."[23]

우선 한국의 국민정체성을 근거로 한 통일논의가 필연적으로 흡수통일론으로 귀착되는지 의심스럽다. 우리가 장기적으로 한국의 정치공동체의 민주적 성격을 강화시켜가고 이로써 북한이 여기에 유인되어 변화하는 방식도 충분히 고려할 수 있을 것이다. 그것도 역시 흡수통일론과 다름없다고 반박할 수도 있겠지만, 적어도 그것이 저항하는 북한 체제를 강압적 방식으로 통합시키는 흡수통일이 아님은 분명할 것이다. 다음으로 '북한이 수용하거나 동의하는 통일'이란 사실상 북한 헌법이 규정하고 있는 방식의 통일밖에 없다. 우리가 북한과 평화 공존하는 것과 북한과 통일하는 것은 근본적으로 다른 차원이다. 우리는 내부적으로 부정의한 비민주적 체제와 공존할 수 있으며 그것도 평화적인 방식으로 공존할 수 있다. 그러나 그런 체제와 통일할 수는 없는 것이다. 우리의 논의 맥락에서 보

---

23) 박명규, 「한국 내셔널 담론의 의미구조와 정치적 지향」, 『한국문화』, 41, 2008, 254쪽.

면 북한이 국민(민족)정체성의 측면에서 민주적 변형을 겪지 않는 한 '북한이 수용하거나 동의하는 통일'이란 설사 그것이 가능하다 하여도 퇴행적 통일이 될 수밖에 없을 것이다.

통일이 무조건적 과제이자 목표가 되기보다는 민주적 정치공동체의 발전과 민주적 정체성의 형성을 저해하는 조건을 제거하는 한 과정으로 이해되어야 할 것이다. 즉, 통일은 우리가 사는 민주공동체의 민주적 변형에 기여하는 한에서 유의미하다. 만약 통일이 민주공동체의 정체성을 퇴행시키는 결과를 가져온다면, 그것은 우리가 피해야 할 것이다. 따라서 관건은 통일 자체보다는 어떤 통일이냐의 문제가 된다.

나아가 박명규는 '민족'과 '국민'의 창조적 결합을 사고하는 정치사회학을 주장하고 있다. 그가 보기에 "국민적인 것과 민족적인 것의 독특한 조합구조"는 '네이션'에 관한 일반이론으로부터 얻어질 수 있는 것이 아니라 한국에 특유한 것이다. 따라서 "국민이나 민족 중 어느 하나만을 강조하거나 비판하는 것은 이론적으로나 실천적으로 적절치 않으며 오히려 양자의 긴장을 창조적으로 활용하는 것이 필요하다. 국민 범주가 내포하고 있는 헌법적 속성, 시민권적 자격, 정치공동체의 가치체계 등을 민족 범주가 강조하는 문화적 동질감과 심리적 자긍심 등에 연결시키는 작업이 필요하기 때문이다." 바로 이러한 작업이 "민족적인 것과 국민적인 것의 창조적 결합을 사고하는 정치사회학"의 작업이라는 것이다.[24]

---

24) 박명규, 「네이션과 민족: 개념사로 본 의미의 간격」, 『동방학지』, 2009, 52쪽.

그러나 이렇게 '민족정체성'과 '국민정체성'을 분리시키고 나서 이후 통일을 사고하면서 이를 다시 '창조적으로 결합하는' 방식은 규범적 의미에서 정당한 통일에 오히려 저해될 수도 있다. 이렇게 분리해놓고 나면 '민족정체성'의 내용이란 '문화적 동질감과 심리적 자긍심' 이외에 다른 아무것도 아니다. 이후에 통일 시 새로이 형성 되고 있는 한국 국민정체성을 이 '두꺼운' 에트노스의 원리에 기초 한 통일과 아무리 '창조적으로 결합'시킨다 하여도, 그 결과가 민주 적 정당성을 확대한 한국 국민정체성의 퇴행을 가져올 여지는 매우 높다.[25)]

나는 대신에 '민족정체성'과 '국민정체성'을 분리시키지 말고 동 일한 정체성의 변형이라는 관점에서 사태에 접근하는 것이 적절하 다고 생각한다. '민주적 반추'를 통해 '얇은 에트노스'로 변형되고 있는 한국의 민주적 정체성을 단일한 원리적 기초로 삼는 통일이 규범적으로 정당한 것으로 보인다.

민주적 한국 국민정체성과 통일

이 글이 시도하고자 했던 것은 통일논의와는 상관없이 진행되 어왔던 세계화담론, 다문화담론의 맥락 속에서 전개된 국민(민족) 정체성에서의 변화를 통일론과 결부시켜 사고해보자는 것이었다. 그 결과 한국 국민정체성의 성격은 아직도 여전히 '두꺼운' 에트노

---

25) 앞서 nation에 대한 번역어로 국민만을 사용하고 민족은 ethnicity에 대한 번역어로 한정 하자고 제안한 진태원도 마찬가지로 '민족'과 '국민'의 분리를 주장하는데, 나는 위와 동일 한 이유로 또한 그의 의견에 반대한다.

스의 원리에 기초하고 있지만, 동시에 앞에서 보았듯이 균열과 변형이 일어나고 있는 것을 확인할 수 있었다. 그리고 이러한 균열과 변형이 비록 맹아적 형태이긴 하지만 보다 규범적으로 정당하고 비차별적인 방향으로 진행되고 있음도 살펴보았다.

외부로부터의 영향과 내부의 민주역량의 성숙이 가져온 한국 국민정체성의 '민주적 반추'가 지속될수록 우리는 보편적 인권을 체현하는 민주적 한국 국민정체성을 형성해갈 수 있을 것이다. 그러나 이는 남북한의 통일에서 그 기반이 되는, 남북 간 정체성에서의 동질성이 점차 상실되는 결과를 가져올 것이다. 우리는 그것의 단서가 이미 의식적 차원에서 나타나고 있음도 확인할 수 있었다. 이런 상황에서 단순히 '민족 동질성'을 통일의 기본원리로 고수하는 전략은 그것의 실현 가능성 측면에서 문제가 있을 뿐만 아니라 규범적 측면에서도 지지하기 어렵다.

결론적으로 내가 제안하고자 하는 것은 남북한 통일에 대한 숙고는 규범적 정당성을 갖고 있는 민주적 한국 국민정체성을 기본원리로 삼아야 한다는 것이다. '민족'과 '국민'을 분리시키고 통일 시 이를 다시 결합시키는 방식의 사고실험은 자칫 퇴행적 통일에 대해 무방비한 통일론으로 귀착될 위험이 있다는 것이다.

참고문헌

강원택, 「현대 젊은 세대의 국가관」, 『철학과 현실』, 제87호, 2010.

_____, 「한국인의 국가정체성과 민족정체성. 대한민국 민족주의」, 강원택 편, 『한국인의 국가정체성과 한국정치』, 동아시아연구원, 2007.

나종석, 「탈민족주의 담론에 대한 비판적 성찰-탈근대적 민족주의 비판을 중심으로-」, 『인문연구』, 제57호, 2009.

박명규, 「한국 내셔널 담론의 의미구조와 정치적 지향」, 『한국문화』, 41, 2008.

_____, 「네이션과 민족: 개념사로 본 의미의 간격」, 『동방학지』, 2009.

박명림, 「남한과 북한의 헌법제정과 국가정체성 연구: 국가 및 헌법 특성의 비교적 관계적 해석」, 『국제정치논총』, 제49집 4호, 2009.

벤하비브, 세일라, 『타자의 권리-외국인, 거류민, 그리고 시민(*The Rights of Others. Aliens, Residents, and Citizens*)』, 이상훈 옮김, 철학과현실사, 2008.

이건지, 『한일 내셔널리즘의 해체. 복수의 아이덴티티로 살아가는 사상』, 김학동 옮김, 심산, 2008.

장은주, 「대한민국을 사랑한다는 것. '민주적 애국주의'의 가능성과 필요」, 『시민과 세계』, 제15호, 2009.

정한울, 정원철, 「민주적 시민성의 성장과 민족정체성」, 강원택 편, 『한국인의 국가정체성과 한국정치』, 동아시아연구원, 2007.

진태원, 「국민이라는 노예? 전체주의적 국민국가론에 대한 비판적 고찰」, 『민족문화연구』, 제51호, 2009.

_____, 「어떤 상상의 공동체? 민족, 국민 그리고 그 너머」, 『역사비평』, 2011 가을호.

킴리카, 윌, 『다문화주의 시민권(*Muliicultural Citizenship*)』, 장동진외 옮김, 동명사, 2010.

하버마스, 위르겐, 『이질성의 포용. 정치이론 연구(*Die Einbeziehung*

des Anderen)』, 황태연 옮김, 나남, 2000.

_____, 위르겐, 『사실성과 타당성(*Faktizität und Geltung)』*, 한상진, 박영도 옮김, 나남, 2000.

한승완, 「'자유주의적 민족주의'와 '헌법애국주의'-한국 민족(국민)정체성의 변형과 관련하여-」, 『사회와 철학』, 제20호, 2010.

황정미, 「한국인의 다문화 수용성 분석. 새로운 성원권의 정치학(*politics of membership*) 관점에서」, 『아세아연구』, 제53권 4호, 2010.

Seyla Benhabib, "Democratic Exclusions and Democratic Iterations: Dilemmas of 'Just Membership' and Prospects of Cosmopolitan Federalism", *European Journal of Political Theory*, 2007, 6.

Friedrich Heckmann, "Nationalstaat, multikuturelle Gesellschaft und ethnische Minderheitenpolitik", Forschungsinstitut der Friedrich-Ebert-Stiftung(Hrsg.), *Partizipationschancen ethnischer Minderheiten*, Bonn, 1993.

한국인의 새로운 민족주의

한민족 공동체의 실현을 위한 생활세계적 실천과제들

김의수

5.

한국인의 새로운 민족주의[1]

한민족 공동체[2]의 실현을 위한 생활세계적 실천과제들

김의수

들어가는 말

경제력 세계 10위권 안팎이며 신자유주의 지구화에 적극 동참
하려는 한국인들이 강한 민족주의 의식을 가지고 있다는 사실은 앞

---

[1] 이 글은 필자의 책 『상식철학으로 읽는 인류문명과 한국사회 현실』(2012)에 실었던 글이
다. 이번에 내용을 많이 보충하였다. 이 글 다음에 쓴 새로운 논문 내용들을 각주를 통해
반영하였고, 본문에도 네 번의 정권이 바뀌는 긴 기간 동안 우리사회 민족 담론의 정체와
격변의 역동성을 정리하고 비전을 제시하였다.

[2] 이 글에서 사용하는 '민족공동체'나 '한민족공동체'란 우리가 상식적으로 사용하는 역사 문
화적 개념이며, 남한 정부의 통일방안을 일컫는 특수하게 고정된 개념이 아니다. 남한과
북한은 각각 다른 통일방안을 제시해왔다. 남한은 '한민족 공동체 통일방안'을 제시하며,
북한은 '고려 민주 연방 공화국 창립방안', 즉 '연방제 통일방안'을 주장한다. 남한 정부는
한민족 공동체 통일방안에서 그 과정을 단계별로 구체화시켜 제시하고 있다(조민, 「민족
공동체 형성 방안을 통한 통일과정」: 제성호, 「남북한 통일방안 비교」, 민족통일연구원,
『민족공동체 통일방안의 이론체계와 실천방향』, 1994 참조). 필자가 사용하는 '한민족공
동체'는 1) 한반도에 거주하는 민족 구성원, 2) 세계 각 곳에 흩어져 살고 있는 한민족 구성
원, 3) 한민족의 역사와 문화를 공유하고 보편적 가치들을 중심으로 새롭게 공동체를 형
성시켜 나가는 데에 동참하는 모든 민족구성원들을 포괄하며, 남한과 북한이 민족통일을
실현시키면서 공통으로 지향하게 될 공동체를 의미한다(이 개념에 대한 연구를 시도한 논
문으로는 한석태·김재현의 「민족공동체 개념에 대한 연구」가 있다. 『한국과 국제정치』,
제16권 제1호, 2000 참조).

뒤가 맞지 않는 모순된 현상이다. 물론 이것은 한국인들의 경우가 유일한 것은 아니고, 전 세계에 거주하며 커다란 경제적 영향력을 행사하고 있는 유태인이나 중국인 등 민족적 결속력이 강한 사람들이 보여주는 공통된 현상일 것이다. 이 글은 민족주의에 대한 한국인들의 생각과 그 배경으로서의 역사적 경험을 짚어보고, 한민족 공동체의 실현을 위한 생활세계적 실천과제들을 제시해보려는 데 목적이 있다.

한국인들은 세계에서 드문 인종적 민족공동체를 이루어 살아왔으며, 그러면서도 현재 70년이 넘도록 두 개의 국가로 나뉜 분단체제 속에서 살아가고 있다. 그래서 우리 한국인들은 민족의 통일과 한민족 공동체의 실현을 국가적 민족적 과제로 삼고 있다. 이 과제의 실현을 위해서는 정치지도자들의 역할이 중요하다. 그러나 정치인들과 외교관들의 역량을 뒷받침할 수 있는 국민대중의 생활세계적 태도와 의식이 매우 중요하다. 그런데 민족주의에 대한 한국인들의 생활세계적 태도와 의식은 복잡하게 뒤엉켜 있으며, 필자는 그 기본적인 가닥을 잡는 것이 시급한 과제라고 생각한다.[3]

민족주의의 양면성(서양철학자들의 주장)

민족주의는 같은 혈통과 언어와 문화를 갖는 사람들이 하나의

---

3) 이 글을 처음 쓴 것은 김대중 정부 말기였다(「민족주의의 양면성과 한민족 공동체: 건강한 공동체 지향의 생활세계를 위하여」, 『시대와 철학』, 2002년 봄호). 남북정상회담과 노벨 평화상까지 수상한 시점임에도 절실하게 느껴져서 썼던 글인데, 참여정부를 거쳐 다시 이명박 정부로 넘어가면서 민족에 대한 열린 담론은 얼어붙었고, 긴 퇴행의 길로 접어들었다. 16년 전으로 돌아가 이 글을 다시 읽으면서 문화적 역주행은 우리의 삶을 얼마나 지체하게 하고 황폐하게 만드는지 새삼 실감하게 된다.

나라를 이루고 서로 힘을 합쳐 경제적 성장과 국가의 발전을 위해 노력하려는 이념이다. 우리의 상식으로 이것은 자연스럽고 당연한 일이며, 원시 부족사회나 중세의 봉건사회를 지나 근대적인 국가제도가 자리 잡으면서 그 기본 단위가 민족이 되었다. 본래 '민족(Nation)'이라는 단어는 19세기 이전에도 존재했지만, 그 의미가 모호했다. 대부분 출생국가(Herkunftsland)나 출생지역을 의미하다가 1830년경부터 정치적인 차원에서 '민족성들의 원리'에 대해 말하기 시작했다. 그것은 유럽에서 다수의 민족국가들의 공존을 가리킨다.[4] 이처럼 '민족주의(Nationalismus)'라는 개념은 유럽사회의 민족 단위 국가의 성립 때부터 나타난 이념이다. 그것은 18세기와 19세기 유럽에서 일어난 국가이념이다. 스미스(Anthony D. Smith)는 민족주의의 세 가지 이상으로 민족정체성, 민족의 통일 그리고 민족의 자치를 꼽는다.[5]

그런데 민족주의는 양면성을 갖는다. 민족주의는 야누스의 얼굴처럼 두 면을 가진다(Davis, 1967, xii쪽). 민족주의는 잠자는 미녀로 시작하여 프랑켄슈타인으로 끝난다(Minogue, 1967, 7쪽). 민족주의는 그 신 구형을 막론하고 패러독스로 가득 찬, 극도로 복잡한 역사적 현상이다. 도덕적인 동시에 비도덕적이고, 인간적인 동시에 비인간적이며, 고상한 동시에 야만적인 민족주의는 축복일 수도 있고, 저주일 수도 있다(Snyder, 1968, 14쪽).[6]

---

4) Jan Spurk, *Nationale Identität zwischen gesundem Menschenverstand und Überwindung*, FfM, Newyork 1997, S. 56

5) Anthony D. Smith, *Nations and Nationalism in a Global Era*, 이재석 역, 『세계화 시대의 민족과 민족주의』, 남지, 1998, 205쪽.

6) 이상 3가지 주장은 차기벽, 『민족주의원론』, 한길사, 1990, 86쪽과 90쪽에서 재인용.

민족주의자들 자신의 이데올로기를 떠나 근대화라는 세계사 전체의 문제와 연관시켜 민족주의 논의를 새로운 단계로 끌어올렸다는 평가를 받는 겔너(E. Gellner)는 민족들이 깨어나 자기의식을 갖게 되는 과정에서 민족주의가 생기는 것이 아니라, 민족주의가 민족을 발명한다고 말한다. 그는 제3세계 민족주의에 대해서도 경제성장의 필요가 민족주의를 발생시키는 것이지 그 역이 아니라고 말한다.7) 그러나 그는 20세기 세계사에서 제3세계 민족주의가 담당한 적극적인 역할도 강조한다. 19세기에 나폴레옹 같은 인물이 세계를 통일했다거나 20세기 제3세계의 저항적 민족주의가 발생하지 않았다면 큰일이었을 것이라고 말한다. 낙후되고 불리한 주민들이 자신의 불만을 민족주의를 통해 개념화한 것은 다행이며, 장기적으로 민족주의에 의해 고무된 세계의 문화적 다양화도 축복이라고 주장한다.8)

겔너보다 민족주의의 부정적 측면을 훨씬 강조하는 영국의 진보이론가 톰 네언(Tom Nairn)은 민족주의는 신화요 이데올로기라고 잘라 말한다. 그것은 허위의식이며, 자연적인 것이 아니라 인위적인 것이라고 못 박는다.9) 민족주의를 제3세계주의로 탈바꿈하는 것은 낭만적 민족주의를 좀 더 세련된 방식으로 변호하는 것에 불

---

7) Ernest Gellner, *Thought and Change*, London, 1964, 제7장 "Nationalism", 어네스트 겔너, 「근대화와 민족주의」, 백낙청, 『민족주의란 무엇인가』, 창작과비평사, 1981, 153쪽.

8) 위의 책, 164~165쪽.

9) Tom Nairn, *Break-Up of Britain: Crisis and Neo-nationalism*, London, 1977, 톰 네언, 「민족주의의 양면성」, 백낙청, 위의 책, 227쪽. 앤더슨(B. Anderson)은 민족국가를 '상상의 공동체'라고 주장한다. B. Anderson, *Imagined Communities: Reflections on the Origins and Spread of Nationalism*, Verso 1983, 1991.

과하다. 전쟁의 연속인 세계에서 민족주의에 옳다고 특허를 부여하는 것은 말이 안 된다. 그것은 강대국 민족주의를 파악하는 데 장애가 되고, 민족주의 현상의 중심적 일부를 이루는 파시즘에 대한 관점을 치명적으로 흐려 놓는다. 그리고 민족주의의 비합리성 이해에도 방해가 된다. 민족주의의 원형은 없다. 파시즘이야말로 어느 에피소드 보다도 민족주의에 대해 더 많은 것을 말해준다. 이처럼 강력하게 비판하는 네언은 민족주의의 양면성을 이분법적으로 말하는 것에 대해서도 적극 반대한다. 민족주의에 건강한 것(모잠비크, 인도지나 등 후진국의 것)과 병적인 것(파생적이고 타락한 것으로 미국의 노동자들, 프랑스의 골리즘, 칠레의 군사정권 등) 두 종류가 있다는 이야기는 잘못된 것이다. 이러한 정치적, 도덕적 구별들은 너무나 분명하지만, 이에 따르는 이론적 차원은 그릇된 것이다. 하나는 건강하고, 하나는 병적인 두 종류의 민족주의가 존재하는 것이 아니라 모든 민족주의는 동시에 건강하면서 병적인 것이다. 민족주의는 그 본성에 있어서 양면적이다. 민족주의라는 거대한 가족을 검정고양이와 흰 고양이들 그리고 몇몇 잡종들로 분류할 수는 없다. 전 가족이 예외 없이 얼룩이들이다. 온갖 형태의 '비합리성(편견, 감상주의, 집단적 자기중심주의, 침략성 등)'이 그들 모두를 더럽히고 있다. 민족주의는 로마의 출입구 수호신 야누스(Janus)에 견줄 수 있다.[10]

---

10) 백낙청, 위의 책, 237~244쪽. 네언은 이 글에서 마르크스주의의 민족주의론도 실패한 것이라고 비판한다. 사회주의와 민족문제에 대해서는 박호성, 『사회주의와 민족주의』, 까치, 1999 참조.

독일의 사회철학자 하버마스도 민족과 민족주의 문제에 대해 그 양면성을 강조한다. Nation은 두 얼굴을 가지고 있다. 공적 시민들의 의욕된 Nation(국민)은 민주적 정통성의 원천인 반면, 동포들의 탄생적 Nation(민족)은 사회적 통합을 받쳐준다. 국민들은 자기의 독자적 힘으로 자유평등한 정치적 결사체를 구성한다. 동포들은 공통된 언어와 역사에 의해 만들어진 공동체 속에 이미 존재한다. 평등한 권리공동체의 보편주의와 역사적 운명공동체의 특수주의 간의 긴장이 민족(국민)국가(Nationalstaat)의 개념 속에 박혀 있다.[11]

겔너의 민족주의론을 보완하면서 단순하고 부정적 민족주의론에서 복합적인 민족주의론으로 전환한 찰스 테일러는 네언과는 다른 민족주의론을 주장한다. 민족주의가 본래는 민주주의와 잘 조화를 이루는 것이었음을 상기시키면서, 민족주의를 자유로운 것과 살인적인 것으로 구분한다. 국가에 충성을 요구하는 전일주의는 파시즘이고, 배타적 민족주의는 인종청소를 자행한다고 말하며, 자유주의 기본원리들을 인정하는 민족주의는 헌법애국주의를 보장하는 것이라고 주장한다.[12]

---

11) J. Habermas, *Die Einbeziehung des Anderen*, 황태연 역, 『이질성의 포용』, 나남, 2000, 145쪽.

12) Charles Taylor, *Wieviel Gemeinschaft braucht die Demokratie? Aufsaetze zur politischen Philophie*, Frankfurt, 2002, 164~165쪽.
자유주의적 공동체주의자 테일러는 분리 독립의 문제로 씨름하는 캐나다 퀘벡주의 시민으로서 민족주의 담론에 대한 남다른 배경으로 현실 인식의 민감성을 보유하고 있다. 그래서 다수 서양학자들의 경우와 달리 민족주의에 대한 우리의 담론에 접목이 가능한 이론을 제시한다. 필자는 그의 논문 「민족주의와 현대」(1995), 「민주주의와 배제」(1999) 등의 내용을 포함하는 논문 「찰스테일러에서 공동체와 민족주의」(2007)를 쓴 바 있다.

민족주의의 양면성에 대한 이상의 이론들은 민족국가의 성립에
서부터 제국주의와 파시즘 시대를 거쳐 제3세계 민족국가들의 독립
에 이르기까지 세계 여러 나라들에서 일어난 민족주의에 대한 서양
철학자들의 주장이다.13) 그들의 민족주의에 대한 부정적 논의는 유
럽과 북미 대륙에서 다민족국가의 인종문제나 이민자들 문제 등과
관련하여 다문화주의 등 새로운 차원의 논의로 이어졌고, 유럽연합
의 태동과 신자유주의 지구화 경향으로 인해 국민국가의 존속 여부
에 대한 이론들이 활발하게 제시되었다.14)

한국인의 민족주의 경험과 현재의 상황

한민족의 경우 오랜 역사를 살아오면서 민족주의의 여러 유형
을 복합적으로 경험하였다.

첫째, 우리는 서구의 다민족 사회들과는 다른 순수 혈통을 바
탕으로 하는 인종 민족주의의 희귀한 사례에 속한다. 홉스봄은 한
국과 일본은 인구의 99%가 같은 종족이며 중국은 94%가 순수 종족
이고, 동아시아의 이 세 나라는 종족과 정치적 충성이 연계될 수 있
는 희귀한 종족민족주의(ethnic nationalism)라고 말한다.15) 그런

---

13) 서양에서의 민족과 민족주의에 관한 우리말 문헌 목록이 한국 서양사학회(편), 『서양에서의
   민족과 민족주의』, 까치, 1999, 339~351쪽에 실려 있다. 그리고 2001년 미국에서 발간된
   『민족주의 백과사전』은 민족과 민족주의 문제를 다양한 주제와 시각에서 종합적으로 그리
   고 전문적으로 정리해주고 있다(Alexander J. Motyl(ed.), *Encyclopedia of Nationalism*,
   California 2001).

14) Martin Albrow, *Abschied vom Nationalstaat*, Frankfurt am Main. 1998.
   Ulrig Beck (Hg.), *Politik der Globalisierung*, Frankfurt/M. 1998.
   Ulrig Beck (Hg.), *Perspektiven der Weltgesellschaft*, Frankfurt/M. 1998.
   H. Brunkhorst u. M. Kettner (Hg.), *Globalisierung und Demokratie*, Frankfurt/M. 2000.

15) Eric J. Hobsbawm, *Nations and Nationalism* since 1780, N.Y.: The Press of University

점에서 통일신라시대 이래로 일찍이 단일 민족국가로 자리 잡아온 한민족의 경우 민족주의 이념의 형성이 18세기 산업화와 더불어 시작된 서구 국가들과는 그 맥락과 의미가 다르다.

둘째, 서구의 민족주의는 그 확산 과정에서 제국주의로 변질됐고, 피식민 국가들에서는 그에 저항하고 독립투쟁을 전개하는 과정에서 저항적 민족주의 이념이 형성되었다. 우리는 일본 제국주의 통치하에서 이러한 저항적 민족주의 이념이 확립되었고(엄격히 말하면 일본의 완전한 지배 이전의 침략 단계에서 이미 강력한 저항적 민족주의가 형성되었다. 동학농민혁명의 사상은 그것을 분명히 보여준다), 그것을 힘으로 무장 독립투쟁과 평화 독립 운동을 전개하였다.

셋째, 민족주의가 파시즘으로 왜곡된 이태리, 독일의 예와 유사한 군사독재자들에 의한 극우민족주의가 자리 잡기도 했다. 박정희 유신 독재가 바로 그것이다. 그것은 폭력적 국가기관을 통해 통제하고 동원하는 전일적 국가주의였고, 국민들의 재건과 성장을 향한 집단적 노력과 의지를 건너뛰어 우리가 최고라는 국수주의요 자민족 우월주의였다. 우열을 가르는 기준은 힘이었고, 정신적 문화적 유산과 민족적 정통성은 경제력과 무력을 키우기 위한 왜곡된 수단으로 전락했다. 이러한 자민족우월주의는 노동자로서 또는 결

---

of Cambridge, 1990, 강명세 옮김, 『1780년 이후의 민족과 민족주의』, 창작과비평사, 1994, 90~95쪽.
홉스봄이 살아 있다면 아마도 한국에 대한 책의 내용을 조금 수정했을 것이다. 21세기에 들어서면서 한국에는 외국인 수가 급증하였고, 이제는 더 이상 단일민족이라고 말하지 않고 있기 때문이다. 우리나라도 인구의 2%를 훌쩍 뛰어넘는 타민족의 유입으로 다민족 다문화 사회로 접어들었다고 평가된다.

혼이주자로서 한국에 들어와 사는 제3세계 외국인들의 인권을 무시하는 태도로 나타나기도 했다.

넷째로, 평화통일을 지향하고 평등과 민주주의를 바탕으로 하는 통일 국가(분단체제 극복) 민족주의가 자리하고 있다. 이것은 미래지향적 민족주의이며, 보편적 세계주의와 맞닿는 개방적인 민족주의이다. 이것은 앞에서 얘기한 첫째, 둘째 민족주의의 요소들을 기반으로 하고, 세 번째의 왜곡된 민족주의를 극복함으로써 확보되는 것이다. 이것은 지금부터 보다 정교하게 정리해야 하고, 생활세계에 광범위하게 확산시켜 민족문제 해결을 위한 기초로 삼아야 할 것이다.

이와 같은 역사적 경험들이 순차적인 것이기는 하지만, 그동안 우리의 현실적 생활세계 속에는 상호 모순되는 이념적 시각들이 혼재해왔다. 누구나 민족을 말하지만, 그 내용이 천차만별이다. 왜 그런가? 그리고 그것이 현실이라면, 어떻게 해야 하는가? 이러한 현상은 독특한 역사적 과정들과 상관관계를 가지고 있다.

첫째, 중요한 역사의 전환기를 거치면서 그 문화적 정신적 정리 작업이 제대로 이루어지지 못하였기 때문이다. 일제식민지에서 해방된 이후에도 과거의 친일파가 미군정과 이승만 정권에서 계속 득세하였고, 군사 파시즘의 종식이 타협의 산물로 이루어지면서 그 잔존세력이 정치세력으로 여전히 남아 있었다. 그래서 저항적 민족주의와 함께 제국주의적 극우 민족주의가 병존했고, 개방적 통일국가 민족주의와 함께 군사파시즘의 극우적 민족주의가 공존해온 것이다. 이렇게 정치적 역사적으로 청산되지 못한 상황에서 상호 모순되는 민족주의관이 혼재해온 것이다.

둘째, 냉전이데올로기가 민족주의를 압도했기 때문이다. 남한
과 북한이 공히 민족과 민족통일을 내세웠다. 그러나 민족주의를
명분으로 내세우는 이론과 그것이 구체적인 정책으로 드러나는 실
천 사이에 엄청난 괴리가 있었다. 한국전쟁을 치른 이승만 시대는
제쳐두더라도 박정희 시대로부터 김영삼 시대에까지[16] 보수적인
대북정책이 기조를 이루는 상황에서 남북관계는 어디까지나 국내정
치에 활용하기 위한 목적으로 사용한 수단의 성격이 강했다.[17] 민
족공동체와 열린 민족주의를 주장하면서도 그것은 명분과 구호일
뿐 실제로 추진된 정책은 전혀 달랐다. 남한은 이미 1989년부터 "한
민족공동체 통일방안"이라는 것을 내놓았고, 이때 민족주의는 폐쇄
적 민족주의가 아니라 개방적 민족주의임을 분명히 하였다.[18] 그런
데 문제는 민족협력보다는 냉전적 대결이 앞섰다는 데 있다.

셋째, 끊임없이 새로운 통일정책 대안을 내놓으면서도 실제로
는 적대적 정책을 펴온 역대 정부와는 달리 민족통일을 지향해온
시민운동세력은 민족주의 이념을 실천적으로 충실히 견지해왔다.
정부의 정보 독점, 창구 독점과 통일운동에 대한 적대적 태도 등에
도 불구하고 시민세력은 끊임없이 통일운동을 전개하였다. 20세기

---

16) 최완규, 「Icarus의 비운: 김영삼 정부의 대북정책 실패 요인 분석」, 『한국과 국제정치』,
    29호, 1998.
17) 이러한 경험 때문에 남북관계 개선에 획기적인 공적을 세운 김대중 정부와 노무현 정부마
    저도 통일정책을 국내정치 위기의 돌파구로 활용한 것이라는 의심을 받아 왔다. 다른 한
    편으로는 북한에 경제적 보상을 해주었다는 이른 바 '퍼주기' 공세를 오랫동안 받아왔다.
18) 국토통일원, 『한민족공동체 통일방안의 이론적 기초와 정책방향』, 1990; 민족통일연구원,
    『민족공동체 통일방안의 이론체계와 실천방향』, 1994.

한국사회에서 민주화운동은 항상 통일운동과 병행되었다. 이러한 운동의 성과로 나타난 민주적 민간정부에서 획기적인 통일정책을 추진하여 21세기에 접어들어 정치적 이념적으로 민족의 통일과 민족공동체의 실현에 대한 새로운 전망을 갖게 되었던 것이다. 하지만 이명박 정부로 넘어가면서 남북관계는 경색되었고, 안보만 강조하는 적대적 관계로 후퇴하고 말았다. 남북화해 정책을 남한이 북한에 경제적으로 퍼주기를 하는 것이었다며 집요하게 비판하고, 통일을 말하는 사람들을 종복세력이라고 몰아붙였다. 북한은 핵무기 실험과 미사일 발사를 계속했고, 미국은 북한 폭격 계획을 수립하였으니, 우리는 언제 미사일과 핵무기 공격을 받을지 모른다는 위기감 속에서 살아왔다. 그러던 어느 날 박근혜 대통령은 갑자기 "통일은 대박"이라면서 통일정책을 적극 추진하겠다고 말했다. 우여곡절 끝에 박근혜 대통령은 탄핵되고, 문재인 대통령이 당선되어 남북관계는 180도 반전되었다. 이제 다시 15년 전처럼 민족의 화해와 번영을 말할 수 있게 되었으나, 사회 한쪽에서는 여전히 불신과 대립을 부추기는 세력이 버티고 있기도 하다.

이상에서 보는 것처럼 한국인들은 복합적인 민족주의 경험을 가지고 있다. 과거의 경험은 미래로 나아가는 밑받침이 되어야 한다. 그것이 역사적 경험이 가져다주는 이득이며 교훈이다. 한국인들은 상호 모순되는 민족주의 이념들을 복합적으로 경험했기 때문에, 그것들이 서로 얽히지 않고 잘 정리되어 시민들의 생활세계에 자리 잡아야 한다. 그런데 그동안 한국의 상황은 너무도 혼란스러웠고, 기반이 흔들리는 상태로 지그재그 갈지자걸음을 이어온 것이다. 그래서 우리는 착종된 민족주의관들을 정리하여 구분해야 한다. 그리고 부정적 파괴적 민족의식을 버리고, 보편성과 연결되는 진정한 의미의 열린 민족주의, 건강한 민족공동체 문화를 서둘러 형성시켜나가야 한다.

한국인이 지향할 민족주의

민족주의 이념의 부정적 본질에 대한 서양 학자들의 이론을 접하는 한국의 이론가들은 고민스러울 수밖에 없었다. 일본의 제국주의적 침략으로 식민지 생활을 해온 우리민족이 제국주의에 저항하며 민족을 지켜온 이념이 민족주의이기 때문이다. 그리고 제2차 세계대전 후에는 외세에 의해 민족이 분단되어 전쟁과 반목의 세월을 보내면서 자나 깨나 통일의 꿈을 안고 살아왔기 때문이다. 그래서 우리는 제국주의에 대한 저항의 시대에서부터 냉전과 개발독재의 시대를 거쳐 평화와 통일을 보다 실질적으로 추진하고자 하는 21세기에 들어서서까지 민족주의의 이념을 그 긍정성에 비중을 두고 이해했다. 그리고 민족공동체를 지향했다.

위에서 소개한 서양의 이론가들 중에 민족주의를 일면적으로 해석하지 않고 그 양면성을 강조하는 경우에조차 그들은 대부분 그 부정적 속성에 더 큰 비중을 두었지만, 우리는 반대로 긍정적 속성을 중시한다. 그것은 우리가 민족주의 이념의 보편적이고 일반적인 속성을 말하는 추상적인 수준에 머물지 않고, 우리의 상황에서 구체적으로 민족주의 이념을 정립하려는 것이기 때문이다. 우리는 그들과 다른 우리의 특수한 역사적 경험이 있고, 우리가 살아갈 미래는 그들과는 사뭇 다른 출발선에 서 있기 때문이다.

분단체제론과 다국적 민족공동체론을 펴는 문학평론가 백낙청은 우리의 민족의식은 상대적으로 진보적인 것임을 강조하고, 서양 사상가들의 이론과 진단이 우리의 민족문제 해결에는 미흡할 수 있음을 환기시킨다.[19] 정치학자 최장집에 의하면 한국인들은 민족주의를 역사적 경험, 그것도 실패와 얽혀 있는 좌절된 정서로 인식한다. 그렇더라도 한국 민족주의를 거부해서는 안 된다. 그것은 근대화시기에 한국인들이 집중적으로 경험한 역사를 부정하거나 그것에 대한 해석학적 이해의 지평을 상실하는 것이 된다.[20] 역사학자 정현백은 민족주의는 역사적이고 실천적인 개념임을 강조하면서, 7세기 이래 간헐적으로 외적의 침입을 받은 것을 제외하고는 거의 단일한 정치체로 살아온 한국인의 민족주의는 거부할 수 없는 하나의 실체라고 말한다.[21]

나는 민족주의를 적극적으로 해석하고 민족의 통일을 지향하는 이들 학자들과 생각을 공유한다. 민족주의는 보편적 가치가 될 수 있다. 그것이 개방적이고 평화적인 것으로 유지되는 한 그것은 바람직한 가치이다. 그것은 자기 민족의 존엄을 지키는 이념이며, 또한 다른 민족의 존엄도 존중해주는 이념이기 때문이다. 평화적 개방적 민족주의는 민주주의와 함께 가야 한다. 그러므로 우리가 지

19) 백낙청, 『흔들리는 분단체제』, 창작과비평사, 1998, 181~193쪽.
20) 최장집, 「한국 민족주의의 특성」, 『한국 민주주의의 조건과 전망』, 나남, 1996, 182~183쪽.
21) 정현백, 「민족주의, 국가 그리고 페미니즘」, 『열린지성』 10호 2001년 가을/겨울호, 213쪽.

향할 민족주의는 민주적이며, 개방적이고 평화적인 것이어야 한다.

나는 이러한 입장을 분명히 하면서도 또 다른 역사학자의 주장에 관심을 갖는다. 역사학자 임지현은 도발적인 제목의 책『민족주의는 반역이다』를 출판했다. 그는 여기서 한국인들이 민족주의에 대한 신화적 이해를 극복해야 한다고 주장한다. 임지현은 인민주의와 파시즘 사이에서 아슬아슬한 줄타기를 하던 많은 제3세계의 민족주의가 결국 유사 인민주의적 파시즘으로 전락한 세계사적 경험이 시사하는 바를 간파해야 한다고 강조한다.[22] 그는 민족주의가 결국엔 파시즘으로 넘어간다는 입장을 취하고 있는 셈이다.[23] 그의 이러한 일면적인 주장에도 불구하고 내가 임지현의 주장에 주목하는 이유는 그가 어느 서양사상가 못지않게 민족주의의 부정성을 강조하면서도 한국사회에 필요한 새로운 담론의 장을 열어주었기 때문이다.

임지현은 남한과 북한을 막론하고 그리고 진보와 보수를 통틀어서 당연히 민족주의의 적극적 의미를 강조하는 한국인들에게 충격적인 제목으로 민족주의의 문제성에 주목하게 만들었다. 그리고 또한 그는 남한 편이냐 북한 편이냐를 먼저 묻고 편을 가르는 한국의 경직된 사상적 풍토에서 둘 다 잘못됐다고 주장한다. 둘 다 민족주의를 이데올로기화하고 있다는 것이다. 그리고 그가 반대하는 것은 파시즘이 내세우는 민족주의이다. 이는 개방적 평화적 민족주의

---

22) 임지현, 『민족주의는 반역이다』, 소나무, 1999, 7쪽.

23) 그는 특히 폴란드에서 생활하면서 사회주의의 거대 담론과 민중의 일상적 삶 사이의 간격과 괴리를 체험한 후 거대 담론의 분석에 치우쳤던 사상사 연구에서 일상적 삶의 모반 과정을 연구하는 신문화사로 관심을 돌렸다. 위의 책, 14~15쪽.

와 반대되는 폐쇄적인 민족주의이다. 임지현은 우리가 거대담론에 빠져서 민족주의 이데올로기를 벗어버리지 못하면 파시즘에서 완전히 벗어나지 못한다고 본다. 이것이 그의 일상적 파시즘론이다.[24]

남한과 북한 사이에서 경계인임을 자임하는 재독 사회철학자 송두율은 임지현과 정반대로 『민족은 사라지지 않는다』는 제목으로 책을 내었다. 여기서 그는 '반성된 민족주의'를 강조한다. 반성적인 민족주의라야 '인간성'을 상실하지 않은 '민족성'을 지켜내고, 이를 통해서 다른 민족과 공존할 수 있는 보편성도 획득할 수 있다는 것이다.[25]

이상과 같이 한국의 철학자들[26]과 인문학자들은 보편성과 맥락이 맞닿는 개방적 민족주의, 평화적 민족주의를 주장하고, 한민족공동체는 민주적인 공동체이어야 함을 강조한다.

결론: 개방적 민족주의 실현을 위한 생활세계적 실천 과제

전 세계적으로 민족문제에 대한 연구업적은 많고, 다양한 주제

---

24) 임지현은 신체에 직접적인 권력을 행사하는 저 개발된 권력으로서의 군부 파시즘은 지나 갔으나, 일상생활의 미세한 국면에까지 지배권을 행사하는 보이지 않는 규율, 즉 고도화 되고 숨겨진 권력 장치로서의 파시즘이 문제라고 말한다. 그는 이것을 '일상적 파시즘'이 라고 부른다. 임지현 외, 『우리 안의 파시즘』, 삼인, 2000, 30쪽.

25) 송두율, 『민족은 사라지지 않는다』, 한겨레 신문사, 2000, 126~127쪽.

26) 권용혁 팀은 통일국가 한국은 민주적 공동체이어야 함을 강조하고(권용혁 외, 『공동체란 무엇인가?』, 273~292쪽), 김상봉은 분단체제의 이념을 뛰어넘는 보편적 이념의 정립이 필요하며, 이는 철학의 과제라고 말한다(2007 범한철학회 학술대회보〈주제: 오늘을 사는 철학, 내일을 보는 철학〉 23~42쪽). 홍윤기는 한국사회에서 나타난 다극적 현대성들의 복합접속(complex articulations of multipolar modernities) 구조를 분석하고, 박정희의 이 데올로기인 사이비 민족주의와 사이비 민주주의를 미화시키는 파시즘 담론을 비판한다. (홍윤기, 「다극적 현대성 맥락 속의 미완의 파시즘과 미성숙 시민사회−박정희 신격화 담론에 내재된 파시스트적 현대성 담론의 비판적 고찰」, 『한국사회와 모더니티』, 이학사, 2001.

들에 대한 논의도 활발하다. 그리고 추상적인 원칙이나 기본적인 방향에서는 많은 사람들이 동의하면서도 전략적인 문제를 넘어 보다 구체적인 정책문제로 넘어가면 언제나 새로운 쟁점과 미묘한 이해관계가 뒤따른다. 여기에는 현실적이며 실질적인 외교적 정치적 판단과 결단이 요구되고, 정치지도자의 철학과 판단력 그리고 무엇보다도 의지가 중요하다. 동시에 정책연구기관과 학술이론 연구자들의 광범하고 자유로운 토론이 필요하다. 그렇지만 우리의 생활세계에 자리 잡은 대중적 여론은 그 기초와 토대가 든든해야 하며, 진전과 희망의 기본 방향을 잃지 않는 선에서 공감과 연대가 확보되어야 한다. 나는 전문가들의 미세한 이론들보다 시민들의 건강한 상식의 공유와 실천적 연대의 중요성을 강조하는 상식의 철학, 실천의 철학을 주장한다. 이러한 나의 철학적 입장에서 민족의 통일과 한민족공동체를 성찰할 때, 개방적 평화적 민족주의 지향의 태도를 건강한 시민정신으로 생활세계에 확산시키는 것이 21세기 한국사회에 무엇보다도 중요하고 시급한 일이라고 생각해왔다.

위에서 본 것처럼 현재 한국사회의 민족주의관은 복합적 중층적으로 얽혀 있다. 우리가 극복해야 하는 폐쇄적 민족관을 가진 많은 사람들이 아직도 권력과 매체들에 깊숙이 자리 잡고 있다. 국민대중은 시대상황이나 정국의 흐름에 따라 기본이 되는 기준을 잡지 못하고 흔들리기 쉽다. 따라서 민족공동체 지향의 생활세계 형성은 간단한 일이 아니다. 나는 우선 네 가지 정도의 과제를 제시해본다.

첫째, 합리적으로 사고하고 판단하는 사회 문화적 토대를 마련해야 한다. 그런 바탕 위에서 민족주의의 양면성에 대한 인식을 전

사회적으로 공유할 수 있어야 한다. 특히 노년세대들은 극우 민족주의적 대중동원이나 반북 반공 이데올로기에 의한 억압기제에 평생 길들여진 체질을 가지고 있다. 시대의 변화에 정서적으로 저항하는 세대지만 미래를 생각할 수 있어야 하고, 열린 마음과 합리적인 사고가 절실하다. 민주시민교육을 활성화하고, 세대 간 소통도 원활하게 하여, 함께 성찰하고 변화하는 문화적 경험을 공유할 필요가 있다. 초중등학교에서 시민정신을 학습한 손자녀들과 대화하면서 조부모 세대들은 마음을 열고 미래를 볼 수 있다. 또한 민주시민교육은 시민사회를 통해서, 마을학교를 통해서, 대학에서 그리고 평생교육원에서 모두 시행할 수 있다. 민족의 문제는 우리의 일상에서 남한과 북한의 외교관계나 통일정책의 이슈들로 나타나고, 그 변화와 불안정성에 따라 흔들리는 것이 보통이다. 그렇게 되지 않기 위해서 먼저 민족주의에 대한 학습과 정리가 필요하고, 개방적이고 미래지향적인 민족주의에 대한 공감대의 형성이 중요하다.

우리나라도 사회의 기본이 되는 주요 분야는 정권과 무관하게 국민들이 지속가능한 정책들을 확보할 수 있어야 한다. 교육, 통일, 복지, 문화, 인권 등이 그런 영역이다. 대통령이 바뀌고 정권이 바뀌어도, 그리고 때로 조금씩 전진과 후퇴를 반복하면서도 전체적으로는 진보의 방향으로 나아갈 수 있어야 한다. 사상적 경직성이 지배하던 시대의 레드 콤플렉스에서 벗어나야 하고, 과거의 상흔이 현재의 타협과 미래의 평화를 위한 밑거름이 될망정 더 이상 퇴행적 망설임으로 작용하지 않도록 해야 한다. 자유민주주의의 파괴자인 파시즘 세력이 자유민주주의를 수호하자고 내세우던 저 처절한 모순의 현실이 더 이상 우리의 삶에 상처를 입힐 수 없도록 우리의 생활세계를 든든한 토대 위에 세워야 한다.

둘째, 극우민족주의를 내세우며 민주주의를 억압했던 정치적 경제적 파시즘 잔재를 해결해야 한다. 군부 파시즘의 잔존 세력은 2017촛불시민혁명으로 무너졌지만, 개인들은 여전히 국회의원직을 유지하며 정치세력으로 살아남을 길을 암중모색하고 있다. 열린 민족주의를 펴나가기 위해서는 정치와 경제 영역을 넘어 사회 문화 교육 예술 등 모든 분야에서 극우민족주의의 극복을 위한 노력으로 이어져야 한다. 사회 곳곳의 기득권 세력으로 똬리를 틀고 있는 그들은 한국 사회를 구조적으로 부정부패, 연고주의, 힘의 논리(반법치주의)가 지배하게 만든 사람들이다. 그들은 자신들이 조장해놓은 사회적 무질서, 무규범, 무관심주의의 잔재 속에서 끈질기게 생명을 연장하고 있다. 그들이 지배이데올로기로 전 국민의 무의식 속에 주입시켜 놓은 극우민족주의는 반북·반공 이념으로서만이 아니라, 경제발전의 원리로서 지구화 시대 생존 능력으로 미화되기도 한다. 우리는 힘의 논리를 바탕으로 광개토대왕을 내세우고, 국토의 확장과 핵무장까지 주장하는 논리에 남북의 국민들이 너무 쉽게 이끌리는 수준을 속히 벗어나야 한다. 그리고 열린 민족주의가 우리의 생활세계를 실질적으로 주도할 수 있게 해야 한다. 우리는 서둘러 민주주의와 정의를 전제로 하는 민족공동체의 이념을 실질적으로 공유해야 한다.

이것은 시민 개개인의 의식의 전환과 참여로부터 시작된다. 그리고 사회 여러 영역에서 민주시민정신이 뿌리내려야 한다. 극우민족주의는 전체주의뿐만 아니라 가부장주의와도 맥을 같이 한다. 그들의 수직적 종속적 관계를 공정한 수평적 관계로 전환하는 것은 모든 사회구성원이 함께 나서는 새로운 사회운동이 되는 것이다. 시민세력이 성장하고 시민정신이 뿌리내려 건강하고 합리적인 법치주의 사회를 확보하고, 수구적 기득권 유지자들이 더 이상 공격적이며 분단 고착적인 역할을 할 수 없도록 사회적이며 문화적인 기반을 다져나가야 한다. 시민사회단체들이 사회개혁 의제 설정과 적극적인 실천운동을 병행해야 한다.[27]

셋째, 우리는 풍부하고 수준 높은 담론문화를 형성해야 한다. 건강한 민족주의의 실현 운동과 폐쇄적 민족주의를 거부하는 일상적 파시즘론은 결국 같은 길을 가는 것이다. 거대담론과 미시담론의 차이일 뿐 각각의 입장에서 건강하고 민주적인 민족공동체의 실현을 향해 노력하는 것이기 때문이다. 거창한 명분만을 말하는 것으로 다른 모든 실용적인 노력을 무시해서는 안 되고, 섬세하고 미시적인 영역까지도 철저하게 실천해야 한다고 강조하면서 크고 기본적인 과제의 해결을 무시하는 것도 자가당착이다. 어느 경우든 유연성과 포용성이 요구된다. 거대담론과 미시담론 모두에서 민족주의의 개방성을 확보해야 한다. 물론 거대담론의 주제들이 먼저

---

27) 시민단체들의 성향이 다양하게 확장된 이후로 시민운동 초기와 다르게 시민정신에 반하는 단체들까지도 시민단체를 자임하는 경우들이 많아졌다. 극우민족주의를 지향하는 단체들이 과거의 관행대로 특별지원법에 따라 행정적 재정적 지원을 받아 잔존하는 경우가 있다. 시민사회는 새로운 움직임들과 함께 역동성을 되찾고, 확장돼가야 하지만, 다른 한편으로는 안정성을 확보해야 한다. 시민단체 활동가들도 일종의 전문직으로 연봉과 직책이 보장되는 수준으로 발전해야 한다. 서구의 경우처럼 시민단체 회원 수가 획기적으로 늘어나야 하고, 세계시민들이 인정하는바 민주주의 전통을 이어온 한국의 대표 브랜드답게 안정성이 정착되도록 민관이 협력해야 한다.

해결되면 좋지만, 그러한 조건이 확보되지 않을 경우엔 어느 한 구석에서라도 꾸준히 파시즘 극복의 신선한 노력이 있어야 한다. 그리고 담론이 관념적이거나 공허해지지 않기 위해서는 끊임없이 실천과 연결돼야 한다. 제2차 세계대전 후 우리는 열정적인 개념 "민족"을 끊임없이 되뇌면서도 정작 민족이 하나 되게 하는 데 얼마나 성실한 노력을 했는가를 반성하지 않을 수 없다.

담론문화 형성에는 지식인들과 언론인 출판인들의 역할이 중요하다. 우리는 민족에 대한 진정한 애정, 냉철한 판단력, 관용과 포용력을 얼마나 발휘했는지 돌아보면서 바람직한 민족의 길을 서둘러 정리해야 한다. 그동안 민족 담론을 지켜온 합리적이며 진보적인 이론가들도 작은 차이의 부각보다는 공통분모의 확보를 우선시해야 할 것이다. 언론의 중요성은 두말할 필요조차 없다. 그동안 주류언론은 권력과 자본에 종속되어 바른 목소리를 내지 못했으며, 대부분 지배세력의 구호들을 확대재생산하는 역할을 해왔다. 지상파나 공중파 그리고 신문사들을 막론하고, 권력이 주요 언론사들을 장악하여 정의와 공정보도가 사라졌던 이명박 박근혜 정권시절의 언론환경에 비하면 이제는 다수 언론사들이 공정하고 상식적인 위상을 회복한 상태여서 다행이다. 보편성과 개방성이 유지되는 범위 내에서 민족의 문제들이 많이 다루어지는 것은 바람직한 일이며, 이제 새로운 시대를 열어가는 출발점이므로 특종 경쟁이나 시청률에 좌우되지 않는 무게와 깊이로 담론을 이끌어가야 할 것이다. 인터넷 매체가 범람하고 있는 상황에서 건강한 담론문화를 유지하는 일은 어렵고도 중요한 일이다. 다양해진 미디어 환경에서도 민족주의 담론은 제 길을 찾아갈 수 있어야 할 것이다.

넷째, 우리는 서구의 반민족주의 정서를 그대로 따라 가서는 안 되며, 평화적 공동체를 지향하는 개방적 민족주의를 실현시켜 나가야 한다. 우리는 민족주의의 공격성을 제어하면서 평화적 개방적 공동체성에 주목한다. 서구인들이 역사적 경험을 통해 민족주의의 폐해를 깨달은 것은 좋은 일이다. 그러나 제국주의에 짓밟힌 민족들이 자신들의 정체성과 주권을 회복하는 일은 더욱 필요하고 중요한 일이다. 이제 한반도는 전쟁과 냉전의 시대였던 20세기 인류의 살아 있는 유물이 되고 있다. 제국주의 일본의 침략과 외세에 의한 분단 그리고 민족상잔의 전쟁이라는 비극의 역사를 아직도 극복하지 못하고 있는 것이다. 이것은 우리민족의 비극일 뿐만 아니라, 인류 전체의 비극인 셈이다. 따라서 우리의 평화와 통일은 우리민족만의 과제가 아니고 인류의 과제이기도 하다. 한민족이 지향하는 평화통일 민족주의는 민족주의의 부정적 속성을 극복하고 다원주의 시대에 민족과 인류가 공존할 수 있는 길을 제시하는 열린 민족주의요, 세계시민이 동의하는 민주적 민족주의이다. 이것은 폐쇄적 공격적 민족주의와 구분되며, 보편적인 인권의 사상과 직결되고 세계적인 연대를 통해 확보할 수 있는 바람직한 공동체 사상이다. 우리는 민족의 통일을 이루어야 하고, 통일된 민족국가로서 세계 여러 나라들과 열린 관계를 맺어 나가야 한다. 이러한 길은 국가의 정책이나 전문적 이론의 차원에 앞서 우리의 일상적 생활세계에서 모든 시민들이 먼저 확인하고 동행해야 한다.

우리민족의 역사는 장구한 시간적 길이와 함께 극적인 역동성의 연속을 보여준다. 찬란한 문화의 유산들과 함께 아픈 시련과 고통의 기록들도 가득하다. 그러나 아픔과 수치는 저항과 연대로 극복했고, 이것은 긴 민주주의 운동 전통으로 자리매김돼 왔다. 그 마지막 봉우리가 지금 막 새롭게 기록을 시작한 촛불시민혁명이다. 왜곡되고 뒤틀린 폐쇄적 민족주의와 함께 쌓여온 수많은 부정적 폐단들을 정리하고, 건강한 민족공동체를 세우는 데에 힘찬 발걸음을 내딛기 시작한 것이다. 평화촛불시민혁명에 대한 세계시민들의 존경과 찬사에 맞춰 우리는 이제 다시 민족공동체의 회복과 정립을 보여주어야 할 것이다.

이상의 과제들은 남한의 시민들에게 우선적으로 해당되는 것들이다. 북한의 주민들도 같은 차원에서 적합한 실천적 과제를 찾아야 할 것이다. 그리고 해외동포들도 동참하여 이러한 과제를 실천해야 할 것이다. 20세기의 유물로 남은 한반도의 분단이 극복되기를 원하는 모든 세계인들의 성원28)과 함께 우리는 화해와 협력의 길로 나아가야 하며, 개방적이며 평화적이고 민주적인 한민족공동체를 실현해야 한다. 그러기 위하여 정치인, 외교관, 경제인, 문화인 등 전문가들의 노력과 함께 전 국민의 일상적 태도와 노력이 밑받침돼야 한다. 이것이 지금 한민족 구성원들에게 요구되는 상식철학적 삶이다.

---

28) 한반도의 분단극복, 즉 한국인들의 민족통일 문제는 결코 우리 한국인들만의 문제가 아니다. 그것은 곧 세계인들의 문제이고 과제이다. 한민족의 분단은 세계대전의 결과로 나타난 것이고, 세계 인류의 평화와 공존은 모든 세계인들의 희망이며 요구이기 때문이다. 따라서 우리 한국인들이 지향해야 할 바람직한 민족주의 이념의 정립과 거기에 바탕을 둔 민족공동체의 실현은 우리민족만의 과제가 아니라 전 세계인들의 과제인 것이다. 그러므로 그것은 특수한 문제가 아니라 보편적인 문제가 되는 것이다.

참고문헌

국토통일원,『한민족공동체 통일방안의 이론적 기초와 정책방향』, 1990.

권용혁 외,『공동체란 무엇인가?』, 이학사, 2002.

김상봉,「철학적 과제로서의 남북통일」,『2007 범한철학회 학술대회보』, 전주, 2007.

김의수,「민족주의의 양면성과 한민족 공동체-건강한 공동체 지향의 생활세계를 위하여」,『시대와 철학』, 봄호, 2002.

_____,「찰스테일러에서 공동체와 민족주의」,『범한철학』, 봄호, 2007.

_____,『상식철학으로 읽는 인류문명과 한국사회 현실』, 서광사, 2012.

김재현·한석태,「민족공동체 개념에 대한 연구」,『한국과 국제정치』, 제16권 제1호, 2000.

민족통일연구원,『통일이념으로서의 민족주의』, 1993.

박호성,『사회주의와 민족주의』, 까치, 1989.

백낙청(편역),『민족주의란 무엇인가』, 창작과비평사, 1981.

_____,『분단체제 변혁의 공부길』, 창작과비평사, 1994.

_____,『흔들리는 분단체제』, 창작과비평사, 1998.

송두율,『민족은 사라지지 않는다』, 한겨레 신문사, 2000.

임지현,『민족주의는 반역이다』, 소나무, 1999.

임지현 외,『우리 안의 파시즘』, 삼인, 2000.

정현백,「민족주의, 국가 그리고 페미니즘」,『페미니즘연구』, 창간호, 한국여성연구소, 2001,『열린지성 10호』가을/겨울호, 2001.

제성호,「남북한 통일방안 비교」,『민족공동체 통일방안의 이론체계와 실천방안』, 민족통일연구원, 1994.

조민,『한국민족주의 연구』, 민족통일연구원, 1994.

_____,「민족공동체 형성 방안을 통한 통일과정」,『민족공동체 통일방안의 이론체계와 실천방향』, 민족통일연구원, 1994.

차기벽,『민족주의원론』, 한길사, 1990.

최완규, 「Icarus의 비운: 김영삼 정부의 대북정책 실패 요인 분석」, 『한 국과 국제정치』 29호, 1998.

최장집, 『한국 민주주의의 조건과 전망』, 나남, 1996.

통일연구원, 『통일연구원 10년사』, 2001.

한국 서양사학회, 『서양에서의 민족과 민족주의』, 까치, 1999.

홍윤기, 「다극적 현대성 맥락 속의 미완의 파시즘과 미성숙 시민사회— 박정희 신격화 담론에 내재된 파시스트적 현대성 담론의 비판적 고찰」, 『한국사회와 모더니티』, 이학사, 2001.

Martin Albrow, *Abschied vom Nationalstaat*, Frankfurt am Main, 1998.

B. Anderson, *Imagined Communities: Reflections on the Origins and Spread of Nationalism*, Verso 1983, 1991.

Ulrig Beck (Hg.), *Politik der Globalisierung*, Frankfurt/M. 1998.

_____, *Perspektiven der Weltgesellschaft*, Frankfurt/M. 1998.

H. Brunkhorst u. M. Kettner (Hr.), *Globalisierung und Demokratie*, Fft 2000.

H. B. Davis, *Nationalism & Socialim*, Monthly Review Press, New York, 1967.

Ernest Gellner, *Thought and Change*, London, 1964.

_____, *Nationalismus und Moderne*, Berlin, 1991.

J. Habermas, *Die Einbeziehung des Anderen*, FfM 1996, 황태연 역, 『이 질성의 포용』, 나남, 2000.

Eric J. Hobsbawm, *Nations and Nationalism since 1780*, N.Y.: The Press of University of Cambridge, 1990.

강명세 옮김, 『1780년 이후의 민족과 민족주의』, 창작과비평사, 1994.

K. R. Minogue, *Nationalism*, Basic Books, Inc., Publishers, New York, 1967.

Alexander J. Motyl(ed.), *Encyclopedia of Nationalism*, California, 2001.

Tom Nairn, *Break-Up of Britain: Crisis and Neo-nationalism*, London,

1977.

Jan Roβ, *Die neuen Staatsfeinde*, Berlin, 1998.

Anthony D. Smith, *Theories of Nationalism*, London: Duckworth, 1971.

_____, *Nations and Nationalism in a Global Era*, 이재석 역, 『세계화 시대의 민족과 민족주의』, 남지, 1998.

Louise L. Snyder, *The New Nationalism*, Cornell University Press, Ithaca, N. Y. 1968.

Charles Taylor, *Wieviel Gemeinschaft braucht die Demokratie? Aufsaetze zur politischen Philophie*, Frankfurt, 2002.

민주주의, 민족주의 그리고 한반도에서의 국민국가의 미래

나종석

6.

민주주의, 민족주의 그리고 한반도에서의 국민국가의 미래

나종석

들어가는 말

'분단과 국민국가의 미래'는 '한국 사회와 철학 연구회'가 특집으로 꾸민 2011년 하계 학술대회의 주제이다. 사회철학이 한국사회의 핵심적 의제들을 학술적 의제로 삼아 그것을 학문의 논의의 장으로 끌어들이는 노력이 필요하다는 판단에서 특집 주제가 정해진 것으로 안다. 학문, 특히 인문학의 위기에 대한 이야기가 분분하지만 대학 인문학이 위기에 처한 이유 중의 하나는 사회와의 소통과 교감의 능력을 충분히 확보하지 못한 데에 있다고 생각된다. 학문이 사회와 연동해서 존재하는 한 사회적 의제를 학문적 의제로 만들어 이를 사회와 소통하려는 노력은 매우 중요하다. 그렇다고 학문이 현장에 뛰어 들어가 학문의 고유성을 망각하라는 것은 아니다. 그러므로 사회적 의제를 학문적 의제로 삼는다는 것은 우리가 처한 현실에 대한 학문적 논의의 장을 더욱 활성화하여 학문 본연의 인문성과 사회성을 더욱 튼튼히 해나가라는 것으로 이해된다. 필자는 이런 문제의식에 입각하여 '사회인문학'을 대안적 인문학으로 내세우는 데 공감한다.[1] 이 글에서 동료 철학자들의 작업을 비판적으로 논의하는 것은 그들의 작업에 크게 공명하고 있음과 그들로부터 배운 바가 크다는 점을 전제하는 것이다. 그리고 상호 비판적 논의를 매개로 한 학술적 공론장의 활성화 없이는 우리 사회에서 철학적 사유의 생명력도 고갈될 것이기에 이 작업이 철학계의 논의 활성화에 기여했으면 한다.

그런데 분단이라는 한국의 역사적 특수성과 관련해서 국민국가의 미래를 논한다는 것이 무슨 의미를 지니는 것인가? 여기에서 국민국가의 미래를 사유한다는 것은 국민국가 일반의 미래를 논하는 것일 수 없다. 달리 말하자면 세계화의 진전 속에서 등장하여 우리에게도 익숙한 국민국가의 종언에 대한 사유가 논의의 대상이 아니라는 말이다. 물론 근대적인 국가형태로 이해되는 국민국가의 종언 여부 혹은 그것의 극복의 가능성을 상상하는 과제가 중요하지 않다는 것은 아니다. 자본주의적 근대 세계체제의 지속 가능성 여부는 국민국가의 지속 가능성을 분석하는 작업과 깊게 연동되어 있다. 국민국가는 자본주의 세계체제의 구성요소이기 때문이다.

그러나 국민국가 일반의 존속 여부와 관련된 여러 주제들에 관해 한 편의 논문으로 다룬다는 것은 과욕일 것이다. 그래서 이 글에서

---

1) 사회인문학에 대한 글로는 나종석, 「매개적 사유와 사회인문학의 철학적 기초」, 『사회인문학이란 무엇인가』, 김성보 외 지음, 한길사, 2011, 참조.

나는 '분단과 국민국가의 미래'라는 주제를 분단 극복의 방향에서 다루고자 한다. 우리사회에서 통일의 전망을 숙고할 때 핵심 쟁점 중의 하나가 통일을 단일한 국민(민족)국가(unitary nation-state)[2]의 형태 속에서 바라보아야 하는가이다. 그러므로 이 물음에 집중하면서 분단과 국민국가의 미래라는 주제를 다룰 필요가 있다.

분단 문제는 우리들에게 엄청난 상상력과 창조적 사유를 요구하는 과제다. 외국이론을 한국 현실에 적용하는 노력만으로는 우리 현실 문제에 대한 적절한 해결책을 찾기란 어려울 것임을 보여주는 사례이다. 한국이 처한 문제를 세계적 상황 속에서 파악하면서 우리 현실의 문제로부터 발신되는 보편적인 인식을 이론화하는 데 분단문제는 피할 수 없는 것으로 보인다. 그래서 분단 극복의 방향이 반드시 단일한 국민(민족)국가의 형태를 띠어야 하는가 하는 물음에 대해 직접적인 해결책을 제시하기보다는 이 물음에 대해 간접적인 방식으로 접근하고자 한다. 달리 말하자면 이 글에서 필자는 통일보다는 남북한 사이의 평화 공존의 가능성을 모색하는 것이 더 중요한 과제라는 입장을 비판적으로 다루면서 통일의 국가형태로서의 단일한 국민국가의 가능성의 문제를 간접적으로 다루고자 한다. 우선 냉전이후 한국사회에서 등장한 민족문제와 민주주의 문제의 분리 그리고 통일과 평화 공존의 길의 분화 등이 등장하게 된 역사적 배경에 주목하면서 그 주된 논거들의 긍정성과 부정성을 서술한

---

[2] nation을 어떻게 번역할지는 논쟁적인 사안이다. 이 글에서 국민(민족)으로 병기하거나 대부분은 민족으로 번역한다. 번역 문제에 대해서는 나종석, 「탈민족주의 담론에 대한 비판적 성찰」, 『인문연구』, 제57호, 2009, 60쪽 이하 참조 바람. nation을 국민으로 번역해야 한다는 주장으로는 진태원, 「어떤 상상의 공동체? 민족, 국민 그리고 그 너머」, 『역사비평』, 제93호, 2011, 참조 바람.

다. 이와 연동해서 평화공존에 우선성을 부여하는 입장이 근대 국민국가의 사회통합의 원리인 민족적 연대성의 문제에 관한 불명료한 태도와 결합되어 있음을 살펴본다. 그리고 보편주의적 정의의 원칙으로 대체될 수 없는 사회적 연대성의 자원으로서의 민족주의의 특성이 무엇인가를 해명한다. 이런 해명을 바탕으로 해서 90년대 이후 분리된 민족문제와 평화문제의 상호 결합의 가능성을 새롭게 제기한다.

1) 냉전의 해체, 남한사회의 민주화 그리고 민족문제와 민주주의의 분리

최장집은 1996년에 한국의 민족주의를 포함한 제3세계 민족주의를 "보편주의를 지향하고 인류 평등 원칙에 입각한 휴머니티를 실현하는 이념이며 운동"으로 이해한다.[3] 한국의 민족주의에 대한 이해를 통해 그는 "민족주의는 근대성이나 민주주의와 양립할 수 없는 이념"[4]으로 보는 시각의 한계를 지적하는 셈이다. 따라서 한국의 민족주의는 "매우 현대적이고 합리적일 수 있으며, 자유주의 및 민주주의와 만날 수 있는 접점"을 지니고 있다고 평가한다. 그러면서 최장집은 "한국 민족주의의 이념 속에서 이어져 온 민주주의와 민중성, 보편주의, 평등주의"의 중요성을 포기하지 않고 현대적으로 재구성해야만 한다고 역설한다.[5] 이처럼 최장집은 민족주의를

---

[3] 최장집, 「한국민족주의의 특성」, 『민족주의, 평화, 중용』, 최상용 외 지음, 까치, 2007, 23쪽. 『민족주의, 평화, 중용』에 실린 「한국민족주의의 특성」은 『한국 민주주의의 조건과 전망』, 나남, 1996의 제5장의 글인데 후기가 첨부되어 있다.

[4] 같은 글, 20쪽.

[5] 같은 글, 47쪽.

탈냉전시대에 통일을 가능하게 하는 중요한 자산이라고 강조한다.6)

최장집이 한국의 민족주의에 내장되어 있는 건강함과 합리성을 재구성하는 방안으로 제안한 것은 '시민적 민족주의(civic nationalism)'이다. 시민적 민족주의는 '민주주의와 평화의 결합을 가능하게 하는 원리'라는 것이다.7) 시민적 민족주의는 인종적 민족주의(ethnic nationalism)의 병폐를 치유할 수 있는 해독제로 이해된다. 그러므로 최장집은 "민족주의의 병폐를 치유하는 것은 더 이상 국제주의(internationalism)"가 아니라 "다른 종류의 민족주의일 뿐"이라고 주장하는 톰 네언(Tom Nairn)의 말을 인용한다.8) 최장집에 의하면 시민적 민족주의는 한 민족국가 내에서 민주주의와 평화의 원리를 실현하게 할 수 있는 "가장 현실주의적이면서도 동시에 가장 이상주의적" 민족주의이다.9) 그리고 "민족주의의 이상을 실현하기 위해서 전쟁이라는 가장 극단적인 형태의 폭력을 경험했던 한국인들에게 시민적 민족주의는 민주주의와 평화를 포괄하는 대안"으로서 적극 수용되어야 한다고 그는 주장한다.10)

그러나 2000년대에 들어와 최장집은 민주주의가 진전되고 있는 한국사회에서 민족주의의 긍정적 역할과 부정적 역할을 새롭게 성찰한다. 그는 동유럽 사회주의 해체와 신자유주의적 세계화의 확산 그리고 한국사회에서의 민주주의의 진전이라는 변화된 상황에서

---

6) 같은 글, 45쪽 참조.
7) 같은 글, 51쪽.
8) 같은 쪽.
9) 같은 쪽.
10) 같은 글, 52쪽.

민족주의는 해체의 과정에 있다고 진단한다. 그러면서 민주화 시대에서 민족주의는 민주주의의 확장을 가져오는 데 긍정적이라기보다는 부정적인 역할을 한다고 말한다.[11]

최장집에 따르면 민주화 시대의 한국사회에서 "민족문제를 둘러싼 이데올로기적 갈등"은 "국민들의 삶의 현실에서 가장 중요한 사회 경제적 이슈를 둘러싼 정치적 균열이 아니다."[12] "민족문제는 이데올로기적이고 상징적이며 강렬한 열정을 쉽게 불러들이기 때문에 훨씬 더 감정적이고 추상적"인 데 반해 "사회 경제적 문제는 보통사람들의 삶의 현실에 보다 직접적이고 현실적"이다. 그런데 이두 가지 갈등 중 사회 경제적 문제를 둘러싼 갈등이 민족문제의 갈등보다 합리적으로 해결하기가 상대적으로 용이하다.[13] 그리하여한국 민주주의 정치 발전을 위해서 "과도하게 정치화된 민족문제를억제하는 한편, 노동문제를 보다 더 정치화하는 것"이 필요하며 "민족문제가 야기한 이데올로기의 정치가 노동문제의 영역으로 들어오는 것을 차단함으로써, 이 두 가지 근본 이슈를 분리시키는 일"이요구된다고 그는 주장한다.[14]

노동문제와 민족문제를 분리하고 노동과 복지 문제와 같은 민중적 과제를 해결하는 것을 정치적 쟁점의 중심으로 설정해야 한다는 입장을 견지하는 최장집이 한반도에서의 평화와 통일(분단극복)

---

11) 같은 글, 60쪽 참조.
12) 최장집, 『한국 민주주의 무엇이 문제인가』, 생각의 나무, 2008, 67쪽 이하.
13) 같은 책, 78쪽 이하.
14) 같은 책, 106쪽 이하. 노동문제와 민족문제의 접근에서 최장집이 보여주는 문제점에 대해서는 나종석, 「촛불집회를 통해 본 정치와 문화의 연관성에 대한 성찰」, 『촛불 어떻게 볼것인가』, 한국 사회와 철학 연구회 편, 울력, 2009. 참조.

의 과정을 분리하는 경향을 보여주는 것도 흥미롭다. 이제 그는 통일론에 대한 경계와 비판의 태도를 분명히 한다. 그에 의하면 남북관계를 운영하는 장기적인 목적을 설정함에서도 통일보다는 평화공존론을 중심에 두어야 한다. 즉, "남북한 관계의 평화정착을 위해서는 목표와 수단 모두에 있어 공존의 가치가 최우선이 되어야 한다는 것이다."[15] 통일과 평화의 관계를 단절적으로 보는 입장의 배후에는 한반도의 현대사를 대한민국의 역사를 중심으로 이해하려는 관점이 깔려 있다. "'해방 60'년을 말한다는 것은 제2차 세계대전 종전과 더불어 시작된 냉전의 결과로 분단된 지난 60년의 역사와 우리가 '한국'이라고 부르는 남한의 국가가 그 자체로서 하나의 자족적인 국가이자 주권국가로서 성장한 한국현대사를 이야기하는 것이라 하겠다."[16]

최장집은 평화공존론을 통해 일관되게 통일론을 비판한다. 그는 통일론을 주장하는 사람과 대한민국의 건국이념의 정당성을 확보하려는 보수 세력의 움직임 사이에 존재하는 공통의 지반을 다음과 같이 지적한다. "건국이념을 강조하는 것이나 분단시대로 정의하는 것이 다른 점이 있다면, 건국이념을 통하여 문제를 보는 경우 통일된 국가의 정당성을 이론의 여지없이 남한, 즉 한국을 중심으로 접근하지만, 분단시대라고 규정하는 경우 통일된 국가가 어떤 성격의 국가인가에 대해 분명히 규정하지 않는다는 정도일 뿐, 양

---

15) 최장집, 『민주주의의 민주화』, 후마니타스, 2006, 16쪽.
16) 최장집, 「'해방' 60년에 대한 하나의 해석: 민주주의자의 퍼스펙티브에서」, 『시민과 세계』, 제8호, 2006, 22쪽.

자 모두 통일에 궁극적인 가치를 두며 통일된 국가를 완성된 민족국가로 상정하는 점에서는 공통적이다."[17)

최장집은 통일에 대한 두 가지 개념, 즉 최대강령적 통일과 최소강령적 통일을 구분한다. 최대강령적 통일론은 남한이나 북한이 일방적으로 자신의 체제를 다른 쪽에 부과하려는 것을 의미하고, 최소강령적 통일론은 "장기간의 평화공존의 과정"을 거쳐 통일에 이르는 길을 취하는 입장을 말한다. 그러면서 최장집은 한국사회에서 통일론은 "최대강령적 통일론으로부터 최소강령적 통일론으로 변해왔다"고 판단한다. 그럼에도 불구하고 그는 두 가지 통일론 모두를 부정적으로 본다. 그 이유는 "차이를 갖는 두 개의 정치단위가 궁극적으로 하나의 체제, 하나의 가치로 통합되는 것을 통하여 평화를 성취하고자 하는 접근이기 때문"이라고 그는 주장한다.[18) 이처럼 최장집은 통일과 평화정착의 관계를 지나치게 양자택일적인 것으로 본다. 그래서 그는 한국사회에서의 통일론을 '최대강령적 통일론과 최소강령적 통일론'으로 구별하여 이해하려고 하면서도 "통일론은 통일론"이라고 치부하면서 이를 부정적으로 평가한다.

뒤에서 좀 더 상세하게 살펴보겠지만 통일론과 평화공존론의 강한 분리를 고수하는 태도는 그가 통일된 국가형태를 단일한 국민국가로 설정하는 관점에서만 제대로 이해될 수 있다. 달리 말하자면 통일론에 대한 부정적 태도를 이론적으로 정당화하는 전제는 바로 한반도의 통일국가가 단일한 국민국가일 수밖에 없다는 가정인

---

17) 같은 글, 24쪽 이하.
18) 최장집, 『민주주의의 민주화』, 앞의 책, 216쪽 이하.

셈이다. 그리고 이런 가정은 남한과 북한의 정치·경제적 체제의 수렴을 통한 통일 방식에 대한 의구심과 경계의식과 결부되어 있음도 분명하다.[19] 따라서 그는 이질적인 사회를 통합하는 과정에서 폭력적 갈등이나 바람직하지 않은 현상들이 등장할 것을 염려한다. 최장집이 보기에 통일의 국가형태를 단일한 국민국가의 형태로 설정하고 이런 방식의 통일추구는 남한과 북한의 차이를 고려할 때 끊임없는 갈등을 유발하는 원인제공자에 불과하다. 이런 맥락에서 그는 "한반도에서 남북한 관계의 이상적 형태는 궁극적으로 하나의 체제가 되기 위한 목표를 갖고 그것을 실현하기 위한 준비에 있는 것이 아니라"고 강조한다.[20] 그래서 그는 "차이의 통합이 아니라 공존을 목표로 하는 접근" 방식의 합리성을 강조하며 "평화를 더 잘 유지할 수 있는 것은 통일이 아니라 평화공존인 것"이라고 결론짓는다.[21]

2) 한국의 민주주의 심화와 한반도의 평화통일

대한민국의 우월성에 대한 확인, 통일담론의 위험성에 대한 경계, 수렴이론적 통일의 길에 대한 회의 그리고 통일보다는 평화와 같은 주제가 더 중요하다는 생각 등은 최장집에 국한되어 있지 않다. 이런 시각은 남한의 좌파와 우파에 널리 퍼져 있다. 한반도에서

---

19) 임현진 등은 남북한의 수렴모델로서 민주사회주의를 제시한다. 임현진·정영철, 『21세기 통일한국을 향한 모색: 분단과 통일의 변증법』, 서울대학교출판부, 2005, 156쪽 이하 참조 바람.

20) 최장집, 『민주주의의 민주화』, 앞의 책, 217쪽.

21) 같은 책, 218쪽.

의 통일국가가 하나의 국민국가이어야 한다는 당위론과 거리를 두면서 통일보다는 남북 사이의 평화공존체제를 지향하는 방안이 더 합리적이라는 최장집의 평화공존 우선론은 우리 사회에서 일정한 호응을 얻고 있다. 예를 들어 조한혜정이나 권혁범이나 임지현 등도 통일보다는 모두 '탈분단'(혹은 탈냉전)을 지향하는 평화공존론을 옹호한다.22) 한국 상황에 어울리는 진보 정치의 새로운 패러다임을 추구하는 과정에서 뛰어난 업적을 선보인 장은주도 민족주의의 위험성을 강조한다.23) 진보정치는 이제 "우리사회의 진보세력의 지나친 집단주의적-민족주의적 편향"24)에서 벗어나 새로운 진보정치의 이념을 "인권원칙과 민주주의 원칙"25)에서 구해야 한다고 그는 말한다. 이와 더불어 다음과 같이 주장한다. "남한 진보세력의 참된 정치적 토대는 우리 근현대사에서 단지 남한의 현대에만 성공적으로 실현된 자본주의적 근대성의 역설들과 병리들이다."26) 그러므로 그는 민주공화국이라는 대한민국의 헌법적 정체성 규정의 의미를 중요시하면서 대한민국의 건국을 "우리 근현대사 전체의 역사적·정치적 성취"로 본다.27) 물론 장은주는 남북한 사이의 평화적 관계 수립을 진보정치의 최우선적 과제로 삼고 있다28)는 점에서도

---

22) 임지현, 「다시, 민족주의는 반역이다」, 『창작과비평』 2002년 가을호, 200쪽 참조.
23) 장은주, 『생존에서 존엄으로: 비판이론의 민주주의이론적 전개와 우리 현실』, 나남, 2007, 307쪽 참조.
24) 장은주, 『인권의 철학: 자유주의를 넘어, 동서양이분법을 넘어』, 새물결, 2010, 20쪽.
25) 장은주, 『생존에서 존엄으로』, 앞의 책, 31쪽.
26) 같은 책, 18쪽 주 1.
27) 장은주, 『인권의 철학』, 앞의 책, 338쪽.
28) 장은주, 『생존에서 존엄으로』, 앞의 책, 20쪽 참조.

최장집의 통일에 대한 접근법과 유사하다. '북한의 심각한 인권 문제에 대해 미온적이거나 심지어 옹호하기까지 하는 모습'을 보이는 민주노동당을 제대로 된 진보정당이라고 볼 수 없다고 주장29)하면서도 그는 "휴전협정의 평화협정으로의 대체, 미국 및 일본의 북한과의 수교, 긴밀한 경제적 교류와 지원 같은 것들"이 북한이 의구심을 버리고 국제사회에 진입할 수 있는 신뢰회복을 위해 필요한 조치들이라고 강조한다.30) 또한 장은주는 체제수렴적 통일에 대한 생각을 공허하고 순진한 태도로 본다. 현재 남북한 사이에 존재하는 체제의 차이가 상당하기 때문이다.31)

남한과 북한의 체제 차이에 대한 고려가 민주주의와 인권을 나름으로 실현시켜 가고 있는 남한 사회에서 90년대 이후에 집중적으로 등장하는 것도 우연이 아니다. 예전의 적대적인 흡수통일에 입각한 상호 체제의 불인정과는 근본적으로 다른 접근방식이기 때문이다. 80년대 말 이후 한국사회가 민주화와 경제발전에서 뚜렷한 성과를 거두는 과정에서 무조건적인 통일에 대한 우려와 비판이 진보적인 지식인들 사이에서 등장하는 것도 그 사이에 발생한 한국과 북한의 이질성의 심화를 생각할 때 분명 일리 있고 합리적인 문제의식의 발현임은 분명하다. 그런데 최장집이나 장은주가 추구하는

---

29) 같은 책, 31쪽 각주 11 참조.

30) 장은주, 『인권의 철학』, 앞의 책, 395쪽.

31) 장은주, 「통일을 향한 인권적 길」, 『인디고잉』, 제27호, 2011, 105쪽 이하 참조. 필자의 글이 2011년 9월 3일(연세대 위당관) '한국사회와 철학 연구회'의 학술대회에서 발표되었을 때 장은주는 논평자로 풍부하고 의미 있으며 쉽게 답변되기 어려운 문제점들을 지적했다. 본문에서 그의 문제점들에 대해 부분적으로나마 해명이 될 수 있기를 바란다. 윤평중도 수렴이론적 통일담론에 대해 매우 비판적이다. 『급진자유주의 정치철학』, 아카넷, 2009, 220쪽 이하 참조.

진보 정치의 지향성과는 정반대의 정치적 지향을 추구하는 안병직도 남한의 자본주의 발전을 출발점으로 삼고 있다는 사실은 무척 흥미롭다. 남한에서 성공적으로 실현된 자본주의는 수많은 병리적 현상을 초래하는 장본인으로 장은주에 의해 비판된다. 그에 따르면 민주적인 사회 정책적 수단들을 통해 자본주의적 근대성의 병리들을 교정하는 것은 우리사회 진보정치가 취해야 할 길이다.[32] 그러나 안병직은 한국현대사에서의 자본주의의 성공을 매우 다르게 평가한다. 남한이 통일을 하지 않고서도 "민주적인 자주 독립 국가를 건설하는 역사적인 전망을 갖게 되어 민족모순·분단모순은 점차로 부차적인 것이 되고 있다"[33]고 하는 안병직의 주장에 남한의 자본주의의 성공사는 정당성의 토대 구실을 제공한다. 주지하듯이 안병직은 뉴라이트 운동의 핵심적 역할을 수행하는데, 그는 한국현대사를 대한민국의 건국의 시대, 산업화의 시대 그리고 민주화의 시대를 거쳐 선진화로 나가는 과정으로 이해한다. 선진화의 핵심은 자유주의를 철저하게 고수하고 한국사회 전반을 자유주의 원리에 맞게 철저하게 개조하는 것이다. 안병직에 의하면 선진화에 걸림돌이 되는 세 가지 장애물은 "과도한 민족주의, 무분별한 통일논의, 집단적 평등주의"이다. 이런 맥락에서 그가 이해하는 자유주의란 인간의 이기심을 긍정하면서 사유재산제도와 경제적 활동의 자유를 최고의 가치로 삼는 신념체계이다.[34]

---

32) 장은주, 『생존에서 존엄으로』, 앞의 책, 21쪽.

33) 윤건차, 『현대한국의 사상흐름: 지식인과 그 사상 1980~1990년대』, 당대, 2001, 49쪽에서 재인용.

34) 안병직·이영훈 대담, 『대한민국 역사의 기로에 서다』, 기파랑, 2007, 327쪽 이하 참조.

장은주가 진보적 애국주의를 내세우면서 "대한민국이 자신들이 터할 수 있는 유일한 공동의 대지임을 인식하고 그 대한민국을 사랑해야 한다."라고 주장하는 것도 민족주의를 새롭게 주창하기 위함이 아니다. 그가 내세우는 진보적 애국주의 혹은 참다운 애국주의는 "민족주의적이어서도 국가주의적이어서도 안 된다."라는 것이다.[35] 그가 진보적 애국주의를 통해 의도하는 것은 뉴라이트가 선동하는 소위 위험한 애국주의, 그러니까 "비민주적이고 민주공화국 대한민국의 정체성을 그 근본에서 부정하는 반-대한민국주의"[36] 로부터 애국주의를 지켜내는 것이다.

지금까지 간단하게 스케치해본 진보와 보수의 대한민국과 분단 및 민족문제에 대한 시각이 안고 있는 문제들을 하나하나 따져볼 자리가 아니다. 그러나 우리가 여기서 주목해야 하는 것은 다음과 같은 점이다. 즉, 남한사회의 사회적 양극화 문제나 민주주의의 문제에 관련해서는 서로 상이한 관점을 내놓고 있지만 진보와 보수의 양쪽에서 공통으로 한반도의 시각이 부족하다는 사실이다. 그래서 안병직은 북한체제에 대한 강한 불신과 대결의식을 견지하면서도 한국사회에서 보수와 진보는 시장경제에 입각한 자유주의와 사회주의(평등을 지향하는)로 재편되어야 함을 강조한다.[37]

물론 최장집과 장은주를 비롯한 여러 학자들의 고민은 경청할 만한 부분이 많다. 분단된 채로 60년이 넘게 지내온 현시점에서,

---

35) 장은주, 『인권의 철학』, 앞의 책, 327쪽.

36) 같은 책, 358쪽.

37) 이창곤 엮음, 『진보와 보수 미래를 논하다』, 도서출판 밈, 2010, 305쪽 참조.

게다가 냉전과 분단 이후 정치적 안정성이나 경제력의 규모나 사회의 분화의 정도 등에서 남한과 북한이 보여주는 엄청난 격차 등을 고려한다면 그들의 문제제기는 현실성을 띠고 있다. 분단의 과정에서 형성된 남북 사이의 이질성을 무시하고 무조건적인 통일에 대한 강조가 갖고 있는 위험성에 대한 지적도 설득력이 있다. 그러나 대한민국의 역사적 성공에 고취되어 한국사회를 여전히 강하게 규정하는 분단문제를 주변화시키는 것은 문제이다. 진보 정치의 참다운 토대를 "남한의 현대에만 성공적으로 실현된 자본주의의 근대성의 역설들과 병리들"로 설정한 후에 어떻게 분단과 통일의 문제를 해명할 수 있을지 궁금하다. 게다가 "존엄한 시민들의 공화국"을 진보 정치의 핵심으로 주장하는 장은주는 남한 민주주의 공화국의 주체인 시민과 민족이 어떤 연관성 속에서 사유되어야 하는지의 물음을 미해결의 것으로 남겨 놓고 있다. 앞에서 살펴본 것처럼 장은주나 최장집의 입장은 현재 한국 진보 진영의 주목할 만한 하나의 경향이다.

한국의 지식인은 한국의 현실에 바탕을 두고 고민해야 한다는 점에서 한국사회가 걸어온 산업화와 민주화의 과정에 대한 정확한 인식은 분단과 남북문제를 해결하는 출발점임은 분명하다. 그러나 이런 자세는 남한사회에서 성공적으로 실현된 자본주의의 병리적 문제들 그리고 성공적인 민주화의 역사에도 불구하고 우리가 당면한 문제들이 분단으로 인해 형성된 역사적 상처들과 어떻게 결합되어 있는가를 성찰하는 작업과 결합되지 않으면 안 된다. 이명박 정부 출현 이후 남북의 대결상황이 다시 전개되면서 한국사회에서 민주주의의 위축이 언급되는 상황만 보아도 우리사회를 인간다운 존엄한 사회로 형성하는 과정에서 분단의 역사적 배경과 그것이 우리사회에 미치는 영향을 무시할 수 없다.

그러므로 대한민국에서 발생한 자본주의적 근대성이 바로 진보이념의 참다운 토대라는 주장이라든가 해방 이후의 한국현대사는 한국이 자족적인 주권국가이자 정상국가로서 성장해온 역사로 이해되어야 한다는 주장은 다음과 같은 박순성의 주장과는 매우 대조적이다. "'분단의 창'을 통해 대한민국을 바라보려는 시도는 우리 민족의 역사에서 대한민국을 상대적 존재로 파악하려는 노력이다. 이는 대한민국의 건국을 해방정국에서 분단의 공식화과정으로 평가하고, 대한민국의 발전을 남북관계사 또는 체제경쟁의 차원에서 검토하고, 대한민국의 미래를 통일한국의 전망으로부터 읽어내는 일이다."[38]

최장집이 보여주듯이 전 지구적 차원에서의 냉전질서의 해체 그리고 한국에서의 민주주의의 확산과 더불어 민족문제와 민주주의 문제를 분리하여 생각하려는 입장이 등장하였다. 통일지상주의와 민족지상주의 담론에 대한 경계와 비판의 필요성은 공감을 불러일으킨다. 낭만적인 통일지상주의적 태도가 오히려 한반도의 평화와 민주주의에 부정적 결과를 가져올 수 있다는 비판은 설득력이 있기 때문이다. 그러므로 남진통일이든 북진통일이든 전쟁을 통한 통일을 이루려는 시도가 받아들여져서는 안 되는 것처럼 통일은 그 방

---

38) 박순성, 「한반도분단과 대한민구」, 『시민과 세계』, 제8호, 2006, 99쪽. 물론 박순성도 "그동안 대한민국이 이룬 경제성장과 민주화는 대한민국이 한반도 통일을 주도하도록 뒷받침하는 사회적 자산"임을 강조한다. 같은 쪽.

법이나 형태를 불문하고 지고 지선한 것이라는 입장 역시 비판받아야 한다. 그러나 통일담론에 대한 경계와 비판이 평화와 통일의 연계성을 차단하거나 그 연결을 부정하는 식으로 귀결되거나 아니면 평화와 통일을 결합하여 사고하려는 태도를 부문별한 통일담론과 동일시하려는 태도로 나간다면 이 역시 받아들일 수 없다.

그러므로 남북한 사이의 평화를 유지할 수 있는 합리적 방안은 "통일이 아니라 평화공존"39)이라는 최장집의 주장은 문제가 있다. 첫째로 냉전시기 한국에서의 민족주의는 권위주의를 해체하는 과정에서 긍정적인 역할을 담당했지만 민주화 이후 민주주의를 발전시키는 상황 속에서는 부정적 측면이 더 강하다고 보는 최장집의 문제의식은 논쟁적이다. 최장집에 의하면 오늘날 한국의 현실에서 민족주의는 "사회경제적 갈등의 표출을 억압하거나 부정적으로 인식토록 함으로써 민주주의 발전에 부정적으로 작용"하고 있다.40) 이와 더불어 민족주의는 한반도의 민족문제 해결에서 지니는 긍정적 효과보다는 분단문제를 해결하는 데 걸림돌로 작용하는 측면이 더 강하다는 입장에서 최장집은 남북관계에서 통일보다는 평화를 우선시하는 태도를 취한다. 여기에서 시민적 민족주의를 민주주의와 평화를 가능하게 하는 원리로 보는 입장에서 민족주의 전반에 대한 회의적 태도로의 전환이 평화와 통일의 관계를 부정적으로 보게 된 이론적 배경임이 드러난다.

최장집의 또 다른 문제점은 평화정착과 분단극복 과정에 대한

---

39) 최장집, 『민주주의의 민주화』, 앞의 책, 218쪽.
40) 최장집, 「한국민족주의의 특성」, 앞의 글, 62쪽.

선순환적 가능성의 모색을 배제하고 있다는 점이다.[41] 물론 통일을 절대 명제로 내세우는 민족주의 일변도의 입장이 한반도에서의 평화와 민주주의에 부정적으로 작동할 수 있다는 최장집의 지적은 타당하다. 이런 문제의식에 공명하면서 백낙청은 민족문제와 노동문제의 분리 그리고 평화와 통일의 분리를 제안하는 최장집의 입장을 비판하면서 "분단체제 극복이 현 시기 최대의 변혁과제인 동시에 남한사회의 구체적 개혁 작업"이라고 강조한다.[42] 최장집과 마찬가지로 민족주의 일변도의 통일론이 분단체제의 극복이라기보다는 오히려 분단체제의 재생산에 기여할 것이라고 염려하는 백낙청이 최장집과는 달리 통일의 문제를 새롭게 접근하게 된 이유는 무엇인가? 그것은 통일국가의 형태에 대한 입장 차이 때문이다. 남북의 통일에 앞서 남한사회에서의 민주화의 심화 그리고 북한사회에서의 일정한 수준에서의 경제발전 등이 선행되어야 한다고 주장하면서 '단일민족→분단→통일된 국가로의 복원'[43]을 중심으로 해서 한반도의 문제를 해결하려는 입장을 비판적으로 분석하는 최장집과는 달리 백낙청은 통일된 국가형태에 대한 그의 고정적 태도를 비판한다. 백낙청은 '1민족＝1국가'라는 단일형 국민국가를 통일국가의 유일한 형태로 고집해서는 안 된다고 강조한다. 그는 한반도에서의 통일국가는 "단일형 국민국가보다는 다민족 사회를 향해 개방된 복합국가(compound state)"가 되어야 한다고 본다.[44] 윤평중에 의하

---

41) 백낙청, 『한반도식 통일, 현재진행형』, 창비, 2006, 62쪽 이하 참조.

42) 같은 책, 68쪽.

43) 최장집, 「해방' 60년에 대한 하나의 해석: 민주주의자의 퍼스펙티브에서」, 앞의 글, 47쪽.

44) 백낙청, 『한반도식 통일, 현재진행형』, 앞의 책, 83쪽. 복합국가의 구체성은 여전히 미완

면 단일형 국민국가에 의한 통일이라는 고정관념을 비판하는 백낙청의 주장은 그의 분단체제론의 선진성의 핵심이다.45) 이런 국가형태에 대한 제시를 통해 그는 민족주의 일변도의 통일담론이 갖고 있는 위험성을 극복하면서 평화담론과 통일담론의 결합 가능성을 추구한다. 그가 보기에 한반도에서는 통일을 배제한 채로 남북 쌍방이 평화를 합의한다고 해서 평화가 정착될 수 없다.46)

왜 백낙청은 통일로 이어지는 길을 모색하지 않는 선평화론이 실현될 수 없다고 보는 것인가? 그는 분단체제론에 입각하여 "태생적으로 반민주적이고 비자주적인 분단체제가 지속되는 한 남북 어느 한쪽에서도 온전한 민주주의가 불가능하다"고 본다.47) 여기에서 백낙청은 민주화 이후의 한국사회를 "분단시대라는 정의가 함의하듯 불안정하고 불완전한 반쪽의 정치체제가 아니라, 근대화되고 자족적으로 완성된 사회이자 국가이며 체제"48)로 보는 최장집과 입장을 달리한다. 분단체제론에 의하면 한반도 분단체제는 "자본주의 세계체제가 한반도를 중심으로 작동하는 장치"인데, 이런 체제 속에서 남북은 각기 상대적 독자성을 지니고 있지만 "분단체제의 매개 작용을 통해 세계체제의 규정력을 반영"하는 사회이다.49) 그러므로 그는 분단체제 극복의 노력이 없이는 한반도에서의 지속적인 평

의 과제로 낭아 있다. 백낙청 역시 복합국가의 추상성을 인정하면서 '온갖 형태의 연방국가와 국가연합들을 두루 포괄하는 개념으로 이해할 것을 주문한다. 같은 쪽 각주 7.

45) 윤평중, 『급진자유주의 정치철학』, 앞의 책, 226쪽.

46) 백낙청, 『한반도식 통일, 현재진행형』, 앞의 책, 182쪽.

47) 같은 책, 64쪽.

48) 최장집, 「'해방' 60년에 대한 하나의 해석: 민주주의자의 퍼스펙티브에서」, 앞의 글, 46쪽.

49) 백낙청, 『한반도식 통일, 현재진행형』, 앞의 책, 68쪽 이하.

화도 한국사회에서의 온전한 민주주의의 실현도 불가능하다고 본다.

3) 정의, 사회적 연대 그리고 민족주의

최장집의 선평화론 혹은 평화공존 이론과 관련해 이 장에서 다룰 문제는 두 가지이다. 하나는 사회의 정당성을 인권과 민주주의와 같은 인간에 대한 보편적 존중이라는 정의의 원칙에 입각하여 이해하려는 관점이 충분한가이다. 달리 말하자면 세계화의 진전 속에서 민족주의의 부정적 측면만을 특권적으로 강조하면서 정의=보편주의라는 관점의 일면성에 대한 성찰이 부족하기 때문에 민족주의와 보편적 존중이라는 규범적 원칙 사이의 연계성을 사유하는 데 한계를 보여준다. 그래서 민주주의와 인권의 보편성에 지나치게 주목하는 세계시민주의적-보편주의적 경향이 한국사회의 역사적 특수성에서 기인하는 많은 문제들에 대한 합리적 이해를 방해하는 것으로 보인다. 즉, 정의와 정의의 타자인 연대성의 매개 가능성에 대한 성찰이 없이는 분단문제에 대한 제대로 된 성찰이 모색될 수 없다는 것이다. 다른 하나는 최장집이 시민적 연대성의 사회문화적 자원으로서의 민족주의의 고유한 논리에 대해 충분한 이해를 확보하고 있지 않다는 점이다. 시민적 민족주의의 긍정성을 옹호하는 입장에서 민족주의의 부정적 기능을 강조하는 데로 관점이 이동하게 된 이유 중의 하나는 적어도 그의 민족주의에 대한 이해의 불충분성 때문이라고 할 수 있다.

우선 다루어야 할 문제는 인간의 인간다움 혹은 인간의 존엄성을 실현할 수 있는 조건들에 대한 성찰에서 보편주의적 정의 원칙이 갖고 있는 한계를 분명히 하여, 그것을 극복하는 방안에 대한 모색이다. 이 문제와 연관해서 필자는 정의와 연대 사이의 결합의 문제를 다룰 것이다. 그 뒤에 다루어지는 문제는 장은주 등이 생각하는 것처럼 모든 인간을 자유롭고 평등한 보편적 존중의 정의 원칙, 즉 인권 및 민주주의 원칙과 양립할 수 있는 민족주의의 재구성은 불가능한 것인가 하는 것이다. 이에 대해 필자는 헌법애국주의나 시민적 민족주의와 구별되면서도 보편주의적 정의의 원칙과 결합될 수 있는 민족주의의 가능성을 탐구해볼 것이다.

정의와 연대의 상관성의 문제를 살펴보자. 보편적 존중이라는 규범에 입각한 정치적 공동체 역시 정의의 원칙에 대한 합의 이상의 사회적 통합을 전제로 해서만 제대로 작동할 수 있다. 정의의 원칙에 대해서 공유하는 시민들로 구성된 정치적 공동체가 오로지 공유된 정의 원칙에 대한 심정을 바탕으로 해서 그 지속적 존립을 위한 연대성을 창출하는 데 성공할 수 없다는 점은 다음 세 가지 예를 통해서 분명해진다.[50] 첫째로 동일한 정의의 원칙들을 공유하는 다수의 자유 민주주의 국가들이 존재하지만, 이들 국가들의 구성원들은 자신들의 동료 시민들에게 우선적인 의무감을 느낀다. 즉, 외국인들에 대해서보다 동료시민들에게 보다 강한 의무를 지닌다. 이 태도는 반드시 극복되어야 할 병리적인 것은 아니다. 만약에 그렇다고 한다면 왜 다수의 자유 민주주의 국가들이 서로 독립된 상태

---

50) 이 부분은 나종석, 「민족주의와 세계시민주의: 자유주의적 민족주의를 중심으로」, 『헤겔 연구』, 제26호, 2009, 180쪽 이하를 토대로 한 것이다.

를 유지하면서 살아가려고 하는지를 설명할 수 없다. 테일러가 지적하듯이 왜 독일인들은 자유로운 나폴레옹 제국의 성원이 되는 데 만족하지 않았는지 그리고 알제리인들은 독립투쟁 대신 왜 명실상부한 프랑스 시민권을 요구하지 않았던 것일까 하는 의문을 설명할 길이 없다.[51]

둘째로 정의의 원칙들을 공유한 집단들 사이에서도 긴장과 갈등이 해소되지 않는 것을 보면 공유된 정의 원칙들은 사회를 통합하고 유지하는 데 충분하지 못하다. 캐나다의 퀘벡 분리 운동의 사례는 이를 잘 보여준다. 캐나다 안에서 퀘벡주에 사는 불어 사용자의 상당수가 캐나다의 자유 민주주의적 정의의 원칙에 불만이 있어서 분리주의 운동에 찬성하는 것은 아니다. 정의의 원칙들을 공유하지만 이 공유의식이 분리주의적 감정을 감소시키지 못한 것으로 보아 사회의 통합은 전적으로 정의의 원칙에만 의존하고 있지 않다는 것이 분명해진다. 이런 현상은 영국의 스코틀랜드인들이나 스페인의 카탈로니아인들의 점증하는 분리 요구나 더 많은 자치의 요구에서도 드러난다.[52] 마지막으로 정의 원칙에 대한 공유만으로 사회적 연대성이 창출될 수 없다는 점은 사회정의와 관련된 문제들에서도 드러난다. 서구의 많은 시민들이 동료 시민들의 사회복지를 위해 왜 희생을 해야 하는지는 정의의 원칙의 공유만으로는 충분히 설명할 수 없다는 것이다.[53] 희생과 헌신의 문제는 재산의 손해를

51) 찰스 테일러, 『세속화와 현대문명』, 김선욱 외 옮김, 철학과현실사, 2003, 255쪽.
52) 윌 킴리카, 『현대 정치철학의 이해』, 장동진 외 옮김, 동명사, 2008, 357쪽 참조.
53) 같은 책, 432쪽.

감수하는 행위에 국한되어 있지 않다. 민주주의적 권리 공동체를 형성하는 과정에서 다양한 방식으로 공헌한 사람들이나 권리공동체가 위험에 처했을 때 이를 유지하기 위해 자발적으로 헌신하는 사람들이 존재하지 않는다면 그 사회는 지속할 수 없다. 당연한 이야기이지만 민주주의를 위해 헌신하는 사람들의 행위는 결코 보편적 동의를 기대할 만한 그런 행위가 아니다. 혹은 그런 행위는 특정한 공동체나 어려움에 처한 사람들에 대한 무제한적이고 비대칭적인 책임의 의무를 자발적으로 수용하는 행위이지 평등한 대우라는 상호적 의무와 같은 보편적 도덕 원칙에서 발생한 것은 아니다. 그 행위는 상호 간의 대칭적인 의무를 기대하는 것이 아니라 비대칭적이고 일방적으로 어려움에 처한 공동체나 사람들을 위해 기꺼이 책임을 인수하고 그에 따른 의무를 수행하고 있기 때문에 그렇다. 민주주의와 인권의 실현을 위해 자발적으로 죽어간 사람들의 행위를 보편화 가능성의 원리로 해명할 수는 없다. 정의라는 도덕적 관점의 타당성을 인정한다고 해도 보편주의적 존중이라는 정의가 관철되는 사회를 형성하기 위해 이 도덕적 관점으로는 해명될 수 없는 비대칭적인 의무를 존중하는 태도가 필요하다는 것이다. 민주주의를 위해 죽어간 사람들에 대한 기억과 그들의 행위에 대한 합당한 보상 그리고 명예 부여 행위 등은 모두 보편적 존중이라는 근대의 도덕적 관점의 한계상황을 보여주는 예들이다. 칸트나 하버마스처럼 도덕적 의무를 오로지 불편부당한 관점에서 보편화 가능한 행위원리들에만 국한하고자 할 때 의미 있는 삶을 위해 필수적인 다른 도덕적 의무를 제대로 평가할 수 없기 때문이다. 예를 들어 우리는 일제 강점기에 독립운동을 위해 헌신한 분들의 명예를 박탈하거나 친일파가 독립유공자로 자처하는 모습들을 알 때 참을 수 없는 부당함을 경험하게 된다. 그들이 그런 존경에 합당한 자격을 갖추고 있다고 보기 때문에 우리는 독립 운동가들의 영광과 명예에 대해 칭송하고 기억하며 이를 후손에게 교육을 통해 전달하는 것이다. 그리고 여기에서 우리는 공동체적인 윤리이해에 대한 주장이 왜 호소력을 띠는지를 보게 된다.[54]

지금까지 살펴본 것처럼 자유와 평등과 같은 정의의 원칙이나 민주주의적 원리에 대해 공유된 역사의식만으로 사회적 연대를 형성하는 데 충분하지 않다. 그것이 필수적이라는 점에는 동의하지만 말이다. 하버마스는 인간은 오로지 사회화의 과정을 통해서만 언어 및 행위능력을 갖춘 주체로 성장할 수 있다는 점을 반복하여 강조한다. 그러므로 그는 특정한 사회 공동체 속에서 개인들이 비로소 형성된다는 점을 들어 모든 개인들을 평등하고 동등하게 대우하라는 보편주의적 정의 원칙은 연대성을 통해 보완되어야 한다는 점을 강조한다.[55] 그러나 이 둘 사이의 문제를 그가 적절하게 해명하고 있는지는 의문이다. 그래서 민주적 헌법의 원칙에 동의하는 시민들 사이에 형성된 민주적 절차를 매개로 한 의지형성 과정이 사회통합의 힘으로서 충분하지 않다는 점은 윌 킴리카(Kymlicka)도 지적한다. 그에 따르면 "공유된 정치적 원칙들은 정치적 통합—사람들이

---

54) 마이클 샌델, 『정의란 무엇인가』, 이창신 옮김, 2010, 제9장 참조, 악셀 호네트, 『정의의 타자』, 문성훈 외 옮김, 나남, 2009, 211쪽 이하 참조.
55) 위르겐 하버마스, 『담론윤리의 해명』, 이진우 옮김, 문예출판사, 1997, 86쪽 이하.

정의 문제에 대해 매우 심각하게 불일치하는 곳에서는 결과적으로 내전이 일어날 것이다-을 위한 필수적 조건"일지 모르지만, 그것은 "연대성, 사회통합 또는 정치적 정당성을 유지하기에는 충분하지 않다."[56]

앞에서 왜 나는 정의의 원칙과 구별되거나 그것으로 환원되지 않는 사회 통합의 힘이 필요하다고 보는가를 설명해보았다. 그리고 사회 통합은 "정치 원칙들의 공유보다 훨씬 깊게 들어가는 공동체에 대한 감각을 필요로 한다는 것"을 살펴보았다. 그렇다면 이 사회 통합은 어디에서 구해질 수 있는가? 이에 대한 해답의 하나가 바로 공동의 민족 정체성이다.[57] 이 공동의 민족 정체성에서 중요한 것은 인간이 어디엔가 소속되고 싶어 하는 욕구를 해결해주고 있다는 점이다. 벌린(I. Berlin)은 민족주의에 동기를 불어넣는 정서로 이 소속에 대한 욕망과 더불어 "집에 대한 인식"을 꼽고 있다.[58] 이러한 인간의 욕구는 결코 무시되어서는 안 되는 근원적인 욕구라는 것이 벌린의 생각이었다. 어느 집단에 소속되어 집안에서와 같은 편안함을 향유하려는 인간의 욕망은 인간의 정체성 형성과 밀접한 관련이 있다. 자신이 속해 있는 집단의 특수성에 따라 그들의 삶의

---

56) 윌 킴리카, 『현대 정치철학의 이해』, 앞의 책, 354쪽. 민주적 의지형성이 성공적으로 작동하기 위해서는 민주적 절차를 확립하는 것 이상의 조건들이 필요하다는 점에 대해 하버마스도 동의한다. 그러나 하버마스의 제안이 지니는 문제점에 대해서는 악셀 호네트, 『정의의 타자』, 앞의 책, 372쪽 이하 참조. 하버마스의 정의와 연대의 상관성 주장이 안고 있는 문제점에 대해서는 나종석, 「매개적 사유와 사회인문학의 철학적 기초」, 『사회와 철학』, 제21집, 2011, 157쪽 이하를 참조.

57) 민족 정체성을 소속감에의 열망에 관한 보다 상세한 설명으로 위해서는 나종석, 「민족주의와 세계시민주의 : 자유주의적 민족주의를 중심으로」, 앞의 글, 181쪽 이하를 참조.

58) 아비샤이 마갈릿, 「민족주의라는 뒤틀린 나무」, 마크 릴라 외, 『이사야 벌린의 지적 유산』, 서유경 옮김, 동아시아, 2006, 184쪽 이하.

방식이나 사고방식이 달라질 것이 때문이다. 따라서 벌린은 민족주의가 근대에서 인간의 정체성 형성에 차지하는 긍정성을 인정했다. 그는 "민족주의는 본질상 극단적이기 때문에 언제 어디서나 그것에 반대해야 한다."라는 주장을 거부했다.[59]

찰스 테일러(Charles Taylor)는 벌린의 소속감에 대한 인간의 근원적인 본능에 대한 이론을 받아들여 인간의 존엄성은 사회와 독립해서 혹은 사회 외부에서가 아니라, 오로지 상호 간의 인정을 가능하게 해주는 사회적인 결합 속에서만 존재할 수 있는 것이라고 주장한다. 이로부터 그는 인간의 권리의 '사회적인 테제(the social thesis)'를 주장한다. 그는 이러한 테제를 가지고 개인들은 특정한 권리를 지니며 사회의 개인들에 대한 요구나 주장에 비해 개인의 권리의 우월한 지위를 강조하는 자유주의적인 전통 속에 있는 권리와 의무의 비대칭적인 관점을 비판하고자 한다. 그에 의하면 인간의 권리는 무조건적으로 타당한 것이 아니라, 어떤 '공동체에 속할 의무(the obligation to belong)'를 전제하고 있다는 것이다.[60]

테일러의 사회적 테제는 한편으로는 인간의 삶에서 차지하는 언어문화공동체의 중요성에 대한 자각과 다른 한편으로는 자유주의적 정의 실현에 필수적인 구성요소로서의 시민들 사이의 공동체적 감각 내지 연대감의 중요성을 일깨어주었다. 이 두 가지는 자유주의자들은 흔히 망각해버리는 요소이었으며 이런 망각으로 자유주의

---

59) 같은 책, 199쪽과 212쪽.

60) Ch. Taylor, "Atomism", *Philosophy and the Human Sciences, Philosophical Papers 2*, Cambridge 1985, 198쪽.

는 특정한 영토로 경계 지워진 공동체의 "도덕적 의미"를 제대로 통찰하지 못했던 것이다.[61] 마이클 샌델이 주장하듯이 연대의 의무나 소속의 의무는 "보편적이지 않고 특수하다."[62] 베네틱트 앤더슨도 "진보적이고 세계주의적인(특히 유럽의?) 지성인들이 흔히 민족주의가 가진 거의 병적인 성격, 타자에 대한 뿌리박힌 두려움과 증오 그리고 인종차별주의와의 인접성 등을 지적하는 시대에, 민족은 사랑을, 때때로 심오한 자기희생의 사랑을 고취한다는 사실을 기억하는 것"이 중요하다고 본다.[63]

앞에서 본 것처럼 민족적 정체성을 형성하는 데 결정적인 요인들로 작용하는 것은 인종적인 것뿐만 아니라 언어적이고 문화적인 정체성들이었다. 킴리카에 의하면 "자유주의 국가의 시민들이 스스로를 함께 소속되어 있으며 같은 국민 구성원이라고 느끼게 하는" 대표적인 것들은 "공유된 역사, 영토, 공동의 언어 그리고 공동의 공적 제도들"이다.[64] 근대에서도 이 문화적 유대와 인종적 정체성이 지속적으로 영향력을 행사한다는 점을 무시하는 사람들은 민족주의의 생명력과 함께 특히 언어·문화적 정체성이 자치하는 도덕적 및 정치적 중요성에 대해서도 맹목적인 태도를 취하는 것이다. 공유된 역사, 공동의 언어 등으로 구성된 공동체의 유대감은 근대에 들어와 갑자기 형성된 것은 아니다. 이것들의 기원은 적어도 근대

---

61) 같은 책, 355쪽.
62) 마이클 샌델, 『정의란 무엇인가』, 앞의 책, 314쪽.
63) 베네딕트 앤더슨, 『상상의 공동체: 민족주의의 기원과 전파에 대한 성찰』, 윤형숙 옮김, 나남, 2002, 183쪽.
64) 윌 킴리카, 『현대 정치철학의 이해』, 앞의 책, 369쪽.

이전으로 올라간다. 그러므로 민족주의를 오로지 근대적인 현상으로 국가에 의해서 혹은 산업사회의 성장과 더불어 형성된 것으로 바라보는 것은 일면적이다.[65] 이런 입장이 민족을 초역사적으로 전해져오는 항구적 실체로 보는 주장을 옹호하려는 것은 아니다. 다만 '전 근대의 유산과 기억이라는 요인'을 소홀히 하면서 민족을 오로지 '근대의 발명·변혁'으로 이해하려는 근대주의적 입장의 지나친 단순화를 지적하고자 함이다.[66]

필자는 하버마스가 내세우는 헌법애국주의나 최장집이 옹호하는 시민적 민족주의를 민족주의의 도덕적 차원을 해명하는 데 불충분하다고 본다. 헌법애국주의를 포함한 시민적 민족주의는 인간의 소속감에의 열망을 해명하는 데 불충분할 뿐만 아니라, 공적인 자율성의 원리나 권리의 보편성으로 해명될 수 없음에도 인간의 사회적 삶에서 반드시 필요로 하는 사회문화적 차원의 도덕적 원천을 제대로 포착하지 못하는 것으로 보이기 때문이다.[67] "민주적 과정 자체가" 다원적인 현대사회가 요구하는 사회통합력을 형성할 수 있을 것이라는 하버마스의 주장에 선뜻 동의할 수 없는 것도 이 때문이다.[68] 달리 말하자면 민주적 법치국가의 활성화를 위해 요구되

---

65) 앤소니 스미스, 『세계화시대의 민족과 민족주의』, 이재석 옮김, 남지, 1997, 73쪽 참조.

66) 김홍규, 「신라통일 담론은 식민사학(植民史學)의 발명인가」, 『창작과비평』, 제145호, 2009년 가을, 393쪽.

67) 헌법애국주의를 공화주의적 자유를 쟁취하기 위한 애국적인 헌신과 투쟁의 경험들을 전면에 내세우고 있다는 점에서 시민적 민족주의(civic nationalism)의 한 변형으로 필자는 이해한다. 위르겐 하버마스의 헌법애국주의에 대한 설명에 대해서는, 『이질성의 포용』, 황태연 옮김, 나남, 2000, 144쪽 참조. 하버마스의 헌법애국주의가 시민적 민족주의의 한 갈래라는 입장에 대해서는 Craig Calhoun, *Nations Matter, Culture, History, and the Cosmopolitan Dream*, London and New York, 2007, 16쪽 참조 바람.

68) 위르겐 하버마스, 『이질성의 포용』, 앞의 책, 163쪽.

는 사회통합과 연대책임은 민주적 과정 자체나 민주적 공론장에서의 의사소통을 통해서 확보되지 못하기 때문이다. 거듭 말하자면 민주적 의지형성 과정 자체는 시민들의 연대성을 스스로 형성할 수 있는 것이 아니라, 시민들 사이의 보다 폭넓은 공동체 의식 없이는 생성될 수 없다. 그러므로 민족주의의 위험성을 극복하면서도 근대 국민국가에서 민족주의가 지녔던 사회통합력을 민주적 과정 자체에서 구하려는 하버마스의 시도는 불충분하다. 그런데 시민적 민족주의 및 종족적 민족주의와 구별될 뿐만 아니라, 근대 세계에서 발견될 수 있는 민족주의적 관행을 다른 민족주의 이론보다도 더 설득력 있게 해명할 수 있는 민족주의 이론이 존재한다면 우리는 민족주의의 위험성을 경계하면서 비민족주의적인 헌법애국주의[69]나 진보적 애국주의에 호소하지 않을 수 있다. 마사 누스봄의 순화된 애국주의(purified patriotism)나 윌 킴리카의 자유주의적 민족주의(liberal nationalism)는 이런 새로운 민족주의의 가능성을 보여준다.[70]

4) 민족적 정체성의 새로운 해명과 그 실천적 함축들

앞 장에서 필자는 90년대 이후 탈민족주의 담론과 차별화되는 시민적 민족주의의 흐름 그리고 민주주의와 인권과 같은 보편주의적 규범을 통해 민족주의의 위험성을 치유하고자 하는 시도, 그러

---

69) 하버마스의 헌법애국주의가 안고 있는 문제에 대해서는 나종석, 「매개적 사유와 사회인문학의 철학적 기초」, 앞의 글, 161쪽 이하 참조.

70) 자유주의적 민족주의에 대해서는 필자의 글 참조 바람, 헌법애국주의와 자유주의적 민족주의의 장단점에 대한 글로는 한승완, 「'자유주의적 민족주의'와 '헌법애국주의': 한국 국민(민족) 정체성의 변형과 관련하여」, 『사회와 철학』, 제20호, 2010, 참조.

니까 시민적 민족주의 – 광범위한 의미에서 – 에 바탕을 둔 평화공존론에 대해 비판했다. 이 장에서는 민족적 정체성을 소속에의 열망에 뿌리를 둔 사회문화적 공유의식에서 구하는 이론이 분단과 통일문제에 대해 함축하는 것이 무엇인지를 살펴보자. 이때 필자는 필자의 입장에 대해 제기될 반론을 설정하고 그것들을 재반박하는 식으로 생각을 정리하고자 한다. 이 글에 대해 제기될 중요한 세 가지 반론은 다음과 같다. 첫 번째 문제는 정의와 연대성에 대한 문제이고, 두 번째 문제는 단일형 민족국가 지향의 통일 방안에 대한 우려와 동시에 민족적 정체성을 강조하는 입장 사이에 존재할 수 있는 긴장에 관한 것이다.[71] 마지막으로 시민과 민족의 상호 결합의 가능성을 모색하는 문제의식에 공명을 하면서도 그 시도는 여전히 추상적이고 선언적인 수준에 머무르고 있다는 반론이 있을 수 있다.[72]

정의와 연대의 상관성의 문제에 대해서는 보다 많은 논의가 필요하지만 연대성의 원천의 하나로서 민족적 정체성을 강조하는 것이 필요하다는 생각이다. 민족적 정체성에 대한 강조가 안고 있는 위험성을 도외시하자는 것이 아니다. 아니 모든 이념은 위험하다. 물론 탈민족주의 담론을 주장하는 사람들이나 장은주는 현재 우리 사회에서 민족주의가 매우 위험한 것이라고 생각하기에 이런 반론에 완전히 수긍하지는 않을 것이다. 그러나 민족주의의 위험성에 대한 과장은 사태를 제대로 분석하는 데 도움이 되지 않는다. 탈민족주의를 옹호하는 일부 지식인들의 지나친 태도와 구별되면서도

---

71) 이 두 가지 질문은 사실 학술대회에서 장은주가 필자에게 던진 두 가지 중요한 반론이다.
72) 이 반론은 필자의 발표에 대한 김석수의 반론이기도 하다.

민족주의의 위험성에 대한 경계를 소홀히 하지 않으려는 많은 지식인들이 세계시민주의적인 시민적 민족주의에 대해 호의적 태도를 보이는 것도 무리는 아니다.

그러나 이 글의 출발점은 시민적 민족주의가 근대의 민족주의적 정체성의 활력과 뿌리를 제대로 포착하지 못하고 있다는 문제의식이다. 시민적 민족주의는 한편으로는 민족주의 위험성에 대한 인식에 지나치게 집착한다. 다른 한편으로 그것은 과도하게 인권이나 정의의 원칙과 같은 보편주의적 도덕관념에 경도되어 있다. 이런 두 측면의 결합으로 인해 시민적 민족주의는 민족주의의 긍정적 측면이 어디에서 기인하고 있는지에 대한 정확한 인식을 결여하고 있다. 이미 앞에서 설명했듯이 필자는 연대성과 보편적 존중이라는 정의는 서로 뿌리를 달리하는 독자적인 도덕적 원천에서 기인하는 것으로 보는 것이 더 합당하다는 생각이다. 특수한 생활방식과 역사적 삶의 문맥과 결부되어 있는 연대성을 세계시민주의적 원칙이나 민주주의적 의지형성으로 전적으로 대체할 수 있다고 보는 것은 무리이다. 입헌 민주주의 역시 하버마스의 헌법애국주의나 시민적 민족주의가 가정하는 것보다 더 강한 민족적 정체성과 연대성을 요구하고 있다. 이런 점에서 현대 국민국가는 적어도 민족적 정체성에 입각한 연대성을 통해 민주주의와 인권과 같은 보편주의적인 정의 원칙을 실질적으로 실현하고 있다는 것이다. 장은주 역시 시민들의 정치적 공동체와 연대성이 어떻게 형성될 수 있는지의 문제에 대해 설득력 있는 논변을 제공하지 못하고 있다고 하버마스를 비판한다. 즉, 하버마스가 강조하는 "정의의 이념만으로 민주공화국이 필요로 하는 연대성의 이념 모두를 온전하게 담아낼 수 있을지 의문스럽다."라는 것이다.[73] 이런 비판에도 불구하고 장은주는 "공동체의 모든 성원의 보편적 존중에 대한 요구로서의 인권에 대한 요구는 사회문화적으로 구성되는 가치공동체적 연대성의 성격도 변화시킨다."라고 말하면서 "사회문화적으로 구성되는 가치공동체"는 그 공동체의 "구체주의적·특수주의적 성격을 포기해야만 한다."라고까지 주장한다. 이 주장은 모호하다. 인권과 민주주의가 제대로 작동하면 공동체적 연대성이 지닐 수 있는 배타성과 억압성이 순화된다는 주장으로 이해되어야 한다고 해석하고 싶지만 그의 주장은 분명 한 공동체의 특수성을 지나치게 위험시하는 것으로 보인다. 그렇지 않다면 공동체가 그 특수성을 포기해야만 비로소 인권과 연대성이 함께할 수 있다는 그의 주장은 제기되지 않을 것이다.[74]

그렇다고 민주주의가 국민국가적 단위의 민족적 정체성과 영원히 결합되어야 한다는 것은 아니다. 다만 유럽연합이든 다른 지역적 공동체든 민주적 정치질서를 활성화시키기 위해서는 현재 국민국가가 민족적 정체성을 통해 그 국민들에게서 지지받고 있는 정도의 집단적 충성과 연대성을 창출해야만 한다는 것이다. 요즈음 세계경제의 위기 과정에서 유럽연합이 겪고 있는 갈등의 상당 부분은 유럽적 차원의 민주적 정당성은 물론이고 그것을 활력 있게 지탱시켜줄 연대성의 자원이 태부족이라는 데에 기인한다. 간단하게 말하자면 민족문제와 평화문제를 구별하고 민족통합과 평화공존의 결합

---

73) 장은주, 『생존에서 존엄으로』, 앞의 책, 318쪽.
74) 장은주, 『인권의 철학』, 앞의 책, 211쪽.

가능성에 대한 추구를 도외시하거나 회의적으로 바라보는 태도에는 시민적 민족주의의 결함이 일정하게 작동하고 있다는 것이 필자의 판단이다.

그리고 한반도에서의 항구적 평화와 민족통합을 함께 고민하는 것이 정의와 인권에 대한 고려를 무시하는 것이 아니다. 앞에서 언급했듯이 필자가 의도하는 것은 정의와 연대성의 상호 독자성에 대한 분명한 통찰 위에서 이 둘 사이의 상호 연계성에 대한 고민을 진행하는 것이다. 그러므로 북한을 포함하여 남한사회에서 정의와 인권을 보다 더 심화시키고 존중하는 질서를 창출하는 노력과 민족적 연대성과 정체성에 대한 상호 확인을 위한 작업이 함께 동반될 수 있다는 것이다. 그러므로 상호 이질성에도 불구하고 남과 북 사이에서 상당한 수준으로 공유하고 있는 역사적인 인식과 사회문화적 자원과 같은 사회통합의 자원을 활용하는 협력방안과 한반도에서의 인권과 민주주의와 같은 정치적 원리의 궁극적 실현을 통한 통일의 길은 상충되지 않는다. 다만 입헌적 민주주의 형태가 과연 단일형의 국민국가의 틀을 띠어야 할지 아니면 연합국가나 연방국가나 또 다른 형태의 국가 형태가 채택될지는 민족통합과 평화공존을 결합하는 장기적인 과정에서 해결될 문제라는 것이다. 이렇게 본다면 단일형의 국민국가 형성을 통일의 목표로 설정하는 태도의 위험성에 대한 긍정과 민족통일의 가능성을 차단하지 않는 평화공존의 길을 모색하는 작업 사이에는 긴장이나 상충이 존재하지 않는다.

마지막으로 언급된 반론, 그러니까 시민과 민족, 정의와 연대성이 종합되어야 한다는 선언적 주장에 머무르고 있다는 반론을 보

자. 이 글의 목적은 민족과 평화를 분리해서 사유하는 담론이 안고 있는 문제점을 민족적 정체성과 연대성의 고유성에 대한 정확하지 않은 인식에서 기인하는 것으로 지적하면서 민족과 평화의 문제를 종합적으로 볼 수 있는 이론적 토대를 해명하는 데 있다는 점을 강조하고 싶다. 연대성과 정의의 고유성과 이 둘 사이의 상보성에 대한 좀 더 종합적인 인식은 남과 북 사이의 상호 협력 방안에 대한 기존의 입장들을 비판적으로 성찰하는 데 중요한 사유의 틀을 제공하고 있다고 보기 때문이다. 그럼에도 불구하고 이런 입장이 한반도에서의 민족과 시민의 결합의 구체적 모습이 무엇인지에 대한 의구심을 충분히 만족시키고 있지 못함을 인정한다. 이 반론에 대해 상세하게 언급하자면 별도의 글이 필요할 것이다.

나가는 말

전 지구적 차원에서의 냉전의 종식과 더불어 한국사회도 80년대의 급진적 변혁의 흐름과 그것을 추동했던 급진적 민중적 민족주의의 영향력은 크게 감소했다. 90년대 이후 세계화 담론과 더불어 민주주의와 인권의 보편성에 대한 긍정적 수용 그리고 포스트모더니즘이라는 이름으로 유포된 다양한 형태의 포스트 담론의 영향 속에서 80년대의 변혁운동과 그 이론들의 한계들에 대한 첨예한 비판이 진행되었다. 그 과정에서 바람직한 사회를 향한 움직임과 연관된 소중한 성찰들이 등장했다. 그러나 90년대 이후 진행된 이론적 흐름들 역시 일정한 문제점을 보여주고 있다. 자유와 평등의 보편적 정의에 대한 관심의 증가, 시민사회이론의 등장 그리고 포스트모더니즘적 해체의 영향력 속에서 민족문제와 시민문제는 분리되었고 경제적 불평등의 문제와 분단질서의 상관성에 대한 의식 역시 희미해졌고, 그 결과 평화와 통일의 문제나 국가와 민족주의의 독자적이고 긍정적인 역할에 대한 성찰들이 사회적 및 학문적 공론장에서 주변화되었다.

그럼에도 분단체제의 극복 혹은 한반도에서의 상대적인 의미에서의 항구적 평화체제의 구축을 위한 노력이 없이는 한국 내에서의 인간다운 삶의 실현은 상당히 많은 제약을 받게 될 것이라는 사실에는 여전히 변함이 없다. 예를 들어 제대로 된 복지국가의 구성 위에서 보다 많은 구성원들에게 존엄한 삶의 기회를 보장하는 과제를 실현하는 움직임은 남북관계를 평화지향적인 방향으로 재구성할 수 있는 가능성을 함께 사유하지 않으면 커다란 난관에 직면하게 될 것이다. 2010년에 일어난 연평도에서의 군사적 충돌은 한반도의 상황이 얼마나 위험한 것인가를 보여주는 사건이었다. 상상하기도 두려운 것이지만 한반도에서의 또 다른 전쟁은 우리사회가 자부심을 가져야 마땅한 경제성장과 민주화의 결실의 근본 토대를 허물어뜨릴 것임을 분명하다. 그러므로 평화와 복지의 문제가 동시에 사유되지 않고서는 한국사회 내부의 민주개혁에서도 그 폭과 깊이가 매우 제한될 것임은 우리의 현대사가 보여주는 그대로이다.

그러므로 민주화 이후의 상황에서 70년대와 80년대의 민족문제와 민중문제의 종합적 시야를 그것이 지녔던 낭만주의적이고 이상주의적인 '혁명적 급진성을 제거'하고 우리 현실에 알맞게 비판적으로 재전유할 필요성을 제기했던 문제의식은 매우 중요하다.[75] 물론 이때 우리는 90년대 이후 제기된 80년대의 문제의식에 대해 제기된 비판들 역시 소중히 해야 할 것이다. 여하튼 이 글이 전 지구적 차원에서의 냉전질서의 와해와 더불어 우리 사회에서 거센 흐름으로 등장한 탈민족주의 담론과 신자유주의적 세계화 담론의 흐름 속에서 주변화 되고, 심지어 시대착오적인 문제로까지 비판되고 있는 민족, 한반도의 평화 그리고 통일의 문제를 사고하려는 데에서 조그마한 긍정적 기여를 할 수 있기를 희망할 뿐이다.

---

75) 최장집, 『민주주의의 민주화』, 앞의 책, 270쪽.

참고문헌

김흥규, 「신라통일 담론은 식민사학(植民史學)의 발명인가」『창작과
　　비평』, 제145호, 2009년 가을호.

나종석, 「매개적 사유와 사회인문학의 철학적 기초」, 『사회인문학이
　　란 무엇인가』, 김성보 외 지음, 한길사, 2011.

＿＿＿, 「촛불집회를 통해 본 정치와 문화의 연관성에 대한 성찰」, 『촛
　　불 어떻게 볼 것인가』, 한국사회와 철학 연구회 편, 울력, 2009.

＿＿＿, 「민족주의와 세계시민주의: 자유주의적 민족주의를 중심으
　　로」, 『헤겔연구』, 제26호, 2009.

＿＿＿, 「탈민족주의 담론에 대한 비판적 성찰」, 『인문연구』, 제57호, 2009.

박순성, 「한반도분단과 대한민국」, 『시민과 세계』, 제8호, 2006.

백낙청, 『한반도식 통일, 현재진행형』, 창비, 2006.

안병직·이영훈 대담, 『대한민국 역사의 기로에 서다』, 기파랑, 2007.

윤건차, 『현대한국의 사상흐름: 지식인과 그 사상 1980~1990년대』, 당
　　대, 2001.

윤평중, 『급진자유주의 정치철학』, 아카넷, 2009.

이창곤 엮음, 『진보와 보수 미래를 논하다』, 도서출판 밈, 2010.

임지현, 「다시, 민족주의는 반역이다」, 『창작과비평』, 2002년 가을호.

임현진·정영철, 『21세기 통일한국을 향한 모색 : 분단과 통일의 변증
　　법』, 서울대학교출판부, 2005.

장은주, 「통일을 향한 인권적 길」, 『인디고일』, 제27호, 2011.

＿＿＿, 『인권의 철학: 자유주의를 넘어, 동서양이분법을 넘어』, 새물
　　결, 2010.

＿＿＿, 『생존에서 존엄으로: 비판이론의 민주주의이론적 전개와 우
　　리 현실』, 나남, 2007.

진태원, 「어떤 상상의 공동체? 민족, 국민 그리고 그 너머」, 『역사비
　　평』, 제93호, 2011.

최장집, 『한국 민주주의 무엇이 문제인가』, 생각의 나무, 2008.

_____, 「한국민족주의의 특성」, 『민족주의, 평화, 중용』, 최상용 외 지음, 까치, 2007.

_____, 『민주주의의 민주화』, 후마니타스, 2006.

_____, 「'해방' 60년에 대한 하나의 해석: 민주주의자의 퍼스펙티브 에서」, 『시민과 세계』, 제8호, 2006.

한승완, 「'자유주의적 민족주의'와 '헌법애국주의': 한국 국민(민족) 정 체성의 변형과 관련하여」, 『사회와 철학』, 제20호, 2010.

아비샤이 마갈릿, 「민족주의라는 뒤틀린 나무」, 마크 릴라 외, 『이사 야 벌린의 지적 유산』, 서유경 옮김, 동아시아, 2006.

마이클 샌델, 『정의란 무엇인가』, 이창신 옮김, 2010.

앤소니 스미스, 『세계화시대의 민족과 민족주의』, 이재석 옮김, 남지, 1997.

베네딕트 앤더슨, 『상상의 공동체: 민족주의의 기원과 전파에 대한 성찰』, 윤형숙 옮김, 나남, 2002.

윌 킴리카, 『현대 정치철학의 이해』, 장동진 외 옮김, 동명사, 2008.

위르겐 하버마스, 『이질성의 포용』, 황태연 옮김, 나남, 2000.

_____, 『담론윤리의 해명』, 이진우 옮김, 문예출판사, 1997.

악셀 호네트, 『정의의 타자』, 문성훈 외 옮김, 나남, 2009.

Craig Calhoun, *Nations Matter: Culture, History, and the Cosmopolitan Dream*, London and New York, 2007.

Charles Taylor, "Atomism", *Philosophy and the Human Sciences: Philosophical Papers 2*, Cambridge 1985.

_____, 『세속화와 현대문명』, 김선욱 외 옮김, 철학과현실사, 2003.

(남북 및) 남남 갈등의 또 하나의 진원지로서
탈북민 집단

조작적 대상으로서 탈북민 집단을 바라보는
정치 공학적 시선과 관련하여

선우현

7.

(남북 및) 남남 갈등의 또 하나의 진원지로서 탈북민 집단[1]

조작적 대상으로서 탈북민 집단을 바라보는 정치 공학적 시선과 관련하여

선우현

새로운 문제 상황

분단된 지 70여 년이 다 되어가는 오늘의 시점에도, 같은 '민족 공동체'의 일원들인 남북한 사이에는 여전히 이념적·정치적·군사적 대결구도가 공고히 구축되어 자리하고 있다. 물론 2017년, 문재인 정부가 들어선 이래 남북정상회담 및 북미정상회담이 연이어 개최되면서 한반도에 평화공존체제가 안착될 가능성이 그 어느 때보다 높아 보이는 등 남북관계의 혁신적 변화 조짐이 강하게 일고 있는 것도 사실이다. 하지만 남북한 내 집권 세력의 '교체'나 그에 따른 통치 이념 및 전략 등의 변화에 따라, 화해협력의 분위기는 일순간에 돌변하여 긴장과 대립의 강도가 강화되면서 상호 대결 및 충

---

1) 이 글은 『동서철학연구』 78호(한국동서철학회, 2015년 12월)에 실린 논문을 오늘의 시점에서 부분적으로 수정·보완한 것이다.

돌 상황으로 치달을 수 있는 위험성 또한 상존하고 있다.

이와 함께 시선을 우리 사회 내부로 돌릴 경우, 거기에는 전통적으로 자리해온 지역적 갈등과 계층(급)적 갈등, 보수/진보 간의 첨예한 이념적 대결 구도에 더해, 생활세계 내의 '소수자 문제'[2]를 비롯한 다양한 갈등 사태가 도처에 널려 있다. 근자에 와서는 '세월호 사건'[3] 등을 둘러싸고 진보 성향의 시민(단체)들을 중심으로 한 시민사회와 국가 간의 갈등과 충돌 사태가 빈번하게 빚어지고 있다.

이러한 상황에서, 최근 들어 새로운 '국내 사회적 갈등'의 증폭 및 확산 요인으로 주목되는 것이 남한 거주 탈북민 집단의 현실 참여 행태이다. 이는 '왜곡된' 진보/보수 간 이념적 대결 전선에[4] 편승하여 '일부' 탈북단체가 주도하는 이슈 유발적인 '이념 관련' 행태와 남한 내 현안에 적극 관여하는 '현실 권력 연관적인' 정치적 행태로 세분화된다. 한데 그러한 참여 행태들은, 탈북민 집단이 남한 사회에서 받고 있는 차별적 대우나 정체성 훼손, 인권 유린 사태에 대한 저항적 혹은 보상적 투쟁의 성격이 강한 '소수자 운동'으로 보기는 사실상 어렵다. 그보다는 다분히 의도되고 계산된 '갈등 유발적인', 더욱이 이념적으로 '(극)우 편향적인' 사상적·정치적 운동의 성격이 보다 도드라지게 드러나고 있다는 점에서 유념해봐야 할 필

---

2) 이 글에서 사용되는 소수자란 '성, 인종, 민족, 성적 취향, 지역, 종교, 사상 등이 지배적인 기준 및 가치와 다른 상태에 있다는 이유로 차별과 편견, 배제의 대상이 되는 사람들'을 가리킨다. 윤인진·이진복, 「소수자의 사회적 배제와 사회통합의 과제」, 2006, 44쪽 참조.

3) '세월호 사건'의 본질과 핵심에 관한 상세한 논의와 자료로는 세월호참사국민대책회의, 『세월호 참사, 알고 싶은 것과 밝혀야 할 것들』, 2014, 참조.

4) 이에 대해서는 선우현, 「한국 사회에서 '진보/보수 간 이념적 대립 구도'의 왜곡화」, 2002, 79~114쪽 참조.

요가 있다.

그런데 주목해봐야 할 사항이 하나 더 있다. 몇몇 탈북민 단체가 중심이 되어 벌이는 북한 민주화 촉구 시위나 전단 살포와 같은, 언론 등에 미리 예고된 후 공개적으로 진행되는 '그러한 과시적 행태가 노리는 궁극적인 목적이 과연 무엇인가?' 하는 점이다. 외견상 그러한 행태는 남북한 사이의 상호 존중에 기초한 평화적 대화 국면을 일거에 허물어뜨림으로써 무엇보다도 '남북 갈등'을 고조시키는 데 직간접적인 영향을 미치고 있는 것처럼 보인다. 그렇지만 좀 더 그 내부를 들여다보면, 탈북민 단체의 그 같은 행태가 궁극적으로 나아가는 방향은, 남한 사회 내부의 정치적 상황이나 현안과 맞물려 사회 구성원들 간의 개인적 혹은 집단적 반목과 충돌, 대립과 대결, 요컨대 다양한 층위에서 빚어지는 '남남 갈등'[5]을 한층 더 격화·확산시키는 데로 향해 있다.

이 글은 이러한 작금의 상황을 염두에 두면서, 전통적인 남북 갈등뿐 아니라―그보다도 훨씬 더 세심하게 통찰해봐야 할 것으로서―남한 사회 도처에서 벌어지고 있는 다양한 차원의 남남 갈등 사태를 한층 더 확대·재생산하는 데 있어서 '탈북민 집단'이 새로운

---

5) 일반적으로 '남남 갈등'이란 '남북관계를 둘러싼 남한 사회 내부의 갈등'을 가리키기 위해 새롭게 주조된 용어이다. 그렇지만 이 글에서는, 그러한 의미와 내용에 주안점을 두되 '그같은 갈등뿐 아니라 그것과 직간접적으로 연루되어 최근 남한 사회 내에서 벌어지고 있는 다양한 갈등적 사태'를 가리키는 개념으로 그 외연을 좀 더 넓혀 '잠정 사용하고자 한다. 가령 남북관계나 대북정책 등과 직접 관련되지 않는, 세월호 유가족들의 농성 사태에 특정 탈북민 단체가 개입하여 '그러한 사태의 배후에 종북 세력이 있다'는 식의 근거 없는 주장을 펼칠 경우, '세월호 사건'의 본질이 호도되어 이념적 대립의 문제로 변질되고 있는 바, 이런 의미에서 일부 탈북민 집단의 현실 참여 행태가 야기하는 남한 내 갈등 상황은 남남 갈등으로 읽혀질 수 있다고 보기 때문이다. 한편 남북관계와 관련하여 좁게 제한적으로 사용되는 의미로서의 남남 갈등에 관한 상세한 논의로는 손호철, 「남남 갈등의 기원과 전개과정」, 2004, 11~53쪽 참조.

진원지로서 부상하게 된 결정적인 원인 및 요인을 '실천철학적' 관점에서 비판적으로 고찰해보고, 그 '철학적' 처방책 및 대안을 모색해보는 데 일차적 목적이 있다. 특히 그러한 고찰 작업을 통해, 취약한 통치 권력의 기반을 강화하기 위한 지배 전략의 일환으로 '의도적인' 사회적 갈등 유발 책략을 구사하는 과정에서 탈북민 집단을 정치적·이념적 조작 대상으로 간주해 활용하려는, 남한 내 일부 지배 세력 및 이념 집단의 '정치 공학적' 시선에서 그 같은 사태가 비롯된 것임을 비판적으로 폭로해보일 것이다.

그에 따라 이 글은 먼저, 소수자 집단이자 민족공동체의 일원이라는 '이중적인 존재'로서의 탈북민 집단이 남한 내 일상적 삶의 영역에서 주류 집단과 부딪히면서 초래되는 갈등적 사태를 살펴볼 것이다. 다음으로, 최근 들어 관심을 모으고 있는 탈북민 집단의 이념 색 짙은 정치적 참여 행태로 인해 남한 사회 내에서 빚어지고 있는 새로운 사회적 갈등 사태를 조망해볼 것이다. 이어 그러한 작업의 성과를 바탕으로, 국내 사회적 갈등을 보다 증폭시키는 데 있어 주목할 만한 진원지로서 탈북민 집단이 등장하게 된 정치적·사회적 요인을 드러내 밝혀볼 것이다. 특히 이 대목에서는, 최근 일부 탈북 단체를 중심으로 한 '현실 권력 연계적인' 행보가, 표면적으로는 국민 대통합을 내세우면서도 실제로는 정부에 대한 지지층과 비판 세력으로 양분하여 후자는 배제하고 전자만을 통합의 대상으로 삼아 추종 세력의 결집을 도모함으로써 약화된 통치 권력을 공고히 하려는—가령 박근혜 정권 같은—반민주적·반민중적 집권 세력의 불순한 통치술과 밀접하게 맞닿아 있다는 '추정(presumption)'하에, 이

를 비판적으로 규명해보려고 한다. 끝으로, 그러한 탈북민 집단의
권력 연관적 현실 참여 행태로 인해 초래된 남한 내 구성원들 간의
갈등 심화 사태를 차단하고 극복하기 위한 현실 방안에 관해 사회
철학의 관점에서 모색, 개진해볼 것이다.

차별과 무시, 정체성 훼손에 대한 저항운동으로 인한 사회적 갈등: 소수자이자 민족공동체의 일원으로서 탈북민 집단의 이중적·경계적 지위

　　탈북민 집단은 남한 사회의 구성원과 동일한 한민족 공동체의
일원이자 동시에 문화적·사회적으로 이질적인 소수자 집단이다.[6]
해서 그들은 '한국인이면서 동시에 이방적인 한국인'[7]이라는 다분
히 정체성이 모호하고 이중적인 경계인으로서 살아가고 있다.[8] 이
로 인해 탈북민 집단의 삶은 이중적인 난관에 처해 있다.[9] 먼저,
탈북민 집단은 자신들의 고유한 문화적 정체성과 차이성을 제대로
존중받지 못한 채 무관심과 무시, 차별적 대우를 받으며 소수자로
서의 고통스러운 삶을 영위해나가고 있다. 동시에 동일한 민족 공
동체의 구성원으로서 '한국인'이라는 국적을 부여받고 있음에도 불

---

6)　소수자로서 탈북민 집단을 규정하여 해명하고 있는 논의들로는 전영평, 『한국의 소수자
　　정책』, 2010, 195~226쪽; 윤인진, 「탈북민의 사회적응실태와 지원방안」, 2004, 401~423쪽.

7)　선우현, 「한국인 속의 한국인 이방인」, 2012, 6~7쪽 참조.

8)　이와 관련, 짐멜(G. Simmel)의 '이방인' 개념과 파크(R. Park)의 '경계인' 개념을 차용하여
　　탈북민을 조망하고 있는 논의에 대해서는 김성경, 「분단체제가 만들어낸 '이방인' 탈북민」,
　　2014, 44~52쪽 참조.

9)　소수자 집단이자 민족 공동체의 일원인 탈북민 집단이 남한 사회에서 겪고 있는 이중적
　　차원에서의 고통과 힘겨움의 실상에 관한 최근의 논의로는 최윤형·김수연, 「"대한민국은
　　우릴 받아줬지만 한국인들은 탈북민을 받아준 적이 없어요." 댓글에 나타난 남한사람들의
　　탈북민에 대한 인식과 공공 PR의 과제」, 2013, 187~218쪽 참조.

구하고, 남한 주민들과 동등한 구성원으로서의 자격을 인정받지 못한 채 '통합적 배제'[10]의 대상으로 다양한 차별과 배제의 삶을 강요받고 있다.[11]

후자의 경우에 주목할 점은, 그러한 사태가 남한 내 집권 세력을 비롯한 다양한 정치적 집단 및 민간단체 등이 '탈북 한국인' 집단을 각자의 사적 의도와 목적에 따라 이념적·정치적으로 배제하고 차별하는 과정에서 야기되고 있다는 사실이다. 특히 남한 사회에 구축된 보수/진보 간 이념적 대립구도의 왜곡·변질 정도와 맞물려, 보수 진영뿐 아니라 — 비록 불가피한 측면이 있다 해도 — 진보 진영에 의해서도 선별적인 통합 및 배제의 대상으로 다루어짐으로써,[12] 탈북민 집단은 특히 이념적 정체성의 훼손 및 혼란을 겪으며 다양한 형태의 차별적 상황에 처해 있다.

익히 알려진 대로 남한 내 보수적 정치 세력은 북한의 1인 절대 지배체제를 존중받을 자격이 없는, 타도의 대상이자 궁극적으로 남한 체제에 흡수되어야 할 대상으로 간주하고 있다. 그에 따라 국내

---

10) 여기서 사용된 '통합적 배제'란 거칠게 말해서, '남한사회의 특정 집권세력이나 통치 집단, 이념 단체 등이 자신들의 전술적·전략적 목표의 달성을 위해 탈북민 집단을 상황에 따라 배제 또는 통합의 대상으로 규정하여, 남한 사회의 주민들과 동등한 사회 구성원으로 인정해 대우거나 아니면 배제 내지 제외해버림으로써 구성원으로서의 기본적 권리와 자유를 제거해버리는, 일종의 도구적·정치적 책략'이라는 의미를 담고 있다. 선우현, 「통합적 배제 혹은 배제적 통합의 이질적 대상으로서 '국내 탈북민'」, 2011, 58~59쪽 참조.

11) 이 점과 관련해서는, '민족소속감 및 민족자긍심'의 차원에서는 탈북민에 대한 남한 주민들의 태도가 긍정적으로 작용하여 민족적으로 같은 동포라는 '포용적 기제'가 작동하고 있는 데 비해, '국가소속감 및 국가자긍심'의 측면에서는 부정적으로 작용하여 국가적으로 비한국인이라는 '배타적 기제'가 작동하고 있다는 해명이 제기되곤 한다. 손애리·이내영, 「탈북민에 대한 한국인의 태도 연구: 국가정체성과 다문화수용성을 중심으로」, 2012, 27~28쪽 참조.

12) 가령 지난 김대중 정부하에서, 대북 포용정책에 대해 비판적이거나 부정적인 입장을 표출한 탈북민이나 탈북민 단체 등에 대해 적지 않은 제재가 가해진 바 있다.

정치적 상황이나 환경의 변화에 맞추어, 필요하다면 남북한 간 평화 공존적 관계를 허물고 적대적 긴장 관계를 획책함으로써 통치권과 기득권을 강화하려는 책략을 분단 이후 지금껏 '일관되게' 구사해왔다.13) 이러한 맥락에서 탈북민 집단이 보수 집권 세력의 그러한 대북정책 및 노선을 따르지 않거나 비협조적으로 나올 경우,14) 그들은 언제든지 소위 '민족적·이념적 동지' 관계를 철회하고 불이익을 가하면서 탈북민들을 사회적 통합의 대상에서 제외할 가능성이 매우 높다.15)

이러한 차별적 상황에 직면하여 탈북민 집단은, 한편으로는 일상적 삶의 현장에서 남한 주민들의 무시와 차별로 인한 인권 침해와 자존감 훼손 등의 사태에 맞서 '저항적 인권운동'으로서 소수자운동을 전개해나가고 있다. 다른 한편으론 정치적·체계적 영역에서 자신들의 이념적 지향성과 사상적 정체성, 대북관과 대북정책에 관한 고유한 입장이 무시되거나 탄압 배제되는 사태에 맞서 '탈북동지회' 같은 시민단체의 결성 등을 통해 보다 주체적이며 자주적인 방식으로 '정치적 사상투쟁'을 벌여 나가고 있다. 당연히 그 과정에서 남한 주민들 그리고 보수적 또는 진보 성향의 다양한 정치 세력 및 당파들, 민간단체들과 크고 작은 마찰을 빚으며 대립적·갈등적 사태를 연출해나가고 있다.

---

13) 선우현, 「한국사회에서 '진보/보수 간 이념적 대립 구도'의 왜곡화」, 2002, 92~93쪽 참조.
14) 이를테면 남한 내 보수 통치 집단이 '특정 이해관계의 관철을 위해 '대북 유화정책을 전술적으로 전개하고자 하는 상황에서 본래적으로 북한 수령체제의 타도와 민주화를 지향하는 탈북민 집단이 그러한 정책에 이의를 제기할 경우 등이 이에 해당된다.
15) 선우현, 「한국인 속의 한국인 이방인」, 2012, 20쪽.

그렇지만 탈북민 집단이 주도한 그 같은 형태의 운동들로 인한 사회적 갈등 사태는, 총체적 차원에서 남한 내 사회적 통합을 저해하고 분열적 상태로 몰고 갈 정도로 그리 염려스러운 지경에까지 이르고 있지는 않다. 그것은 탈북민 집단이 남한 사회에 안착하는 과정에서 발생되는 '일시적이며 불가피한' 사회적 갈등 현상이라 할 수 있다. 즉, 다양한 출신의 사회 구성원들이 서로 조화를 이루며 보다 안정적인 사회적 통합을 구현해나가는 도정에서 일정 정도 감수해야만 하는 일종의 '기회비용'인 셈이다.

의도된 '지배 권력 연관적인' 정치적 현안 개입 운동으로 인한 '새로운' 사회적 갈등

본래 탈북민 집단의 소수자 운동이나 대북포용정책 등을 둘러싸고 벌여나갔던 일련의 남한 내 정책 개입 운동은, 자신들의 권리 및 인권 침해에 대한 '권리 보상 운동'의 성격 그리고 탈북 한국인으로서 자신의 고유한 정체성과 차이성의 훼손에 따른 '본래적' 정체성으로의 회복 및 확증을 위해, 남한 정부의 대북 관련 정책과 입장에 대한 '(소수자적) 저항적 거부 운동'의 성격을 함유하고 있었다.

하지만 이명박 정부를 비롯한 권위주의 보수 정권이 들어선 이래, 특히 근자에 이르러 탈북민 집단이 벌여나가고 있는 현실 참여적 실천운동은 그 이전에 행해졌던 소수자 인권 운동으로서의 성격을 대폭 사상해버리고 말았다. 대신 그 자리를 정치적 이해관계의 관철이나 영향력의 행사를 목적으로 한─암묵적으로 남한 내 지배 세력과 긴밀한 관계를 맺고 있는─'현실 권력 연관적인' 특성들이

채우고 있다. 그중에는 치밀하게 계산되고 기획된, 다분히 의도적으로 남한 내 갈등을 유발시키려는 '(극)우 편향적인' 정치 공학적 책략의 속성도 포함되어 있는 것으로 보인다.[16]

사실 그간 탈북민 집단은 남한 내의 다양한 집단 및 단체들과 크든 작든 적지 않은 대립과 마찰, 충돌을 빈번히 빚어왔다. 하지만 최근 들어 목도되는, 탈북민 집단에 의해 촉발된 남남 갈등은 이전까지의-일정 정도 불가피한-갈등적 상황과 비교하여, 고의성과 의도성이 개입된-그 점에서 다분히 피할 수 있는-갈등임에도, 그 수준과 강도는 한층 더 증폭되어나감으로써 남한 체제 내부의 사회적 통합을 심각하게 저해하는 우려할 만한 지경에까지 이르고 있다. 게다가 그처럼 정치적 색채가 강한 탈북민 집단의 현실 참여적 행태는, 이전부터 사회 도처에서 지속적으로 빚어져온 다양한 형태의 사회적 갈등 상황에 직간접적으로 개입 연루되어, 보다 더 첨예화된 충돌 사태를 촉발시키고 있다는 점에서도, 걱정스러운 시각으로 바라보지 않을 수 없다.

이와 관련해 눈여겨볼 대목은 최근 들어 남남 갈등을 한층 더 심화시키는 주된 요인으로 작용하는, 탈북민 집단의 '이념 연관적인' 이슈 유발 행동과 이전과 달리 정교해진 '국내 정치 개입적인' 실천 행태이다. 무엇보다 보수 정권인 이명박 정부와 박근혜 정부 하에서 그처럼 정치적·이념적 특성이 강하게 담긴 현실 참여적인

---

16) 이와 관련한 (극)우 편향적인 정치적 운동의 대표적 사례로는 2016~2017년에 걸친 탄핵 국면에서 표출된, 다수 탈북민들의 '태극기 집회'에의 참여 실태를 들 수 있을 것이다. 이에 관한 보다 상세한 논의는 김화순·전태국, 「탈북민의 신민적 정치참여를 보는 네 가지 시각과 향후 전망」, 2018, 57~59쪽 참조.

실천 운동을 활발히 벌여 나간 탈북민 집단의 움직임은 다분히 계
산되고 치밀하게 의도된 '갈등 유발적인' 정치 공학적 형태의 실천
운동이라고 볼 수 있다. 최근 전 사회적 관심을 모은 바 있는 '대북
전단 살포' 행위야말로 그 대표적인 사례에 해당된다.[17] 뿐만 아니
라 세월호 유가족들의 단식 농성현장에 난입하여, '엄마부대봉사단'
이라는 극우 보수단체 회원들과 함께 맞불집회를 개최했던 '탈북여
성회' 같은 일부 탈북민 단체들이 '혐오 시위' 또한 유가족에 대해
종북 세력 운운하는 등 현실 권력의 암묵적인 묵인하에 다분히 이
념 공세적인 방식으로 이루어지고 있다. 말할 필요도 없이 그러한
행태는 남한 사회 내 구성원들 간의 대립과 갈등을 한층 더 조장하
고 부추기는 데 적지 않은 역할을 하고 있다.[18]

　　이러한 사실은, 탈북민 집단이 더 이상 남한 사회 내에 존재하
는 여러 소수자 집단 중의 하나로 머물러 있지 않음을 말해준다. 아
니 그 수준을 벗어나 이념적·사회적으로 적지 않은 영향력을 미치
는, 마치 강력한 유사 '토종' 시민단체 내지 압력 단체인 양 부상하
고 있음을 적어도 '현상적으로는' 보여주고 있다. 실제로도 '자유북
한운동연합'을 비롯한 일부 탈북민 단체가 주도하는 대규모 대북전
단 살포와 같은 일종의 정치적 퍼포먼스는 남북한 관계의 급속한

---

17) 2015년 1월 19일 탈북민 단체인 자유북한운동연합은 GPS를 장착하고 대북전단지 10만
　　장을 담은 대형풍선 5개를 북한 지역으로 날려 보내는 행사를 개최하였다. 그런데 그러한
　　풍선 5개 중 1개는 남쪽 지역에 떨어졌고, 나머지 풍선 4개도 모두 남쪽에 떨어졌을 가능
　　성이 크다는 것이 당시의 비판적 시선이었다. 이에 대해서는 새정치민주연합, 「논평: 탈북
　　민단체의 대북전단살포, 실효성 없음이 다시 한번 입증되었다」(2015년 1월 26일자) 참조.
18) 「혐오 시위 들끓은 한 해 … '표현의 자유' 탈 쓰고 법치 허물다」, 『한국일보』(2014년 12월
　　29일자).

냉각을 불러일으키는 등 남한 정부의 대내외적 정책 등에 직접적으로 영향을 미치고 있을 뿐 아니라,[19] 남한 내 사회적·정치적 정세나 현안과 맞물려 무시할 수 없는 중요한 '이슈 메이커'로서의 역할과 기능을 수행하고 있다.

이러한 예들에서 엿볼 수 있듯이, 작금의 탈북민 집단은 남한과 북한 사이에 대결적 분위기를 조성·확산시키는 반통일적이며 분단고착적인 부정적인 기능을 수행함으로써 남북 갈등을 보다 더 조장하고 있다. 동시에 ─ 남북 갈등과 관련되어 ─ 남한 사회 도처에서 야기되고 있는, 진보 성향의 시민단체와 보수 단체 간 충돌이나 시민사회와 정부 사이의 대결 상황 등 남한 내 사회적 갈등과 분열 사태가 보다 더 심화·확대 재생산되어나감에 있어서 '중심적인' 지위를 차지하고 있는 실정이다.

갈등 및 분열을 야기하는 통합 저해적인 현실 개입 행태의 주된 원인: '의도적' 갈등 유발을 조장하는 '특정' 통치 세력의 정치 공학적 시선

그렇다면 보수 정권의 재등장과 맞물려, 남북관계의 급속한 경색이나 국내 사회적 갈등을 증폭시키는 데 적지 않은 ─ 때론 결정적인 ─ 영향력을 발휘하고 있는 탈북민 집단의 그 같은 움직임과 행보

---

19) 가령 2014년 10월 10일에는 정부의 만류와 북한의 강력 경고에도 불구하고, 탈북민 단체인 자유북한운동연합이 당일 오전 11시에 경기도 파주에서 삐라 20만 장을 대형 풍선 10개에 매달아 날려 보냈다. 이어 오후 1시 50분경에 민간인 최초 대북 풍선단체를 표방하는 탈북민 단체 '북한동포직접동기운동(대북풍선단)'이 대북전단 132만 장을 북한쪽으로 날려 보냈다. 이에 북한은 남한 지역으로 고사포를 발사하고 이에 우리 군도 대응사격을 가하는 등 군사충돌을 초래하기에 이르렀다. 「대북삐라, 끝내 남북 군사충돌 초래」, 『뷰스앤뉴스』(2014년 10월 10일자).

를 가능케 한 주된 원인은 무엇인가? 이와 관련해 이 시점에서 눈여겨봐야 할 중요한 대목은, 탈북민 집단을 '정치 도구적 존재'로 인식하고 규정하여 상황에 따라 자신들의 사적 이해관계의 관철을 위한 수단으로 활용하고자 기도하는, 남한 사회 내 일부 정치 세력과 집단, 단체가 지닌 이데올로기적 입장과 관점, 기획 의도라 할 것이다.

특히 겉으로는 '국민 대통합'을 주창하면서, 내적으로는 '두 국민 정책'을 통해 정부에 대한 지지 세력과 비판적 거부 세력으로 양분하여, 전자는 통합의 대상으로, 후자는 배제의 대상으로 삼았던 박근혜 정부의 통치 전략[20]과 일부 탈북민 단체의 현실 권력 연계적 행보는 상호 긴밀한 내적 연관성을 지니고 있는 것으로 보인다. 두 국민정책이란 통치 집단의 입장에서 필요하다고 판단할 경우, 다분히 '의도적인' 사회적 분열과 대립, 갈등의 촉발을 통해 반대 세력을 제외한 가운데 지지층의 결집을 도모함으로써 통치권을 보

---

20) 결국 두 국민 정책이란, 거칠게 말해서, 현 정부에 부정적 거부적 입장을 지닌 세력의 경우, 국민의 자격 조건에서 제외시켜버리겠다는 정책에 다름 아니다. 이러한 배제의 통치술이 제대로 작동하는 데 가장 효과적인 논리적 방안으로 활용되는 것은, 해방 이후 이제 껏 경험적으로 확증된 바 있는 소위 '빨갱이 타령'이다. 가령 집권 세력의 반민주성이나 부도덕성에 대해 정당하게 문제제기를 하고 비판적 저항 운동을 시도하는 사회 구성원들에 대해 이를 '좌경 종북'으로 몰거나 일부 종북세력의 선동에 넘어간 우매한 불순분자로 낙인찍어 사회적 통합의 대상에서 제외시키는 방식이 그 구체적인 사례이다. 한데 그 경우에, 실질적으로 '종북 몰이' 책략을 기획 주도한 특정 지배 세력(?)은 뒤로 물러나고, 종북 좌파를 중심으로 한 '체제 적대 세력'에 맞서 싸우는 소위 '반공 투사'의 역할을 충실히 수행할 적임자로 이를 테면 '탈북민 집단'을 전면에 내세워 활용하는 정치 공학적 책략이 작동하는 것이다. 이렇듯 두 국민 정책과 같은 전술적 통치 방안을 실행함에 있어, 탈북민 집단은 유용한 도구가 될 수 있다. 현 정권에 비협조적인 비판 세력을 종북 세력으로 몰아가는데, 탈북민 집단은 일종의 '완장 찬 바람잡이'로 적극 활용될 수 있기 때문이다. 이 점과 관련하여, 평범한 개인이 '완장'을 차는 순간 사악한 존재로 변해가는 과정에 대한 상세한 논의로는 필립 짐바르도, 『루시퍼 이펙트』, 2010, 13~20쪽; P. Zimbardo, *The Luciffer Effect*, 2007, ix~xiv쪽 참조.

다 공고히 하는 전형적인 정치 공학적 통치 전술, 즉 배제—통합적 통치 방식의 하나이기 때문이다.[21] 더욱이 박근혜 정권은 지난 대선에서 '51 대 49'라는 1~2% 내외의 간발의 표차로 대권을 쟁취할 수 있었는바, 통치권의 안정적인 행사를 위해서는 이를 현실적으로 뒷받침해주는 권력 기반으로서, 박 정권에 맹목적이리만큼 우호적이며 충성스러운 지지 계층의 결속과 공고화가 핵심적인 전제로 요구될 수밖에 없는 처지였다.

실제로 박 정권은 한편으론 무능과 부도덕, 불통과 독선, 민주주의 퇴행성 등으로 인해 '의도치 않게' 구성원들 사이의 끊임없는 분란과 충돌, 분열과 대립을 야기하고 있었다. 그렇지만 이에 그치지 않고, 비판적 거부세력의 움직임과 확산을 차단하고 지지층의 이탈과 내적 동요를 방지키 위해 '의도적인' 갈등과 분열을 획책함으로써 맹목적 충성파를 중심으로 보수 지지 세력의 연대와 단합을 강화하는 정치적 시도를 지속적으로 펼쳐 나갔다.[22]

사정이 이러하므로, 박근혜 정권을 비롯한 보수 집권 세력에게 탈북민 집단이야말로 '피아 구분'에 기초한 분열적 통치 전술을 수

---

21) 지난 박근혜 정권은 대선 기간 이래 '국민 대통합'을 주된 국정 지표로 내세워왔다. 그에 따라 대통령 소속 '국민대통합위원회'를 구성하였다. 하지만 박 정권이 내세운 국민통합이 어떤 본질적 속성을 내장한 국민통합의 방식인가에 대해서는 논란의 여지가 많다. 지금까지 드러난 박근혜 정부의 실체를 감안할 때, 국민통합이란 정부 여당에 비판적이거나 반대하는 세력을 배제한 가운데, 전적으로 지지 세력만을 공고히 결집시킨다는 의미에서의 배제—통합적 통치 방식에 다름 아니라고 할 수 있다. 거칠게 말해서, 박근혜 보수 정권에 우호적인 노·장년층을 중심으로 한 '고정 지지층'만을 견고하게 묶어둘 경우에도, 비록 3% 내외의 박빙의 차이지만, 앞으로 있을 대선 등에서도 보수가 승리할 수 있다는 주도면밀한 계산하에 수립 추진되는 '배제—통합적 두 국민 전략'이 다름 아닌 소위 '국민대통합'인 것이다. 선우현, 「반공주의와 그 적들」, 2014, 55~56쪽.

22) 이에 대해서는 선우현, 「반공주의와 그 적들」, 2014, 50~56쪽; 이진복, 『박근혜 정치』를 넘어서」, 2014, 5~8쪽 참조.

행해나감에 있어 긴요하고 유용한 통치 수단으로 간주될 여지가 매우 크다 할 것이다. 특히 이념적으로 보수 우익이 절대 다수인 지지층의 결속을 다져 나감에 있어, 탈북민 집단은 나름 중요한 의미 있는 역할과 기능을 수행해나갈 수 있다. 북한 사회주의 체제를 벗어나 남한 사회에 이주해온 탈북민 집단이야말로, 남한 체제의 '이념적 지형'에서 볼 때, 대표적인 보수 우익 집단으로서 보수 세력을 규합하여 하나로 묶어냄에 있어 구심점으로서의 역할을 수행해낼 수 있기 때문이다.

사실 이전에도 반공 보수 정권이나 극우 시민단체를 비롯한 보수 진영은, 수령체제의 타도와 북한 민주화를 추구하는 '자유북한방송'이나 '북한민주화 운동본부' 등 주요 탈북단체들을 적극 끌어들여, 자신들의 대북 관련 정책과 노선 등을 선전하고 관철함에 있어 전술적 협력체 내지 수단적 존재로 활용한 바가 적지 않았다. 그런 점에서 적어도 '표면적'으로는 탈북민 집단과 보수 진영은 서로 간의 이념적 친화 및 합치, 동시에 상대방에 대한 전략적 필요성에 따라 상호 연대하는 모양새를 취해왔다.

그러나 탈북민 집단이 지닌 북한관 및 통일관, 이념적 지향성은, 남한 내 보수 진영, 특히 보수 통치 집단의 그것과는 '본질적으로' 차이가 난다. 후자에게 분단극복과 민족통일은 최우선적인 당위적 가치를 지닌 정치적 과제로 다가오지 않는다. 오히려 자신들의 기득권 유지와 확대가 최우선적인 정략적 가치를 지닌 정치(공학)적 목표로서 설정된다. 즉, 남한 내 보수 집권 세력은 자신들의 사적 이해관계를 추구해나가는 도정에서 정략적으로 필요한 경우에,

'부차적으로' 북한의 민주화나 인권 실태, 대북정책과 통일을 언급하며 관심을 드러내 보일 뿐이다. 더불어 그 과정에서 탈북민 집단과 연대하거나 그들을 끌어들여 자신들의 정책과 입장을 지지하고 뒷받침하는 수단적 존재로 적극 활용하는 데 주력해왔다.

물론 그러한 행태는, 탈북민 집단이야말로 같은 민족 공동체의 일원이자 이념적으로 동일한 보수주의적 동반자로서 함께 손잡고 가야 할 '통합적' 대상으로 인정하고 포용하는 것처럼 비치게 한다. 하지만 실제로는 보수 진영의 정치적 목표와 이익에 합치하는 한에서 통합적 포용의 대상일 뿐, 그것에 반(反)하거나 혹은 선별적으로 부합하지 않는 개별 탈북민들의 경우 그것은 배제와 제외의 대상으로 격하되어버리기 십상이었다.

한데 작금의 총체적인 남남 갈등의 '중심부'에 탈북민 집단의 권력 연관적 현실 개입 행태가 나름 중요한 한 축으로 자리하고 있는 실상은, 과거 탈북민 집단을 정치적으로 이용하던 상황과는 질적으로 '차이'가 나는 새로운 양상을 연출해보이고 있다. 즉, 이전에는 대북포용정책을 무력화하기 위해서나 혹은 대북 강경정책이나 북한 내 인권유린 사태에 대한 정략적 비판 시도를 정당화하기 위해 탈북민 집단을 적극 활용하는 등 정치적인 수단적 존재로서 탈북민 집단을 인식하고 규정하는 것이 보수 지배 세력의 기본적인 시각이었다.

그에 비해 직전의 박근혜 보수 정권하에서는 정치적 무능이나 민주주의 퇴행적 한계 등의 이유로 야기된 통치 권력 기반의 약화 및 불안정성을 타개하여 통치권의 안정적인 행사를 보장받기 위한 통치 전술 방안의 하나로, 이른바 '남남 갈등 유발' 기획을 수행하는 과정에서 탈북민 집단을 주요 정치 공학적 수단으로 교묘하게 동시에 적극적으로 활용하였다. 요컨대 정권의 통치 기반을 안정적으로 유지 강화하기 위해 의도적으로 국내 사회적 갈등을 지속적으로 유발하는 도정에서, 탈북민 집단을 주된 통치 수단의 하나로 이용하고 있었던 것이다.[23)]

그 결과, 박근혜 집권 세력의 통치권과 기득권은 '일시적이나마' 안정적으로 유지되었을지는 모르나, 그 대가로 사회 구성원들 간의 다양한 층위에서의 대립과 분란은, 구성원들 각자의 사적 욕망 및 이익의 관철과 맞물려 사회 도처로 급속히 퍼져나갔다. 더불어 그 반목과 분란, 갈등의 골은 회복되기 어려운 수준으로 한층 더 깊어져가고 있었다. 이처럼 당시 진행 중이던 사회적 갈등의 전면적 심화 사태는, 보다 발전적인 방향으로의 사회적 통합과 응집을 향한 일시적이며 불가피한, 그런 한에서 생산적이며 미래지향적인 '과도기적' 대립과 충돌, 분란의 상황이 아니었다. 그것은 '그들에게 국민은 안중에도 없는'[24)] 오직 자신들의 정치적 권력과 기득권을 보전하려는 '극소수' 집권 세력의 사적 이익을 위해 기획된, 그런

---

23) 흔히 '북풍'이라 불리는 북한 관련 이슈들은 해방 이후 지금까지 남한 내 보수 집권 세력에 의해, 자신들의 지배적 권력 기반을 공고이하기 위한 가장 유효한 수단의 하나로 줄곧 이용되어왔다. 이러한 비판적 시각의 연장선상에서 탈북민 집단도 그러한 도구들 속에 포함된다고 볼 수 있다. 다만 이전과 비교하여 세심하게 접근해봐야 할 차이점이 존재한다. 즉, 과거에는 대북정책 등과 관련해 보수 정권의 입장을 옹호하는 측면에서 활용되었다면, 최근에는 보수 정권의 권력 기반 약화로 인한 대내적 통치권의 안정적 확보를 위해 정치적으로 활용되고 있다는 점에 차이가 있다.

24) 이 표현은 N. 촘스키, 『그들에게 국민은 없다(*Profit over People*)』(1999)라는 책 제목에서 차용한 것이다.

한에서 사회적 통합을 허물어뜨림으로써 사회 및 개별 구성원들의 삶의 유지조차 어렵게 만드는 지극히 부정적이며 비생산적인, 역사 퇴행적인 정략적 갈등의 유형이었다고 할 수 있다. 더불어 그러한 사회적 통합의 저해나 와해는 일상적 삶의 영역에서 살아가는 사회 구성원들의 삶의 양식 자체에도 적지 않은 타격을 입히며 심대한 '실존적' 문제를 양산시킨다. 이를테면 탈북민 집단이 남한 사회 내의 '정치적 희생물'로 전락해나가면서 겪게 되는, 한층 더 고립되고 소외된 삶을 강요당하는 사태이다. 즉, ─특정 보수 집권 세력과 '암묵적인' 커넥션을 맺고 있는 것으로 추정되는 소수의 탈북민 집단과 거리를 두고 있는─절대 다수의 비정치적 성향의 탈북 한국인들이, 진보 성향의 남한 주민들에 의해 배척당하고 심지어 적대시됨으로써 보다 더 소외된 삶을 살아가기 십상이다. 그에 따라 기본적 권리와 정체성의 훼손은 말할 것도 없고 고유한 삶의 양식 자체도 영위하기 힘들 정도로 이른바 '왕따' 당함으로써, 남한 주민들과 동등한 사회 구성원으로서 '정상적으로' 살아가기가 대단히 어려운 상황에 처하게 된다.

탈북민 집단의 '의도된' 국내 정치 개입적인 실천 행태로 인한 사회적 갈등의 증폭 및 확산의 차단 방안: 그 실천철학적 모색

그렇다면 일부 탈북민 단체의 다분히 '의도된' 국내 정치 개입적인 실천 행태로 빚어진 최근 남한 사회 내부의 갈등 심화 사태를 차단하고 넘어설 방안, 그것도 '실천철학적' 관점에서 모색해볼 수 있는 현실적인 대안에는 과연 어떤 것들이 있는가?

우선, 그 무엇보다 일차적으로 요청되는 것은, 남한 내 탈북민 집단과 관련된 문제는 '탈(脫)정치적인' 사안으로 다루어져야만 한다는 것이다.[25] 그럴 경우라야, 탈북민 집단이 소수자로서 겪고 있는 인격적 무시나 차별적 대우, 인권 유린 같은 반민주적이며 비인간적인 실태의 진상이 제대로 규명될 수 있으며, 남한 주민들과 동등한 인격체로서 존중받으며 살아갈 실천적 통로가 확보될 수 있다. 더불어 민족 공동체의 일원임에도, 왜곡된 진보/보수 간 이념적 대결 구도 속에서 정치적 조작의 대상으로 간주·이용됨으로써 분단 체제하의 이데올로기적 희생양으로서의 삶을 강요받고 있는 한국인 이방인의 상태에서 벗어날 '실존적' 통로 또한 열릴 수 있다.

사정이 이런 만큼, 국내 정치 상황이나 권력 지형, 남북관계와 연계하여 정치 공학적 차원에서 탈북민 집단을 인식하고 이데올로기적 수단으로 악용하려는 특정 집권 세력이나 정치적 당파, 이념 단체 등의 정략적 의도 및 당리당략적 기도는 즉각 폐기되어야만 한다. 당연히 탈북민 집단을 자신들의 특수한 이해관계의 관철을 위한 조작적 대상으로 바라보는 시선과 관점 또한 당장 철회되어야만 한다.

하지만 정작 문제는, 이처럼 규범적으로 정당한 당위적 요구를 '이론적' 차원에서 적극 개진하는 것만으로는 그러한 요구 사항의 '실제적' 관철은 말할 것도 없고, 증폭되어 나가고 있는 갈등적 사

---

25) 이 점은 보수 세력과 진보 진영에 공히 요구된다. 이와 관련된 보다 진전된 논의에 관해서는 정병호, 「환상과 부적응-탈북 이주민에 대한 남한 사회의 인식혼란과 그 영향」, 2004, 390~392, 397~398쪽; 선우현, 「한국인 속의 한국인 이방인」, 2012, 16~25쪽 참조.

태 해결에 아무런 실효적 효과도 거둘 수 없다는 사실이다. 결국 현
시점에서 절실히 필요한 것은, 그것이 철학적 관점에서 모색 제시
된 대안이라 해도 실제 문제 해결에 기여할 수 있는 실질적 효과를
담보한 실천 방안의 확보라 할 것이다.

그런 연유로 작금의 상황은 우리에게, 불순한 정치적 의도를
가진 집권 세력을 감시·견제하는 권력비판으로서의 '이론적 실천
활동'으로부터, '공론장(公論場)'26)에 적극 참여하여 지배 권력의
부당한 통치 방식에 '민주주의적' 압력과 제동을 가함으로써 '분열
및 갈등 조장을 통한 통치권의 유지 및 강화'라는 정치 공학적 술수
를 폐기토록 강제하는, 현실 참여적인 '저항적 실천 활동'으로의 전
환을 강력히 요구하고 있다. 곧 다양한 유형의 공론장에 모여 갈등
분열적 통치 전략을 구사하는 정권의 반민주적 작태에 관해 자유로
운 비판적 논의와 토론을 통해 그 근본적인 문제점과 위험성을 공
유하는 저항적 공론을 형성하고 그에 의거해 '의사소통적 권력'을
구성한 뒤 이를 바탕으로 그처럼 불순한 통치 집단에 맞서 강력한
민주주의적 압력을 가함으로써, 이데올로기적 도구로서 탈북민 집
단을 바라보고 활용하려는 규범적 정당성이 결여된 정치적 책략과
기도를 즉각 포기토록 촉구하는 데 앞장설 것을 주문하고 있다. '공
론장의 정치(Politik der Öffentlichkeit)'라고 잠정 이름 붙일 수

---

26) 현대 민주주의 사회에서, 의사소통의 일반화된 형식들 가운데 하나인 '대중매체'를 매개로
형성된 매체공론장(Medienöffentlichkeit)을 비롯한 다양한 형태의 공론장의 역할과 기능에
대한 사회철학적 논의는 J. Habermas, *Strukturwandel der Öffentlichkeit*, 1990, 11~50쪽;
위르겐 하버마스, 『공론장의 구조변동』, 2001, 13~55쪽; J. Habermas, *Theorie des
kommunikativen Handelns 2*, 1981, 572~575쪽; 손석춘, 『한국 공론장의 구조변동』
(2005), 113~124쪽; 선우현, 『사회비판과 정치적 실천』, 1999, 227~254쪽 참조.

있는, 그 같은 '절차적 민주성에 기초한 현실 참여적 진지전'을 감행하는 것만이 사회철학적 관점에서 모색해볼 수 있는, 현재로서는 가장 실효성 있는 실천 방안 중의 하나일 수 있다고 보이기 때문이다.[27)]

주지하다시피 지난 박근혜 정권이 드러내 보여준 '민주주의의 퇴행적 양태'는 시민과 정부 간의 소통이 전혀 이루어지고 있지 않던 현실에서 극명히 드러난 바 있다. 곧 구성원들 사이에 이성적 논의를 거쳐 합의된 공론 및 제언 등이, 시민/정부 간의 자유롭고 평등한 대화를 통해 전달되고, 타당한 것은 수용되어 정책과 통치에 반영되는 '민주적 의사소통의 절차'가 박 정권에 의해 철저히 무시되거나 거부되었던 것이다. 대신 정부에 의한 일방적인 지시와 명령만이 하달되었으며, 진정으로 사회적 통합이 구현되도록 진력하기보다 불완전한 통치 기반의 강화를 위해 의도적으로 사회적 갈등과 대립을 획책하고 조장함으로써 지배 권력을 견지하려는 통치술을 구사하였다. 그리고 그것의 일환으로 이루어진 결과가, 일부 탈북민 단체의 의도된 국내 정치 개입적 행태를 통한 남남 갈등의 확산 사태이다.

이렇듯 당시의 한국적 상황은 명색이 민주주의의 제도적 장치가 구비되어 있음에도, 절차적 민주주의의 작동 기제가 제대로 가동되지 않는 오직 '무늬만 민주주의'인 그런 상태였다. 그럼에도 갈등과 분란의 일상화를 통해 통치 권력이 유지되는 사태를 마치 '정

---

27) 공론장의 정치로 요약되는 이러한 실천 방안은, 공론장의 재활성화를 기반으로 담론 민주주의(diskursive Demokratie)를 추구코자 시도하는 하버마스의 '심의정치이론(Theorie der deliberative Politik)' 기획의 '일부'를 반성적으로 차용한 것이다. 심의정치(이론)에 관해서는 J. Habermas, *Faktizität und Geltung*, *Suhrkamp*, 1992, 435~467쪽; 선우현, 『사회비판과 정치적 실천』, 1999, 254~262쪽 참조.

상적이며 민주적인' 것인 양 집권 세력은 지속적으로 강변하고 오인케 하였다. 그에 따라 그러한 상태를 지극히 정상적이며 정당한 것으로 수용하는 '적지 않은' 지지층 국민들이 박 정권과 상호 협력적인 공생 관계를 유지하며 살아가고 있었다. 갈등 조장의 통치술이 통하고 있었던 셈이다. 물론 이는 역으로 결코 정상적이지도 민주적이지도 않은 '고약하기 이를 데 없는 민주주의'의 민낯을 한국 사회가 여과 없이 보여주고 있는 징표이기도 했다.

실상이 이렇다면, 적어도 민주주의의 퇴행과 파괴를 우려하는 사회 구성원이라면 '자각된 권력 비판적 시민'의 자격으로 민주적 의사소통 권력을 통해—박근혜 정권하에서 이루어진 것 같은—국민 통합 파괴적인 분열적 책략과 그에 따른 통치 권력의 오용과 남용을 차단하고 제어하는 데 주도적으로 나서야만 한다. 그처럼 규범적으로 정당화될 수 있는 저항적 실천 활동이 대다수 구성원들의 동의와 자발적인 참여 의지하에 전면적으로 감행될 경우에만, 명색이 민주화된 한국적 상황에서, 갈등과 대립을 통해 현실 권력을 공고화하고자 시도하는 특정 정치 세력의 그 같은 '불순한' 정치적 기도—따라서 탈북민 단체를 이용한 국내 갈등적 사태의 조장 책략—가 좌절되는 데 현실적으로 의미 있는 실질적 영향력을 발휘할 수 있을 것이기 때문이다.

말할 것도 없이 이는 단기간 내에 '승부(?)'를 볼 수 있는 그와 같은 실천적 전략 방안은 아니다. 그야말로 장기간에 걸친 끈기와 인내의 싸움이 될 것이다. 그런 한에서 이를 '민주주의적 진지전'이라고 이름 붙였던 것이다. 따라서 여기에는 '비판적·저항적 민주시민'으로서의 구성원들의 지속적이고도 끈질긴 적극적인 참여 의지와 실천적 결의(決意)가 필수적이다. 보다 구체적으로, 비정상적인 한국적 사회 현실에 대한 도덕적 분노를 표출하고 민주적 논의 절차를 거쳐 도달한 합의에 바탕을 둔, 부당한 통치권의 행사에 대한 정당한 거부와 저항의 몸짓을 실행해나가려는 가열찬 참여 의식과 결연한 실천적 의지가 요청된다.

이에 더해 긴요한 요구사항을 한 가지 덧붙이자면, 탈북민 집단 내에서도 개인이나 단체가 남한 내부의 정치적 역학관계 등에 이용되는 사태를 막기 위해, 탈북민들 스스로 특정 정치 세력이나 당파들에 의해 휘둘리지 않도록, 자신들의 '고유한' 이념적·문화적 정체성을 견지한 가운데 보다 더 주체적이며 자주적인 소수자 집단으로서 존속해나갈 수 있도록 전력을 기울여야만 한다.[28) 그런 한에서 지금과 같은 탈북민 집단의 사회 참여적 운동의 성격 또한 과도한 정치 연관적인 특성보다는 인권운동으로서의 성격과 색채가 전면에 드러나는 운동으로 전환되어야 할 것이다. 아울러 이상과 같은 요구사항이 제대로 관철되기 위해서는, 특히 탈북민 단체들과 충분히 교감을 갖고 진솔하게 소통할 자격을 갖춘 남한 사회 내 시민사회단체들이 그에 관한 진정어린 고언과 조언을 지속적으로 전달해주는 역할을 기꺼이 떠맡아주어야만 할 것이다.

결국 사회철학적 관점에서 모색해볼 수 있는 이 같은 현실적 실

---

28) 이는, 남한 내 각기 다른 이해관계를 지닌 여러 집단들이 '탈북민 집단에 투사하는 이미지'에 좌지우지되지 않도록 정체성을 새롭게 만들어 나가야 한다는 주문 사항으로 제시되고 있기도 하다. 정병호, 「환상과 부적응-탈북 이주민에 대한 남한 사회의 인식혼란과 그 영향」, 2004, 398쪽.

천방안들을 염두에 둔다면, '탈북민 집단을 정치적으로 이용하려는 그 어떤 정치 공학적 시도도 즉각 폐기되어야만 한다'는 주장은 다음과 같은 '실천적 참여'를 촉구하는 주문을 강력히 제기하는 것에 다름 아닐 것이다: 통치권의 강화 및 안정적 유지를 위해 특정 불순 집권 세력에 의해 자행되는 '종북 논리의 공세적 활용'이나 그러한 논리가 중심적 토대로 작용하는 두 국민 정책 같은 '통합 저해적인' 전술적 통치 방안이 즉각 철회되게끔 하려면, 그러한 정치 공학적 기도를 추진하는 통치 세력에 대해 강력한 '민주적인' 의사소통적 압력을 지속적으로 가해야만 한다. 왜냐하면 그러한 두 국민 정책에 속하는 구체적인 방법 중 하나가, 탈북민 집단의 정치 연관적 참여 행태를 활용하여 '두 국민' 간의 대립과 갈등을 조장함으로써 정권의 통치 기반을 보다 확고하게 다지고자 하는 것이기 때문이다.

참고문헌

강석승,『탈북민 관련단체의 문제점과 바람직한 역할 모색』, 자유기
　　업원, 2011.

김성경,「분단체제가 만들어낸 '이방인'. 탈북민」,『북한학 연구』10권
　　1호, 2014.

김화순·전태국,「탈북민의 신민적 정치참여를 보는 네 가지 시각과
　　향후 전망」,『평화체제 이행기에 탈북민 통합, 어떻게 이룰 것인
　　가?』, 남북시민통합연구회, 2018.

미하엘 슈미트-살로몬,『어리석은 자에게 권력을 주지마라』, 고즈
　　윈, 2012.

박민규,「눈먼 자들의 국가」, 김애란 외,『눈먼 자들의 국가』, 문학동
　　네, 2014.

선우현,『사회비판과 정치적 실천』, 백의, 1999.

_____,「한국 사회에서 '진보/보수 간 이념적 대립 구도'의 왜곡화」,
　　사회와 철학 연구회,『진보와 보수』, 이학사, 2002.

_____,「한국인 속의 한국인 이방인」,『동서철학연구』64호, 2012.

_____,「반공주의와 그 적들」,『사회와 철학』28집, 2014.

손석춘,『한국 공론장의 구조변동』, 커뮤니케이션북스, 2005.

손애리·이내영,「탈북민에 대한 한국인의 태도 연구: 국가정체성과
　　다문화수용성을 중심으로」,『아태연구』19권 3호, 고려대 아세아
　　문제연구소, 2012.

손호철,「남남 갈등의 기원과 전개과정」, 경남대 극동문제연구소 편,
　　『남남 갈등. 진단 및 해소방안』, 경남대 극동문제연구소, 2004.

세월호참사국민대책회의,『세월호 참사, 알고 싶은 것과 밝혀야 할
　　것들』, 2014.

스테판 에셀,『참여하라』, 이루, 2012.

유효종·이와마 아키코 엮음,『마이너리티란 무엇인가』, 한울, 2012.

윤인진, 「탈북민의 사회적응실태와 지원방안」, 최협 외, 『한국의 소수자, 실태와 전망』, 한울, 2004.

윤인진·이진복, 「소수자의 사회적 배제와 사회통합의 과제」, 『한국사회』7집 1호, 고려대 한국사회연구소, 2006.

이내영, 「한국사회 이념갈등의 원인: 국민들의 양극화인가, 정치엘리트들의 양극화인가?」, 『한국정당학회보』 10권 2호, 한국정당학회, 2011.

이병수, 「탈북민 가치관의 이중성과 정체성의 분화」, 『통일인문학』59집, 건국대 인문학연구원, 2014.

이영선·전우택 편, 『탈북민의 삶-문제와 대책』, 오름, 1996.

이진복, 「박근혜 정치'를 넘어서」, 민주정책연구원, 2014.

전영평, 『한국의 소수자 정책』, 서울대출판문화원, 2010.

정병호, 「환상과 부적응-탈북 이주민에 대한 남한 사회의 인식혼란과 그 영향」, 최협 외, 『한국의 소수자, 실태와 전망』, 한울, 2004.

제18대 대통령직인수위원회, 『박근혜 정부: 국정비전 및 국정목표』(보도 참고자료), 2013.

촘스키, N., 『그들에게 국민은 없다』, 모색, 1999.

최윤형·김수연, "대한민국은 우릴 받아줬지만 한국인들은 탈북민을 받아준 적이 없어요." 댓글에 나타난 남한사람들의 탈북민에 대한 인식과 공공 PR의 과제」, 『한국광고홍보학보』15권 3호, 2013.

최협 외, 『한국의 소수자, 실태와 전망』, 한울, 2004.

하버마스, J., 『공론장의 구조변동』, 나남, 2001.

Calhoun, C.(ed.), *Habermas and the Public Sphere*, The MIT Press, 1994.

Habermas, J., *Theorie des kommunikativen Handelns 2*, Surhkamp, 1981.

_____, *Strukturwandel der Öffentlichkeit : Untersuchungen zu einer Kategorieder bürgerlichen Gesellschaft*, Suhrkamp, 1990.

_____, *Faktizität und Geltung*, Suhrkamp, 1992.

Honneth, A., *Kampf um Anerkennung*, Suhrkamp, 1992.

Kymlicka, W.(ed.), *The Rights of Minority Cultures*, Oxford University Press, 1996.

Gutmann, A.(ed.), *Multiculturalism: Examining the Politics of Recognition*, Princeton University Press, 1994.

Zimbardo, P., *The Lucifer Effect. Understanding How Good People Turn Evil*, Random House, 2008.

예멘 난민사태로 바라본 한반도 분단체제 극복의 허(虛)와 실(失)

한반도 분단체제를 극복하고 준비하는 과정의 암울한 일면

임경석

8.

예멘 난민사태로 바라본 한반도 분단체제 극복의 허(虛)와 실(失)[1)]

한반도 분단체제를 극복하고 준비하는 과정의 암울한 일면

임경석

문제의식

냉전체제의 해체와 세계화 및 대한민국·조선민주주의인민공화국·중국·일본·미국·러시아를 중심으로 한 동북아와 국제정세의 새로운 변화들은 한반도 분단과 민족문제의 주도적인 해결에 대한 보다 적극적이고 새로운 통일전략의 접근법을 요구하고 있다. 특히 분단극복의 통일담론은 더 이상 변화무쌍한 주변정세를 적절히 주도하지 못하고 맹목적 당위성이나 감정적 열정에만 호소함으로써 지구촌 여론의 동의절차를 적절히 확보하지 못하는 경우에 그 추진력을 상실할 수밖에 없다. 무엇보다도 한반도 분단체제[2)]의 극복을

---

1) 이 글은 2018년 8월 21일 사회와 철학 연구회의 여름 워크숍에서 발표한 글을 일부 수정하고 보완한 글이다.

2) 본고에서 사용되는 개념인 '분단체제'는 백낙청 교수에 의해 잘 알려진 용어로 "1) 남북 간에 실재하는 이질성에 주목하고, 2) 반민주적·비자주적 분단체제의 지적에서 나타나는 부정적 측면의 지적뿐만 아니라 민주, 자주, 통일의 포용적 실천이론으로서' 긍정적 측면

위한 실질적 구성원인 시민들의 관심을 유도할 수 있는 자주적이고 참여적인 통일여론의 형성과 함께 평화통일의 미래상에 대한 '합당한 상상력'을 가질 수 있도록 민·관·군의 지속적이고 포괄적인 협력의 다자적 노력이 경주되어야 한다.[3]

분단 70년을 넘는 현 시점에서 한반도 분단체제의 극복 노력은 한민족의 공동번영과 지구촌의 항구적인 평화정착의 목표를 중심으로 소모적 대치와 갈등의 구조를 해소함으로써 미래세대의 안정과 번영의 새로운 도약을 마련하기 위한 현세대의 꼭 필요한 역사적 책임과제란 믿음과 희망을 토대로 그 준비와 집행에 대한 절차적 합의가 마련되고 있는 중이다. 이러한 노력이 좀 더 협력적으로 실현되기 위해서는 문재인 정부가 통일담론을 과거와 같은 정권유지의 수단이 아닌, 창의적인 통일정책의 추진과 더불어 민의를 적극 수렴하는 '시민참여적인 통일담론의 확산' 및 지구촌 주변국들의 통일에 대한 협력적 지원프로그램의 창발적인 유도가 필요하다. 하지만 우리 대한민국의 현주소는 이러한 노력과 관련해 어떤 상황일까?

도 포괄한다. 백낙청, 분단체제의 인식을 위하여, 36쪽. 백낙청외 지음, 『변화의 시대를 공부하다－분단체제론과 변혁적 중도주의』, 159〜60쪽. 정현곤 엮음, 『변혁적 중도론』, 12〜17쪽.

3) 1989년 베를린 장벽의 붕괴로 상징되는 독일 통일은 누구도 예상하지 못했던 신속하게 이루어진 동독·서독의 독일인들이 주도적으로 강한 의지로 관철하는 가운데 국가 지도자의 강력한 의지와 판단 및 전승국 4개국의 동의를 유도하는 가운데 안정 속에 평화적으로 이룩한 세계사적 과업이란 점에서 그 성공적 의미가 있다. 독일연방공화국의 평화적 통일은 빌리 브란트의 신동방정책 이후 헬무트 콜의 능동적인 '2+4회담기구'의 구성을 통한 정부의 지속적이고 신속한 노력과 1989년 5월 지방선거의 부정에 대한 폭로와 헝가리, 폴란드, 체코슬로바키아 주재 서독대사관을 이용한 망명자들의 이송 및 10월 7일 동독수립 40주년 기념일에 고조된 동독 라이프치히의 교회(St. Nikolaikirche)에서 월요일 정기적으로 시작되고 확산된 동독 주민의 평화혁명 그리고 호네커 정권의 붕괴 직전에 군의 민간인 발포거부에 이르는 민·관·군의 협력적 노력의 산물임에 주목할 필요가 있다. 손성홍, 『독일통일 한국통일: 독일통일에서 찾는 한반도 통일의 길』, 19〜54쪽.

긴급 환자가 발생해 병원으로 우송된다고 가정해보자. 과연 이 환자에게 병원은 상식적으로 어떤 조치를 취해야만 하는 것일까? 마땅히 응급환자의 상태를 우선적으로 파악하고 즉각적 치료조치를 병행해야 할 것이다. 이때 '즉각적 치료조치'란 무엇인가? 환자의 병원비 수납능력이나 신분 혹은 인종과 같은 부수적 요인이 고려되어야 하는 걸까? 혹여 그 환자의 외부적 고려 요인이나 경제적 지불능력으로 인해 다른 병원으로 환자의 부담을 떠넘겨도 되는 것일까? 만일 의료 행위가 존재하는 근본 목적이 국적·인종·종교·성별·지위 등과 상관없이 환자의 질병 여부에 대한 판단과 고통으로부터 벗어나게 하려는 의술 본래의 사명에 기반을 두어야 한다면, 이에 반하려는 일체의 행위는 규범적 저울의 비판에서 자유롭지 못할 것이다.[4)]

그런데 최근 예멘난민들이 처한 상황은 언급된 즉각적 치료의 요구조건과 어떤 점에서 다른 상황일까? 만일 다르다고 한다면, 어떤 기준에서 그 합당한 구분이 가능한 것일까? 적어도 난민에 대한 관심과 지원의 출발점은 생존권에 대한 '돌봄의 우선성의 원칙'이 공유되어야 하지 않을까? 최근 대한민국 정부가 제주도 예멘 난민의 수용절차의 과정에서 보여준 일련의 사건 전개과정을 추적해보면, 우리 공동체가 과연 절박한 상황에 처한 난민구호의 즉각적 치

---

4) 우리 공동체가 '안전의 우선성 원칙보다는 탐욕적인 자본의 이익과 무차별적인 경쟁력만을 중심으로 의료·교육·교통·통신 등의 공공분야에서 막돼먹은 민영화를 추진하려는 부당한 시도와 관련해 수많은 죽음과 희생을 양산해 오고 있음을 직시하자. 이와 같은 포괄적 문제제기의 의도는 무엇이 한 공동체의 구성원 전체를 위한 삶의 안전과 편의에 이바지할 수 있는 최소한의 정책적이고 제도적인 규범의 원칙으로 공유되어야 할 것인지에 대한 그 기준의 심사숙고와 합의과정의 지속적인 필요성에 대한 필자의 간절한 문제의식에서 출발하고 있음을 간략히 밝히는 바이다.

료조치와 관련해 국제사회에 약속한 가입국의 의무를 준수할 최소한의 의지가 있었는지 다소 의문이 든다.[5] 인도적 차원의 난민구호는 그 절차와 결과에 있어 국제적 연대윤리수준의 '선 치료, 후 검토의 원리'가 준수되고 실행되어야 마땅하다. 더구나 2012년 아시아 최초로 「난민인정 절차와 처우에 관한 법률」을 제정한 대한민국은 지구촌의 난민문제의 해결과 예방에 대한 최소한의 책임의식과 바람직한 난민감소를 위한 예방책에도 적극적 공조의 실천노력에 동참해야 할 의무가 있다.

하지만 우리의 현실은 어떠한가? 극우 보수진영이 보여준 예멘난민에 대한 편견과 적대감이나 지역감정의 돌출뿐 아니라 청년실업과 연계된 경제의 불안감에서 파생된 정착지원금문제 및 미투운동의 돌연변이적인 태도에서 파생된 이슬람 남성의 여성문제와 종교근본주의자들의 이슬람종교 배척 등 무수한 복합변수들이 착종된 것이 바로 이번 사태의 한쪽 모습이다. 그런데 필자가 주목하려는 점이 바로 이런 예기치 못한 사건을 마주하는 태도이다. 이번 사태야말로 우리 공동체가 준비 중인 분단체제의 극복과정에서 마주하게 될 예측불가능한 사태에 대한 인도적 대처방안의 모색과 주변국

---

5) 국가인권위원회는 12월 14일 성명을 내고 "난민신청자 중 단순 불인정된 56명의 신변과 인도적 체류자들이 처할 상황에 대해 깊은 우려를 표한다."라면서 "이번 심사를 통해 드러난 난민보호 정책의 문제점을 국제인권기준에 부합하게 재정비할 것을 촉구한다."라고 밝혔다. 아울러 "법무부가 단 2명만 난민으로 인정하고 다수에 대해서는 인도적 체류 허가를 결정한 것에 대해 난민에 대한 부정적 여론을 급히 무마하기 위한 일률적인 결정이라는 지적이 있다."라며 "난민 인정 요건을 지나치게 엄격히 적용하거나 제한을 가하는 것은 난민 문제 해결에 도움을 주지 못할 뿐만 아니라 오히려 난민에 대한 불안감과 배제를 강화할 뿐"이라고 강조했다.
출처: 제주新보(http://www.jejunews.com)
http://www.jejunews.com/news/articleView.html?idxno=2127583

들의 협력을 이끌기 위한 준비과정이자 연대원칙의 보장방안으로 주목될 필요성이 강구되어야 하기 때문이다. (다만 이와 연관된 상세한 논의전개는 구상적인 차원에 머무는 본고에선 아쉽지만 생략할 수밖에 없음을 밝힌다. 이에 대한 고찰은 다른 기회의 원고에서 보완하도록 하겠다.)

이러한 관점에서 필자는 본고에서 예멘 난민사태를 중심으로 한반도 분단체제의 극복에 필요한 예비과정의 한 단계로서 규범적 판단의 기준점을 강조하고자 한다. 필자는 사회철학의 전공자로서 우리 공동체가 여전히 답습하고 있는 내집단과 외집단의 오인된 경계 긋기를 중심으로 전개하고 있는 편협한 반공주의, 자민족중심주의, 인종주의, 성차별주의, 종교근본주의, 문화패권주의 및 여타의 혐오주의 등의 문제점을 비판하고 대안마련의 임무도 충실하게 수행하고자 한다. 대한민국은 인간이란 이름의 가면 속에 감추어진 오만과 편견에 기반을 둔 분열주의의 목소리가 힘을 발휘할 수 없도록 이기적 집단주의의 폭주를 제어하고 폭로하는 가운데 부정하는 비판의 힘이 작동하는 정상국가로 변모해야 한다. 하지만 이 공동체의 현실은 다분히 역주행으로 진단될 수 있다고 보인다. 더구나 이 시대의 지구촌도 이기적 분열주의가 도구적 합리성의 이름으로 만연하고 있는 중인데, 그 대표적인 이슈 가운데 하나가 바로 난민문제이다. 이번 예멘 사태는 대한민국 역시 이 점에서 예외가 아님을 잘 보여주고 있다.[6]

---

6) 예멘은 1962년 터키와 영국의 식민지 지배로부터 독립 후 자유주의 북예멘과 1967년 소련의 지배를 받는 사회주의 남예멘으로 분단된다. 이후 1972년과 76년의 두 차례 내전 이후

무엇보다도 이번 사태의 전개과정에서 사회적 이슈로 상징화된 청와대 반대청원의 숫자가 단기간에 70만 명을 넘어선 점이야말로 '도대체 왜 이런 이슈화와 여론몰이가 가능할 수 있었을까?'라는 반문에 그 자극점이 충분하다고 본다.[7] 특히 대한민국의 시민들은 예멘 난민이라는 생소하게 부각된 이 주제와 관련해 어떤 원칙과 입장을 대변하고 있는지도 궁금하다. 왜냐하면 적어도 한반도의 분단체제는 북한을 탈출한 새터민들 가운데 대다수가 난민에 속함을 알고 있기 때문이다. 또한 대한민국은 향후 어떤 원칙과 입장에서 한반도의 분단체제와 세계체제의 중층적 논의구조 속에서 태동할 난민사태란 이 중차대한 주제를 고민하고 해결할 준비에 착수할 것인지에 대해 매우 다각적인 사고실험을 준비·수행해야 하며 그에 대비한 제도와 절차의 보완이 매우 절실한 상황이기도 하다. 이에 필자는 본고에서 이런 문제의식을 바탕으로 1) 난민의 정의와 다양한 난민 유형의 구분 필요성 및 만연된 난민과 관련된 부당한 오해가 왜 발생했는지에 대한 불편한 진실을 지적한 후, 2) 예멘난민사태

1989년 남북예멘 정상회담과 통일헌법을 마련하고 승인하면서 1990년 통일을 이룬다. 하지만 종교적 갈등과 이념적 대립으로 1994년 남예멘이 예멘연방공화국에서 탈퇴하면서 내란이 시작된다. 설상가상으로 북예멘의 정권은 부패로 압둘라 살레 대통령이 탄핵되고 새 정부가 탄생했지만 새로운 부패와 권력 싸움이 만연한다. 이후 예멘에서는 사우디 지원을 받는 수니파 정부와 이란의 지원을 받는 후티족 시아파 반군의 갈등으로 2014년 내전이 발발했고, 2015년 3월 사우디가 내전에 개입하면서 국제전으로 확대된다. 미국은 동맹인 사우디에 무기와 정보 등을 지원하고 있는 실정이다. 예멘 내전이 발생한 2015년부터 2017년까지 예멘난민신청자는 40명이다가 금년 2018년에는 입국자 561명 중 549명이 난민을 신청한 상태이다.

7) 2018.8.1일자 청와대 국민청원의 답변인 http://www1.president.go.kr/articles/3962 사이트를 참조할 것. 해당 동영상은 당일까지 71만 4,875명이 청원에 참여한 것으로 집계된 가운데 박상기 법무부장관이 직접 출연하여 1) 허위 난민문제, 2) 심사절차의 문제, 3) 제주도의 '무사증 제도'의 폐지 여부, 4) 난민 인정 이후의 보완책, 5) 국내 난민의 현황, 6) 난민법의 탈퇴요구 등에 대한 정부의 공식 입장을 다루고 있다.

에 대한 올바른 접근원칙의 확립필요성과 현재진행 중인 한반도 분단체제의 극복과정을 중심으로 해결방안에 대한 포괄적 노력과정을 강조함과 더불어, 3) 끝으로 향후 난민사태의 인도적 해결과정과 그 지향점이 어떻게 한반도 분단체제의 평화적 극복에 기여할 수 있는 준비단계인지를 조명함으로써 다가올 통일담론의 활성화에 일조하고자 한다.

누가 난민인가?

UN은 1951년 7월 28일 제네바에서 "난민의 지위에 관한 협약 (Convention Relating to the Status of Refugees)"을 채택한다. 이 협약에 따르면, 인류는 정치적·종교적 내전이나 전쟁 혹은 천재지변으로 인해 삶의 터전을 잃고 생명의 위협을 받는 지구촌의 시민들에게 안전한 삶을 지속하도록 상호부조를 당연한 의무로 권고하고 있다. 난민(Refugee)이란 "인종, 종교, 국적, 특정의 사회집단의 구성원인 것 또는 정치적 의견을 이유로 박해를 받을 우려가 있는 위험을 갖기 때문에 국적국 외에 있는 자로 그 국적국의 보호를 받을 수 없는 자 또는 그러한 공포를 갖기 때문에 그 국적국의 보호를 받는 것을 바라지 않는 자(1조 A(2))"[8]로 되어 있다. 무국적자인 난민에 대해서도 이와 유사한 정의를 두고 있다. 다만, 국제연합 난민고등판무관 이외의 "국제연합기구의 보호 또는 원조를 현재 받고 있는 자, 현재의 거주국에서 그 국가의 국적유지에 따른 권리의무를 갖는

---

8) 출처 https://terms.naver.com/entry.nhn?docId=726664&cid=42140&categoryId=42140

다고 인정되는 자, 전쟁범죄인, 평화와 인도에 반한 죄를 범한 자, 비정치 범죄인, 국제연합의 목적·원칙에 반한 행위를 한 자는 해당 조약의 적용이 제외된다(1조 D, E, F).”9) 이와 달리 이민자(Immigrant)는 가난 등의 이유로 더 나은 삶의 기회를 찾아 이주한 사람들을 일컫는 미묘한 차이점이 있다. 이민자의 문제는 특히 세 살 난 아일란 쿠르디의 충격적인 죽음과 최근 유럽으로 쇄도하고 있는 북아프리카계 이민자와 중남미인들이 멕시코를 경유하여 미국으로 입국하려는 행렬로 세계적인 갈등과 첨예한 이슈로 급부상 중이다.

역사적으로 어떤 강대국의 민족도 대내외적 여건의 변동 속에서 난민의 삶으로부터 예외적일 수 없었다. 이런 점에서 철학자 칸트는 18세기 말에 이미 선구적으로 지구촌의 영원한 평화를 설계하는 가운데 지구인들이 상호 간의 방문권(Besuchsrecht)을 권리로 인정케 함으로써 지구촌의 협력적인 연방국가(Völkerbund)의 모델을 요청한다.10) 하지만 그의 요청은 당대뿐 아니라 양차 세계대전과 우리 시대에도 여전히 만연되고 있는 지구촌의 총성 속에서 여전히 조롱의 대상으로 평가절하 되고 있다. 600만 유대인의 비극적인 학살의 체험을 공유한 레비나스의 '타자(the Other)'11)나 데리

---

9) 출처 https://terms.naver.com/entry.nhn?docId=726664&cid=42140&categoryId=42140 참조.

10) I. Kant, Zum ewigen Frieden, 209와 214쪽. 오늘날 이 권리는 본고의 주제인 지구촌의 난민 사태나 이주민의 물결과 관련해 '사람들이 자신이 속할 국가를 선택할 권리가 있는가?'란 질문과 연관해 숙고해보아야 할 주요 논쟁점으로 보인다. 이 점은 '자유주의적 이주의 권리'와 '자결권에 입각한 국가의 국경통제의 주권적 권리' 사이에서 무엇이 우선되어야 할지에 대한 보다 심도 깊은 논의의 필요성을 지구촌의 부정의와 그 원인 규명 및 해결책을 중심으로 고민해볼 기회도 제공한다.

11) E. Levinas, Totality and Infinity: An Essay on Exteriority(Alphonso Lingis, transl. Pittsburgh: Duquesne University Press, 1969), 150쪽.

다의 '환대(hospitality)'[12]의 개념 역시 유사한 운명이다. 물론 종종 이러한 편견은 난민촌의 참상과 같은 충격적인 마주보기를 통해 인류의 윤리적 연대감을 일깨우고 변화의 물결에 동참하도록 일시적으로 변혁을 이끄는 경향을 마주하기도 한다. 다만 아쉽게도 이런 변혁적 태도는 지구촌 민족국가의 영토와 자본 및 국적이란 경계 긋기의 현실 앞에서 냄비근성의 당혹감만을 곱씹게 할 뿐이다. 물론 이런 태도마저도 무조건적으로 비판될 수 없으며 지구촌의 난민문제가 궁극적으로 해결가능할지에 대한 근원적인 의문이 정당하게 제기될 수 있다. 하지만 그렇다고 우리가 직면하고 있는 난민문제의 현상 앞에서 무책임하고 수수방관적인 나몰라라의 태도가 정당화되어서도 안 된다.

우리 민족의 역사도 비극적인 난민의 삶에서 예외적이지 않았다. 현대사를 간략히 보더라도 일제 강점기에 상해 임시정부의 수립이나 하와이나 간도로 이주한 난민물결이나 제주도 4·3사건부터 6·25의 참화와 군부독재 시절의 정치적 난민문제까지 폭넓은 고찰이 가능하다. 물론 1987년 이후 국내에서 난민문제가 화두가 된 대표적 예는 부산에서 1993년까지 운영되었던 베트남인 보트피플난민소와 같이 국외적인 문제로 중심축이 이동된 경우이다. 최근에는 2015년 당시 시리아 난민의 경우가 대외적 여론의 비난 속에서 800여 명의 신청자 중 3명만이 난민지위를 인정받고 신청 계류 중인 28명이 인천공항에 갇힌 사실이 알려진 경우이다. 그리고 2018년

---

12) 데리다가 『Of Hospitality』(2000)에서 구분하고 있는 '환대의 정치' vs '환대의 윤리'의 차이점에 주목해보라.

특별구인 제주자치도에서 552명의 예멘인이 난민신청을 함으로써 사회적 화두로 급부상한 실정이다.

오늘날 유엔난민기구(UNHCR[13])의 보고에 따르면, 전 세계에 파악된 난민의 숫자만 대략 5,000만 명 이상으로 집계되고 있다. 문제는 이런 난민의 숫자가 해가 갈수록 급증하는 추세라는 사실이다. 따라서 난민문제에 대한 글로벌 차원의 해결노력이 다각적으로 모색되어야 한다. 하지만 이에 대한 전망은 그리 밝지 못한 것이 작금의 현실이며 무엇보다도 무수한 편견으로부터 해방이 요구된다. 대한민국도 이번 난민사태와 관련해 무수한 편견의 오해에 시달렸다. 우선 난민과 이주민을 구분하지 못하고 난민절차의 세부적 차이점도 간과함으로써 무수한 유언비어와 인권 침해를 자행했다. 난민과 관련된 올바른 용어사용과 세부적인 자격혜택의 차이점에 대한 정확하고 명료한 이해와 관련해 도표 1을 참조하기 바란다.

아울러 과도한 생계비지급과 관련한 내국인 차별 또는 잠재적인 범죄나 특정 종교와 관련한 포비아(phobia) 현상 등과 같은 무차별적 유언비어나 혐오발언, 제도적으로 미비한 통역관의 제공이나 졸속한 승인절차 및 국제적인 인권조약의 준수사항에 위배되는 부당한 절차나 제도가 조속히 해결되도록 적극적인 노력과 가시적인 성과를 보여줄 의무를 이행해야 한다.[14]

---

13) 유엔난민고등판무관실 : UNHCR(Office of the United Nations High Commissioner for Refugees)
14) "난민을 반대한다"는 당신이 꼭 알아야 할 상식들, "한국은 난민에 관대한 국가", "난민 들어오면 범죄도 늘어난다?" ⋯ 모두 오해, 인용된 두 개의 도표는 다음 사이트를 참조할 것. http://www.ohmynews.com/NWS_Web/View/at_pg.aspx?CNTN_CD=A0002447306&CMPT_CD=SEARCH

[표 1] 난민 관련 용어 및 혜택

용어	설명	사회보장혜택
난민인정자	난민협약에 따라 난민의 지위를 인정받은 경우	거주비자(F-2-2) 자유로운 취업 가능 국민건강보험 가입 가능 기초생활수급자 혜택 가능
인도적 체류허가자	난민의 지위를 인정받지 못한 자 가운데서 인도적 차원의 보호가 필요한 경우	G-1 비자 국내체류 가능 취업허가 가능 이외 사회권 권리 제한
난민신청자	국내에 입국한 뒤 난민지위인정 신청을 접수한 경우	합법적 경우는 G-1 비자 불법체류는 벌금 제한적 의료지원 6개월 이내 생계비 지원
소송수행자	난민심사(1차 결정)와 이의 심사 결과에 불복, 서울 행정법원에 난민지위불허처분 취소소송을 제기한 경우	취업자격 상실 제한적 의료지원 외에 생계, 교육, 보육, 주거 등의 지원을 받지 못함
난민불인정자	난민 지위 인정 절차에서 모두 불허 또는 행정소송 패소	본국 또는 제3국 출국 대상자. 일부 미등록 외국인으로 체류

출처: 법무부 출입국

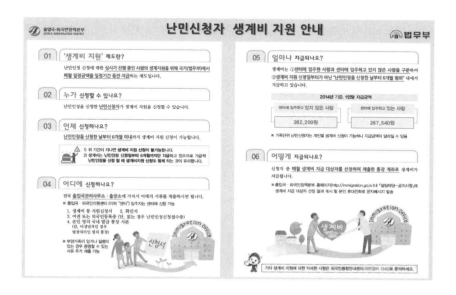

글로벌 난민사태의 대안은 없는가?

　최근 난민이 지구촌의 전역에서 더욱 급증하게 된 주요 원인은 무엇일까? 넓은 의미에서 볼 때, 필자는 1) 국제적인 인신밀수조직 (Schlepperei)과 관련된 브로커들의 활동이 세계화된 범죄조직의 강화추세와 함께 주목될 필요성, 2) 자본주의 세계시장을 주도하는 열강들의 자국중심주의에 기반을 둔 소위 제3세계 주변국들의 빈번한 내전과 전쟁 및 부패의 만연, 끝으로 3) 지구촌 민족국가 내부의 인종적, 종교적, 정치적 탄압과 인권유린을 통한 생명의 위협과 같은 세 가지 상호 연관된 복합구조의 논쟁점을 지적하고 싶다.

　특히 세 관점의 공통분모의 작동방식에 주목할 때, 난민들은 대체로 선진국보다는 개발도상국이나 3세계 시민들 가운데 전쟁과 내전의 박해나 고문이나 무차별적인 폭력의 폐해 속에서 대부분 발생한다는 점이다. 따라서 난민문제 해결의 가장 시급한 해결노력은 이들 분쟁지역의 전쟁과 내전을 화해시킬 수 있는 글로벌 차원의 협력과 실질적인 지원방안의 제공가능성의 여부에 달려있다. 하지만 현재 국제사회가 난민을 비호하고 수용하는 분담체계의 경우 역설적이게도 터키, 파키스탄, 우간다와 같은 개도국들에 그 부담을 떠안기고 있는 실정이다. 따라서 현행 분담금의 재원마련과 책임의무와 관련한 이행에 근본적 변화가 요구된다. 이런 목표는 당연히 현재 상존하는 난민캠프의 상황변화를 모색함으로써 단기적으로 문제에 대한 인식전환의 기대감을 높일 수 있게 만들어야 한다. 예를 들어 난민캠프가 설치된 지역의 난민과 해당 지역민 간의 갈등구조를 극복하고 상생할 수 있는 모델개발에 민간차원의 조직들이나 비정구기구들이 적극적으로 참여할 수 있도록 협력의 장을 강화할 수 있는 프로그램을 개발함으로써 기존의 국가주도적인 난민정책에 사고의 전환을 제공할 필요가 있다. 그 결과로 지역민, 난민, 민간기구, 국가조직 및 글로벌 기관 모두가 연대하는 다자협력적인 참여 폭을 강화할 때 현안인 난민발생의 문제점과 해결방안 및 예방의 필요성에 모두의 적극적인 참여가 기대될 수 있을 것으로 보인다.

아울러 대부분의 난민들은 모국이 안정된 체제로 탈바꿈되면 국내실향 난민들(Internally displaced Persons)의 다수가 자발적으로 본국에로의 귀환을 고대하고 있다는 사실이 기대된다는 점에서 난민발생국의 전쟁과 내전의 종결을 위한 글로벌 차원의 실효적인 노력이 필수불가결하다.[15] 물론 이러한 낙관적 희망이 제대로 실행되기 위해선 난민문제를 전 지구적 연대와 공동번영의 틀 안에서 인권과 평화 및 민주화된 세계화를 실현하겠다는 시민의식의 지향점이 공유되어야 한다.

난민문제의 근원적 감소정책의 단기적·중기적·장기적인 실현방안은 당연히 정치, 경제, 종교, 법률, 문화, 군사, 외교 등의 다각적 차원에서 세부적인 학제간의 연구가 요구될 것이다. 다만 그럼에도 이 문제의식의 출발점은 '왜 난민들의 거주지를 취약하게 만드

---

15) 한 기자가 예멘의 청년과 진행한 인터뷰에 따르면, "기자: 만약에 예멘에 평화가 찾아온다면 고향으로 돌아가겠습니까?"라는 질문에 그 젊은이는 "만약 오늘 예멘에 평화가 찾아온다면 내일 모레 당신들은 나를 예멘에서나 찾을 수 있을 것입니다. 100%, 아니 500%, 머물러 있으라고 억만금을 준다 해도 반드시 나는 나의 고향으로 돌아갈 겁니다."라고 답했다고 한다. 과연 누가 자발적으로 뿌리상실을 택하겠는가?
참고 https://donghak1008.blog.me/221316674664.

는 국제적인 전쟁이나 지역분쟁 및 내란이 끊이질 않고 있는지에 대한 원인 규명과 그에 따른 국제형법재판소나 사법재판소를 통한 인류에 반하는 범죄에 대한 국제법적 차원의 합당한 형사적 처벌이나 징벌적 손해배상의 도입을 통한 상법이나 민사상의 다각적인 예방조치의 실현의지가 세계질서의 민주적인 재편을 중심으로 절실한 상황이다. 이와 관련해, 대내외적으로 선진국들의 일방적 패권주의와 초국적 기업들의 탐욕적 자본축적으로 인해 야기되는 현행 세계체제의 개혁과 더불어 난민발생국의 정치적 무질서와 부패의 확산과정에 대한 지구촌의 연대적 방어기제 구축과 제재구현과 같은 보다 한 차원 높은 세계시민의 법감정과 정의감에 상응하는 세밀한 분석과 처방의 실천적 방안이 아카데믹한 차원의 교육프로그램에서 공론화되어야 한다. 바로 이런 관점에서 현재 활동 중인 유엔난민기구와 같은 다국적 조직들이 보다 명료한 연대적 책임분담과 합리적 의무역할의 지침을 실행할 수 있도록 해당 조직의 구조와 위상을 개혁하려는 혁신적 노력이 병행되어야 한다. 물론 난민발생국도 내부적으로 자주적인 민주화와 지속가능하고 균등한 경제성장의 노력을 경주하는 모습을 보여주는 가운데 말이다.

예멘 난민사태를 통해 본 한반도 분단체제의 극복방안을 위한 교훈

이번 예멘난민 사태는 우리 사회가 동질성이 아닌 이질감의 수용과 극복이란 '간문화(interculturalism)'[16] 사회에로의 과제뿐만 아니라 향후 분단체제의 극복과정에도 매우 큰 예비적 기회를 제공할 사건으로 볼 수 있다. 한반도 분단체제의 극복과정과 관련해 향후 분열되어 온 남북체제가 드러내게 될 이질감의 차원은 예멘사태와는 비교가 불가능할 정도로 그 규모나 범위의 측면에서 광대할 것으로 예상된다. 그럼에도 불구하고 우선적으로 수천 년을 공유한 전통 문화나 교육 및 스포츠 등의 분야에서 그 다름과 차이에 대한 의식적 좁혀가기나 상호인정의 공존문화를 만들어가도록 노력해야 한다는 입장의 필요성에 그리 큰 이견이 없다면, 이런 접근법의 타당성은 예견 가능한 반론을 고려하는 가운데 적극적 준비자세가 필요하단 점에서 이번 예멘사태가 많은 시사점을 보여주고 있다. 특히 남북 대화의 주도적인 필요성과 관련해 단골메뉴로 등장하는 소위 '퍼주기론' 역시 그 저변에는 이번 사태가 보여준 반대청원옹호론에 깔려있는 유사한 입장의 확장논리가 상존함을 볼 수 있다. 시쳇말로 "세상에는 공짜가 없다"고 하지 않는가? 사실이다. 이런 점에서 왜 난민의 유입이 우리 공동체의 향후 분단체제의 극복을 위한 노력과 병행해서 결코 인도주의적인 관점뿐만 아니라 실리를 추구하는 관점에서 한반도의 분단극복에 긍정적 기여를 할 것인지에 대한 손익계산서를 잘 따져볼 필요가 있다. 이번 사태를 마주보는 시민들의 바람직한 태도는 공짜를 제공하거나 위선을 바라는 태도로 전락해선 안 된다. 이 점에서 우리 공동체가 겪어 온 가까운 근현대사를 스쳐 보더라도, 지구촌의 한민족이 난민으로서 어떤 대우를 받았고 그 시

---

16) 본고에서 필자는 소위 다문화사회(multiculturalism)라는 용어가 일상적 어법에서 갖게 되는 협소한 패권주의적 요소나 흡수 및 사회통합의 일방적 경향에 반대하는 입장에서 상호존중과 호혜에 바탕을 둔 교차(cross)문화의 의미로 간(間)문화(interculturalism)라는 용어를 강조하고 있음을 밝힌다.

련을 이겨오는 데 이웃 공동체들로부터 어떤 도움을 받았는지 지구촌의 일원으로 조금만 사고해본다면, 우리 세대가 과거 조상들의 빚을 갚음으로써 감사의 마음과 더불어 후대에로 넘겨질 부채의식도 덜 수 있다는 사고는 다분히 낭만적이기만 한 태도일까?

한 공동체 구성원들이 공감할 수 있는 소속감뿐만 아니라 인류 공동의 과제 앞에서 요구되는 '세대 간의 계약'이란 관점에서 볼 때, 이번 예멘 사태는 대한민국이 향후 지구촌의 번영과 안정을 도모하는 다양한 과제들 가운데 적극적 참여의 의지를 천명하고 실천하는 가운데 한반도의 평화통일이 지구촌의 공동번영과 평화에도 더욱 이바지할 수 있는 기반임을 입증하는 계기로 삼을 수는 없는 것일까? 더구나 이번 사태는 경제적 실익을 중심으로 한반도 분단체제를 현 단계의 상태로 유지하자고 주장하는 많은 분들에게 이 공동체는 과거·현재·미래의 세대가 연계적인 운명공동체란 역사의식을 반성하는 데에도 기여할 수 있는 기회이어야 하지 않을까? 최근 우리 공동체는 개인주의적 성과주의나 경쟁주의를 대신할 협동조합이나 사회적 자본과 같은 협력공동체의 필요성을 자각하는 가운데 상생과 연대의 협력공동체의 개념을 확장하려는 다각적인 시도를 모색한다는 점과 관련할 때, 대한민국 공동체가 경제적 자본축적이란 경쟁적 편협성에서 벗어나 불행한 난민의 발생 원인에 대한 전 지구적 예방과 변혁의 과제에 동참할 수 있는 계기와 관련해서도 이번 예멘 난민사태는 매우 많은 시사점을 제공한다. 이런 준비된 자세는 향후 한반도의 분단체제 극복과 평화적 통일이란 역사적 과제 앞에서 남북한을 중심으로 진행될 다자간 공동체의 협력방안의 진

행과정에 대한 보다 선도적이고 질적으로 고양된 통일담론의 설득
과정에도 크게 이바지할 수 있는 계기가 될 수 있어야 한다. 특히
사회/정치철학의 전공자들이 이와 같은 총체적인 문제의식의 지평
확장을 위한 역할에서 난민사태야말로 통일담론의 시각을 진일보시
킬 수 있는 이론적이고 실천적인 작업의 사건으로 자리매김할 수
있어야 한다.

더불어 미래의 분단체제 극복의 통일담론은 1) 단계적인 평화
통일의 비전을 제시하는 가운데 통일에 관련된 합리적인 시민여론
을 적극적으로 수렴하고 지구촌의 협력적 지지와 협상력의 강화를
위한 통일정책 방향과 주요 수단에서 '원리적 일관성'을 확고하게
유지해야 한다. 특히 한반도 통일에 대한 기대가 과거에 비해 낮아
진 오늘날 시민들의 합의된 통일론의 확산을 위해서는 분단비용의
최소화와 통일편익의 극대화란 관점에서 미래지향적인 통일 논의가
활성화되도록 노력할 필요가 요구된다. 아울러 남북한의 항구적인
평화체제의 구축은 앞으로 어떤 숙의과정을 거쳐 주변국들과의 공
조 속에서 탄생되어야 하는가? 기존에 남북한의 합의로 알려진 '7·4
공동성명'[17]이나 '남북기본합의서', '6·15 공동성명',[18] 2007년 '10·

17) 7·4 남북 공동성명은 1972년 7월 4일 대한민국과 북한 당국이 국토 분단 이후 최초로 통
일과 관련하여 합의하고 발표한 공동성명이다. 1972년 박정희의 지시로 이후락이 조선민
주주의인민공화국에 파견되어 김일성과 만나 자주, 평화, 민족대단결의 3대 통일 원칙을
제정하였다. 국제적 데탕트 분위기와 주한미군 철수선언, 군비경쟁 축소를 위해 제정되었
으나 이후 통일논의를 통해 남북 양측이 자국 권력기반 강화를 위해 이용되었다.
참조 http://ko.wikipedia.org/wiki/7%C2%B74_%EB%82%A8%EB%B6%81_%EA%B3%B5%
EB%8F%99_%EC%84%B1%EB%AA%85

18) 한국의 대북정책에 있어서 김대중 대통령이 취한 '햇볕정책'의 커다란 성과물의 하나로 북
한의 김정일 국방위원장과 2000년 평양에서의 남북정상회담에서 성사된 성명으로 그 핵
심내용은 다음과 같다. 1. 남과 북은 나라의 통일문제를 그 주인인 우리 민족끼리 서로
힘을 합쳐 자주적으로 해결해나가기로 하였다. 2. 남과 북은 나라의 통일을 위한 남측의

4 정상회담합의' 및 '2018년 4·27 판문점선언'[19]을 상호 존중하는 가운데 구체적인 정책에서 그 합의를 준수해야 한다.

2) 미래의 통일담론이 평화적 원칙의 '포용력'을 확장하기 위해서는 남한체제의 우월성에 바탕을 둔 기존의 적대적인 '흡수통일론'이나 남한식 자유민주주의를 이식하려는 통일원칙 및 통일국가의 '1민족, 2국가, 2체제'의 상을 공식화하기보다는 북한의 체제인정을 바탕으로 한 점진적인 개혁과 개방을 유도하는 '1민족, 1국가, 2체제'의 연합국가를 중간단계로 지향하는 가운데 교차적인 포용정책을 수용할 필요가 요구된다. 이와 같은 목표를 실현하기 위해선 무엇보다도 북핵문제의 실무적인 해결을 위한 다자간의 협력이 필요하며 남북한 자주원칙에 따른 군사적인 신뢰구축 방안도 마련되어야 한다. 그 출발점은 한반도의 냉전체제의 종식을 위해 불안정한 정전체제를 항구적인 평화협정 체제로 전환시키려는 합의와 호혜적인 민간교류가 예술·역사·교통·통신·환경 등의 다양한 분야들에서 남북대표부의 설치를 승인하는 가운데 가속화 할 필요가 요구된다. 특히 남북경제협력은 보수진영의 지배 논리인 '퍼주기론'이 아니라, 상호 원원효과와 더불어 남북한 통일비용의 절감과 공동성장

연합제안과 북측의 낮은 단계의 연방제안이 서로 공통성이 있다고 인정하고 앞으로 이 방향에서 통일을 지향시켜나가기로 하였다. 3. 남과 북은 올해 8·15에 즈음하여 흩어진 가족, 친척 방문단을 교환하며, 비전향장기수 문제를 해결하는 등 인도적 문제를 조속히 풀어 나가기로 하였다. 4. 남과 북은 경제협력을 통하여 민족경제를 균형적으로 발전시키고, 사회, 문화, 체육, 보건, 환경 등 제반 분야의 협력과 교류를 활성화하여 서로의 신뢰를 다져 나가기로 하였다. 5. 남과 북은 이상과 같은 합의사항을 조속히 실천에 옮기기 위하여 빠른 시일 안에 당국 사이의 대화를 개최하기로 하였다.
참조 http://terms.naver.com/entry.nhn?docId=728046&cid=42140&categoryId=42140

19) http://www.christiantoday.co.kr/news/311868

의 잠재력과 내수경제의 규모 확충을 도모할 수 있는 경제도약의 기회로 삼아야 한다. 더불어 이런 시도야말로 북한주민의 생존권을 위협하고 있는 빈곤과 질병 및 생존의 고통경감 등과 관련된 직접적인 삶의 질을 개선함으로써 보편적인 인권보호에도 이바지할 수 있을 것이다.

3) 끝으로 한반도 통일담론은 베트남이나 예멘 및 독일통일의 모델처럼 국가나 민족의 특수성이란 이해의 틀을 벗어나 좀 더 확장된 '보편성'의 규범을 반영하고 글로벌한 지지를 얻는 데에도 노력을 경주해야 한다. 이를 위해서는 한반도 평화통일의 구축이 글로벌한 차원에서 어떤 기여를 할 수 있는지에 대한 보다 확장된 논의담론과 실천과제를 지구인들에게 입증하려는 노력을 경주해야 한다. 물론 이런 시도가 기존의 한민족 중심의 주도적인 자주통일론 그 자체를 무시하는 견해로 오해되어선 안 된다. 다만 통일담론이 민족적 폐쇄성으로부터 자유롭기 위해선 무엇보다도 세계화 시대의 정세에 맞춰 민족구성원을 한반도에 거주하는 모든 시민들과 재외동포 및 간문화사회(intercultural society)를 지향하는 다국적 난민과 이주자를 포함하려는 개방적 자세가 전제되어야 한다. 이에 한반도의 통일은 지구촌의 민주주의, 인권, 자유, 평등, 평화, 정의, 인도주의, 환경, 생태계 등의 영역에서 지구촌에 통용될 보편적 가치를 보존하면서 그 실현에도 이바지할 수 있는 모범적 사례가 되도록 노력해야 한다. 이와 같은 통일담론은 수천 년의 공통된 역사를 공유하는 남북한이 1991년 국제연합에 동시 가입함으로써 국제사회의 일원으로 규범적 가치를 준수할 것을 공약한 사실을 거듭

상기하는 가운데 인류 보편의 가치인 평화와 인류공영의 증진에도 적극적으로 이바지할 실천의지가 실재함을 보여줄 수 있어야 그 의미가 완성되는 것이다. 결국 이러한 보편적 통일담론의 출발점은 예멘 난민사태와 같은 문제에 직면한 대한민국이 지구촌에 어떤 모습을 노정하는지에 따라 그 진정성을 국제사회로부터 인정받고 더 나아가 공감과 지지를 획득하는 데에도 이바지할 수 있을 것이다.

참고문헌

http://www.jejunews.com/news/articleView.html?idxno=2127583(제주新보)

http://www1.president.go.kr/articles/3962(2018년 8월 1일자 청와대 국민
청원)

https://terms.naver.com/entry.nhn?docId=726664&cid=42140&categoryId=42140

https://terms.naver.com/entry.nhn?docId=726664&cid=42140&categoryId=42140

http://www.ohmynews.com/NWS_Web/View/at_pg.aspx?CNTN_CD=A000
2447306&CMPT_CD=SEARCH

https://donghak1008.blog.me/221316674664.

http://ko.wikipedia.org/wiki/7%C2%B74_%EB%82%A8%EB%B6%81_%EA%
B3%B5%EB%8F%99_%EC%84%B1%EB%AA%85

http://terms.naver.com/entry.nhn?docId=728046&cid=42140&categoryId=4
2140

http://www.christiantoday.co.kr/news/311868

백낙청(1994), 『분단체제 변혁의 공부길』, 창작과비평사.

백낙청 외(2018), 『변화의 시대를 공부하다-분단체제론과 변혁적 중
도주의』, 창비.

송두율(1995), 『통일의 논리를 찾아서』, 한겨레신문사.

손성홍(2016), 『독일통일 한국통일: 독일통일에서 찾는 한반도 통일
의 길』, 푸른길.

정현곤 엮음(2016), 『변혁적 중도론』, 창비.

Derrida, Jacques(2000), 『Of Hospitality』, Stanford University Press.

Levinas, Emmanuel(1969), Totality and Infinity: An Essay on Exteriority,
(Alphonso Lingis, transl. Pittsburgh: Duquesne University Press.

Immanuel, Kant(1983), Zum ewigen Frieden (Bd. 9), hrsg. von Wilhelm
Weischedel, Darmstadt, 191-251.

독일 통일 후 인문학의 위상 정립에 관한 연구

베를린 지역에서의 철학과와 독어학과의 개편을 중심으로

권용혁

9.

독일 통일 후 인문학의 위상 정립에 관한 연구[1)]

베를린 지역에서의 철학과와 독어학과의 개편을 중심으로

권용혁

이 글은 독일 재통일 후 베를린 지역 훔볼트 대학의 인적 구조적 개편 내용을 다루고 있다. 특히 인문학 분야 중 이데올로기적인 영향을 가장 많이 받았던 철학과와 가장 적게 받았던 독어학과의 인적·구조적 개편을 살펴보고 있다. 이 두 학과의 개편 내용은 매우 다르게 진행되었는데, 이를 통해서 논자는 구동독 대학에 있어서의 인문학의 개편 기준과 방향을 정리·평가하고 있다. 그 후 논자는 우리의 통일에 있어서 바람직한 대학 개편 방향에 대한 몇 가지 대안을 제시하고 있다.

이 글은 개략적으로 다음과 같은 점을 논의하고 있다: 첫째, 구동독 대학의 인력 개편 및 구조 개혁을 베를린 지역을 모델로 삼아 살펴보고 있다. 이 과정에서 특히 훔볼트 대학의 사례를 구체적으

---

1) 이 글은 서울대학교 국제지역원 편, 『국제지역연구』, 1999, 제8권, 1호에 실린 논문이다.

로 언급하고 있다. 둘째, 훔볼트 대학의 철학과와 독어학과의 커리큘럼 변화 및 전문인력 수급 현황을 독일 재통일 전·후를 대비해서 비교하고 있다. 그 다음 재통일 후 두 학과의 인력 및 구조 개편 내용을 검토함으로써 두 학과의 상이한 변화 과정과 그 기준을 밝히고 있다. 셋째, 앞의 두 가지 분석 내용을 바탕으로 독일 재통일 후 대학 개편과정에서 발생했던 장단점을 분류·평가했다. 마지막으로는 이러한 작업으로부터 얻은 긍정적인 측면들을 다가올 우리의 통일에 있어서 적용할 수 있는지를 검토하고 있다.

들어가는 말

게르만 민족이 국가적인 차원의 통일을 이루고 있었던 기간은 매우 짧다. 루터 이후 독일어가 정착되면서 어느 정도 동질성을 형성하고 있었지만, 정치적으로는 1871년에 이르러서야 통일이 이루어졌고 이것도 1945년 제2차 세계대전의 종식과 함께 다시금 둘로 나뉘게 된다. 이 75년간 지속된 정치, 경제, 사회적 통합 기간이 바로 1990년 10월 3일에 이루어진 독일 재통일의 역사적 기반으로 작용하고 있다.

베를린은 1871년 이래로 통일된 독일의 중심지였다. 제2차 세계대전 이후 분단 시기 동안에도 동베를린은 동독의 수도였으며 서베를린은 서구의 문화적 우월성을 선전하는 정치적 선전무대였다. 특히 동베를린은 동독의 정치, 경제, 사회 그리고 문화적 핵심부로서 1990년 재통일된 이후 가장 큰 변화의 중심부일 수밖에 없었다.

따라서 통합된 베를린은 동·서독의 수많은 이질적인 문제들이 구체적으로 발생하는 현장이었으며 우선적으로 이 문제를 해결해야 하는 과제를 안고 있었다. 이런 의미에서 베를린은 재통일의 현장을 가장 적절하게 관찰할 수 있는 곳이기도 하다.

베를린은 재통일된 독일의 수도로서 이곳의 모든 정책 결정이 다른 곳의 전형이 된다는 점에서 더욱 더 주목을 받고 있다. 특히 동서독의 문제가 하나의 정책 결정으로 용해될 수밖에 없는 현실적 상황은 제기된 문제의 해결에 있어서 구체성을 띠고 있으며 그만큼 시행착오를 거친 현실적 대안의 제시가 가장 활발히 일어나고 있는 곳이기도 하다. 이로 인해 베를린은 해결 방안의 '투명성'과 '공공성'이 어느 곳보다도 강조되고 있다는 점이 구동독의 다른 지역에 비해서 훨씬 합리적인 문제 해결 방식을 추구하는 객관적인 상황을 지니고 있다.

이 글에서 사용되는 자료는 두 종류이다. 하나는 독일 재통일에 관한 논문 및 책들에서 인용한 도표화된 자료들이다. 다른 하나는 베를린 지역을 방문해서 수집한 자료들을 분석한 것이다. 여기에는 그 곳 전문가들과의 인터뷰 등을 통해서 얻게 된 구체적인 내용들을 정리한 부분이 포함된다. 이 중에서 첫 부분은 전문적인 논의를 전개하는 다른 논문이나 책에서도 충분히 접할 수 있는 내용들로 구성될 것이다. 물론 이 자료들 중 일부는 베를린 지역 및 훔볼트 대학의 구조 조정에 관한 구체적인 자료를 포함하고 있었는데, 이 부분은 이 논문의 객관성을 뒷받침해주는 중요한 문건으로 작용했다. 둘째 부분은 지금까지 독일 전문가들의 논문에서도 전혀 언급되지 않은 자료들을 포함하고 있기 때문에 이 부분에 대한 분석은 그 중요성이 강조될 수 있을 것이다.[2]

이 글이 다른 글들과 변별력을 갖는 점을 든다면, 그것은 지금까지는 분석의 대상이 되지 않았던 커리큘럼 개편 현황을 도입한 부분이다. 이 부분은 대학 재편에 있어서 특수한 학과의 문제 접근 방식을 구체적으로 보여주고 있다. 이에 덧붙여 정책 담당자들과 학교 행정 및 교육 담당자들이 겪었던 시행착오와 좀 더 바람직한 방안 등을 참고로 우리의 통일 과정에서 고려되어야 할 몇 가지 중요한 점을 구체적으로 언급해보겠다.

이 글에서의 구체적인 전개 내용은 다음과 같다: 첫째, 구동독 대학의 인력 개편 및 구조 개혁을 훔볼트 대학을 중심으로 논의할 것이다. 둘째, 훔볼트 대학과 서독 대학의 철학과와 독어학과의 커리큘럼에 대한 비교 및 편입 과정을 검토할 것이다. 셋째, 앞의 두 가지 자료를 바탕으로 독일 통일 후 대학 개편에서 발생했던 장단

---

[2] 예를 들면 훔볼트 대학 1960, 70년대 커리큘럼은 공식적인 차원에서는 전혀 접근할 수 없는 내용들이다. 이는 훔볼트 대학 고서실을 뒤져서 마이크로필름으로 된 것들을 부분적으로 찾아낼 수 있었으며 이를 자료로서 연결시키는 일을 무척이나 힘든 작업이었다. 유감스럽게도 남아 있는 공식 문서는 매우 형식적인 내용만을 담고 있다. 중요한 문서는 이미 파기되었거나 법적으로 외부로 유출이 금지된 자료보호법에 걸려 있는 것들이 대부분이기 때문이다. 또한 구동독 시절의 실무자들도 아직 구정권과 관련된 사안들이 법적으로 해결되지 않은 상태이기 때문에 자료 제시에 부정적이거나 소극적이다. 예를 들면 구동독 시절부터 사무를 담당했던 훔볼트 대학 철학과 자료 담당 비서인 오스트마이어나 재임용된 교수인 일리쯔와의 인터뷰 및 자료 요청에 있어서 객관적으로 가치 있는 내용을 접할 수 없었는데, 이러한 결과는 구동독 지역 출신이─그중 대학에 남은 사람이─갖는 전형적인 대응방식이었다. 이런 상황에서 일차적으로는 베를린 국립 도서관 및 훔볼트 대학과 베를린 자유대학 도서관의 자료들을 검색했으며 이 과정에서 몇 년 분의 커리큘럼 및 구동독지역에서 만든 석박사 학위논문 기록집이 접근 가능했다. 이것을 통해서 간접적으로나마 그들의 학문적인 경향성과 각 학자들의 관심사를 추적할 수 있었다. 이 중 후자에 대한 분석은 지면 관계상 다음 기회로 미루겠다. 이 외에 훔볼트 대학 개편 작업을 추진한 실무자들과의 인터뷰도 통일 교육의 문제를 보는 시각을 확장하는 데 많은 도움이 되었다.

점을 분류·평가할 것이다. 이것은 우리의 통일에 있어서 대학 개편의 문제를 다룰 경우 합리적 해결책을 마련하기 위한 지침으로서 사용될 수 있을 것이다.

재통일 후 대학 개편 상황

소련군의 동독 지역 철수로 가속화된 동독 호네커 정권의 붕괴는 1989년 11월 9일 베를린 장벽의 무조건적인 개방을 통해서 동독 정권의 굴복과 동독인들의 자발적인 주권 포기를 바탕으로 이루어진 독일의 재통일은 두 체계의 상호보완적 융합이 아니었다. 그것은 동독인들이 자발적으로 자신의 체계를 버리고 서독의 헌법을 따르겠다는 전형적인 흡수 통일의 형태를 띠고 있었다. 이로 인해 서독 주도의 동독 재편 내지는 '동독의 서독화'가 철저히 수행되었다. 대학의 개혁에 있어서도 마찬가지로 서독의 대학 제도가 동독 지역에 그대로 적용됨으로써 동독 지역 대학은 엄청난 변화를 겪게 되는데,[3] 이 글에서는 이러한 편입 과정에서 발생한 대학 체계 개편 전체 구조에 대한 분석과 동시에 구체적으로는 철학과와 독어독문학과의 개편 내용을 다룰 것이다. 그 이유는 독일의 경우 학과에 따라 또는 학문 분야에 따라 개편 내용이 상당한 편차를 보이고 있기 때문이다.

---

3) 구동독과 서독에 있어서 대학 체계는 많은 점에서 달랐지만, 특히 다른 점은 다음과 같다. 1) 구동독의 대학은 서열화된 상태에서 중앙집중화되어 있었던 반면에, 서독의 대학은 어느 정도 분권화되어 있었다. 2) 구동독의 대학은 소련의 체계를 채택함으로써 연구기관으로서의 학술원과 교육기관으로서의 대학이 철저히 분리되어 있었던 반면에, 구서독의 대학은 연구와 교육을 (특히 문화과학에 있어서는) 병행하고 있었다. 참고: J.Kocka(1995) 64f. 이 외에도 대학의 자율성 유무와 학생 수의 차이라는 두 가지를 더 들고 있지만 이에 대해서는 상론하지 않겠다.

1) 독일 통일 후 대학 개편 진행 과정

서독의 대학 체계에 관한 법은 크게 세 부분으로 이루어져 있다. 첫째는 대학의 자율권으로서 교수는 교육과 연구에 대한 자율권을 갖는다. 이는 훔볼트의 대학 이념이 그대로 반영된 것으로서 "독일의 대학은 학문적인 자유를 보장받으며 교육과 연구에 있어서의 통일을 추구한다."[4] 둘째는 주 정부의 문화에 대한 권한으로서 문화 및 교육에 대한 권한과 책임이 일차적으로는 주 정부의 관할 하에 있음을 뜻한다. 구체적으로는 주 정부는 대학의 설립과 교수의 임용에 대한 권한을 가지며 대학의 재정을 책임지게 된다. 이는 연방정부로부터 분리된 상태에서 독자적으로 대학의 거의 모든 부분을 운용할 수 있는 권한을 주 정부가 갖고 있다는 점을 뜻한다. 셋째로 조합주의적 연방주의에 의거한 중앙 정부와 주 정부의 의견 조율 방식으로서, 각 주들은 자발적인 협력을 통해서 교육 체계를 국가적인 차원에서 통일적으로 운용할 수 있다.[5]

이러한 입장은 독일 재통일 후 대학 통합에 있어서도 그대로 적용되었다. 독일 중앙 정부는 각 주 정부에 교육에 관한 권한을 이양함으로써 주 정부는 상대적 자율성을 갖고서 대학의 설립과 개편 과정을 주도해나갔다. 특히 각 주의 정부는 교수의 임용권을 독자적으로 행사함으로써 대학 커리큘럼의 개설과 진행 방향에 대해서도 간접적으로 개입할 수 있었다. 즉, 재통일 후 대학의 개편 과정

---

4) H.Schnädelbach(1983), 36쪽.

5) 김진업(1997), 118쪽 참고. 이 조합주의적 연방주의 원칙이 작동되는 방식에 대한 간략한 도표식 설명은 김진업, 119쪽 표 1을 참고.

에 있어서 일관성 있게 유지된 원칙은 학문 연구와 학생 교육에 대한 권한을 전적으로 각 교수에게 맡김으로써 교육 및 연구에 있어서의 자율권을 보장한다는 점과 이들에 대한 인사권을 정부가 행사함으로써 정부의 대학 교육의 방향을 유도한다는 점이다. 이 원칙을 통해서 서독 정부는 재통일 후의 동독 지역 대학 재편에 있어서 자신의 의도를 관철시킬 수 있었다. 따라서 훔볼트 대학의 개편에 있어서도 마찬가지의 방식이 적용되었는데, 베를린 주 정부는 교수의 임용 및 해임권을 사용함으로써 대학의 인적 조정에 깊숙이 관여하게 된다. 그 결과 1989년 장벽이 무너진 후 1990년 동독의 새로운 주 정부가 선거를 통해 수립되기까지의 기간 동안 동독 지역 대학들의 자율적인 개혁 노력은 주 정부의 교육에 관한 권한 행사로 무산되었으며 대학 통합 역시 다른 여타 부분의 흡수 통일 방식과 유사하게 진행되었다. 즉, 동독의 대학은 서독의 대학 체계를 그대로 유입하는 방식으로 진행되었으며 이 진행 과정은 대학 자율적으로 이루어진 것이 아니라, 대학 외부의 법적 정치적 기구들의 정책 결정에 의해서 수행되었다. 특히 통일 조약에 의거해서 만들어진 주 정부의 대학기본법과 주 정부 그리고 연방 차원에서 운용된 학술 자문 위원회가 결정적인 역할을 수행했다. 특히 이 위원회의 권고안은 동독 대학 개혁을 주도하는 안이 되었다. 특히 이 위원회에서 제시된 '7대 원칙'[6]은 동독 대학 재편의 정부 측 기준으로 사

---

6) 이 원칙은 다음과 같은 세 가지 내용으로 구성되어 있다: 첫째, 동독 대학의 구조, 즉 학제, 학과 그리고 교과과정을 서독 대학을 모델로 하여 개편한다. 둘째, 서독 출신의 동독 지역 대학의 중간층을 교수인력으로 양성한다. 셋째, 사회적 요구 및 대학의 균형발전에 입각해서 동독지역의 종합대학 신설을 억제하고 전문대학을 증설한다. 김진업(1997), 124쪽 참고.

용되었다.[7]

한편 각 주들은 학술 자문 위원회의 1990년 11월 16일 권고 안에 따라 대학 구조 조정 위원회(Hochschul Strukturkommission)를 설립하였다. 이 대학 구조 조정 위원회의 위원은 학술 자문 위원회의 권고 안에 따라 대학 총장 회의의 추천을 받아 주 정부가 임명하였으며, 10~12인으로 구성하되, 될 수 있는 한 그 지역에 연고가 있는 사람은 배제하였다. "이렇게 만들어진 대학 구조 조정 위원회는, 첫째 대학의 신설과 폐지 및 재편 그리고 학과의 교과 과정에 관한 자문, 셋째 대학의 대규모 설비 투자에 관한 자문, 넷째 교수 임용 위원회의 구성에 관한 자문 등을 하였다."[8] 따라서 이 대학 구조 조정 위원회가 각 주 단위로 모든 문제를 실행하는 실무 기구였으며 동독의 대학 체계는 주 정부가 재정을 책임지고 연구와 교수에 대해서는 대학의 자율성을 보장하는 서독식 대학 체계로 변화되었다.[9]

---

7)   서독의 교육체계는 이 조합주의적 연방주의원칙에 따라 각 주들의 자발적인 협력을 통해 국가적인 차원에서의 통일을 유지하고 있다. 이를 위한 제도적 장치로는 각 주의 문교장관으로 구성된 문교장관협의회(KMK: Die ständige Konferenz der Kultusminister der Länder in der BRD), 주와 연방의 대표들이 참여하는 연방주협의회(Bund-Länder-Kommission), 대학 및 연구체계에 관한 주와 연방의 의견을 수렴해서 정책대안으로 내놓는 학술자문위원회(Wissenschaftsrat) 그리고 대학총장들로 구성되는 대학총장회의(HRK: Hochschulrektorenkonferenz) 등이 있다. 재통일 후 구동독지역 대학의 재편과정에서 법적·정치적 기구, 특히 통일 조약과 대학법 등 법률기구와 주 정부 및 이들의 협의 기구인 학술자문위원회가 중추적인 역할을 수행하고 있다.

8)   Wissenschaftsrat(1992), 13쪽. 김진업(1997), 124쪽에서 재인용.

9)   통일조약에 따라 재조정된 교육제도 내용의 큰 골자는 중앙집권적 체제에서 연방체제로의 이행이다. 통일 조약 3조에 의하면 각 지역의 주 정부가 교육 및 학문 연구 등을 독자적으로 관리하게 되어 있으며, 37조에 의하면 교육제도의 개편은 서독의 교육법에 준해서 행해진다고 명시되어 있다.
      특이한 점은 서독과는 달리 동독에서는 대학은 주로 교육 기관으로서 기능하였으며 연구 기능은 오히려 독립 연구 기관인 학술 아카데미에서 질 높은 연구 인력을 바탕으로 수행되었다는 점이다. 아카데미는 대학에 비해 연구 측면에서는 더 높이 평가되고 있었으며 동독의 대학 체계가 서독의 대학 체계로 편입된다는 것은 교육 프로그램 및 연구 인력의 서독화를 의미한다. 프로그램의 도입은 서독 대학의 전통에 따라 교수에게 그 권한이 부여된 상태에서 학생들의 요구가 과도기적으로 수용되는 방식으로 재편되었다. 그러나 교수 인력에 대한 재조정의 문제는 주 정부가 적극 개입함으로써 자신의 권한을 행사하였다. 이 경우에는 모든 교수 인력에 대한 재평가 및 재임용이 이루어졌는데, 이는 서독의 학생에 대한 교수의 비율이 거의 세 배에 달한 인력의 축소를 뜻했으며, 이 과정에서 서독의 고급 연구 인력들과 경쟁해야 하는 상황에 처하게 되었다.

이 과정에서 사용된 방법과 기준은 다음과 같았다: 1) 동독의 국가 안전 기획부와 관련이 있던 일부 교수 인력은 재임용에서 제외되었다. 2) 사상적 이론적 편향성을 문제 삼아 청산이 결정된 인문 사회 과학 계통의 교수 인력은 원칙적으로 재임용에서 제외되었다. 3) 정치적 성향 또는 전공 능력의 재평가를 통해 상당수 교수 인력을 재임용에서 탈락시켰다. 4) 상당수 원로 교수들을 자의반 타의반으로 조기 퇴직시켰다. 5) 동독 대학에서 일자리를 보장받고 있던 중간층을 계약제로 전환시킴으로써, 상당수를 점차적으로 재임용에서 탈락시켰다.10)

이 결과 대학의 경우 약 1/3만이 재고용되었는데, 이 중 특히

자체적으로 박사 및 교수 자격을 부여하는 과정을 부여하고 있었다. 특히 인문학 분야에서의 질 높은 연구 업적의 대부분은 학술원(Institut der Akademie der Wissenschaften)에서 이루어졌다. 따라서 통일 과정에서 학술원 인원을 재배치하는 문제가 서독의 상황과는 다른 점으로 부각되었다. 그러나 전국적인 기구로 유지되었던 이곳은 해체되고 그 인력의 일부분은 대학, 연구소, 기업체 등으로 흡수되었다.

10) Bierwisch(1992), 75~76쪽. 김진업(1997), 129쪽에서 재인용.

이데올로기 관련 분야에서는 사실상 교수 인력의 전반적인 청산으로 이어졌다.

2) 베를린 대학의 상황

이러한 일련의 진행 과정과 그 내용은 베를린에서도 동일하게 적용되었다. 다만 주 정부의 책임하에 이루어진 구체적인 실행 과정은 각 주의 사정에 따라 조금씩 다르게 진행된다. 여기서 우리는 독일의 경우 동독 지역 재편 작업이 중앙 정부의 지원하에 각 주 정부의 독자적인 방침에 따라서 진행되었으며, 인력 수급도 각 주 단위의 독자적인 방식에 따라서 결정되었다는 점을 염두에 둘 필요가 있다. 또한 동독의 다른 주들이 모든 것을 새롭게 만들 수밖에 없었던데 비해서 베를린의 경우는 서베를린의 학제가 그대로 동베를린의 학제로 이전되었으며 대학 역시 모든 수급에 있어서 서베를린 지역의 학제와 인력을 그대로 신속하게 적용할 수 있었다는 점에서 다른 지역 개편의 모델 사례로서 이용되었다.

어쨌든 베를린 지역은 독특한 역사적 맥락을 갖고 있다. 제2차 세계대전 후 승전국은 베를린을 네 개 지역으로 분할해서 동베를린 지역은 소련이 서베를린 지역은 미국, 영국 그리고 프랑스가 통치하게 된다. 이 과정에서 베를린의 대학 교육 기관이었던 훔볼트 대학은 동베를린 지역으로 편입되면서 동독 최고의 대학 교육 기관으로 변신하게 된다. 이에 대항해서 서베를린 지역에는 베를린 자유 대학이 세워지고 전문대학이었던 공대가 베를린 공과 대학으로 개편됨으로써 베를린 지역은 세 개의 종합 대학을 갖게 된다. 재통일 후 베를린 정부는 이 세 대학을 그대로 유지하기로 결정했으며 따라서 훔볼트 대학은 서베를린 대학법에 의거해서 재편된다.11)

어쨌든 재통일 당시 이미 서베를린도 대학교에서 교수, 직원, 학생이 상대적으로 다른 주에 비해서 초과 상태였다. 게다가 동베를린은 구동독의 수도로서 교수, 직원, 학생이 집중되어 있었다. 따라서 이 두 지역의 대학은 모두 주의 경제 능력을 초과하고 있는 상태였다. 특히 동독은 사회주의 법에 따라 일할 권리가 보장되어 있었기 때문에 실업자가 없었다. 이로 인해 훔볼트 대학의 경우 총 경비의 70~75%가 인건비로 지출되고 있는 상황이었기 때문에, 인력에 대한 합리적인 조정이 필수적이었다.12)

이러한 상황에서 전개되는 훔볼트 대학의 재편 과정을 구체적으로 살펴보면 그 내용의 변화를 고려할 경우 세 시기로 나눌 수 있다. 첫 번째 시기는 1989년 11월의 전환기부터 1990년 10월 3일 통일 조약의 효력 발생으로 동독이라는 나라가 몰락한 직후 베를린 대학법이 (Das Berliner Hochschulgesetz) 훔볼트 대학의 구조 개편에 결정적으로 영향을 미친 기간까지다. 두 번째 시기는 1990년 마지막 몇 달

---

11) 원래의 베를린 주의 법에는 통일 후 베를린자유 대학은 없어지고 훔볼트 대학만 남게 된다고 규정되어 있었으나, 훔볼트 대학이 구동독의 정권과 너무 밀접히 연관되어 있었기 때문에 인문 사회과학에 속한 학과들은 영원히 폐기하려고 했었다. 이런 사정과 훔볼트 대학의 역사적 명성이 상호 작용하면서 결국은 몇몇 과만 없애고 파리의 대학들처럼 세 대학이 공존하도록 법률이 개정되었다.

12) Das Interview mit Herrn Bernhard Kleber(1998.1.13.) 또한 학생 수에 있어서도 과잉 상태였는데, 현실적으로 1998년 현재 16만 명의 학생이 등록한 상태다. 따라서 주 정부는 대학에 투여되는 경제적 과잉부담을 줄일 수밖에 없는데, 이에 대한 대안으로 대학생의 법적 수용 인원을 1996년에는 115,000명에서 2000년 85,000명으로 감축하기로 결정했다. 그리고 장기적으로는 베를린 자유 대학과 공대의 규모를 줄이면서 동시에 훔볼트 대학의 규모를 늘릴 계획이라고 한다.

부터 1991년 7월까지의 기간으로 이때는 베를린 대학법의 보충법이 (Das Ergänzungsgesetz zum Berliner Hochschulgesetz) 실행되던 시기였다. 이 기간 동안에는 대학이 자구 노력을 했던 시기로 그 개혁은 인력 및 구조 조정 위원회(die Personal-und Strukturkommissionen) 가 자력 개혁을 시도했다. 세 번째 시기는 1991년 7월부터 그 보충법과 대학 인력 이행법(das Hochschulpersonal Überleitungsgesetz)이 효력을 상실한 1994년 3월 31일까지의 기간으로서, 국가의 도움으로 개혁이 수행되던 시기다. 이 기간 동안 대학에서의 개혁은 구조 조정 및 초빙 위원회(die Struktur-und Berufungskommissionen) 의 활동을 통해서 이루어졌다.[13]

그러나 실질적으로는 두 번째 시기의 인력 및 구조 조정 위원회 의 시도가 실패로 끝나고 세 번째 시기의 구조 조정 및 초빙 위원회 를 중심으로 개혁이 이루어진다. 여기서 알 수 있듯이 독일 각 주에 설립된 지역의 대학 구조 조정 위원회는 그 수행 기관으로서 서베 를린에서는 그 시기에 따라 인력 및 구조 조정 위원회와 구조 조정 및 초빙 위원회를 가동시켰으며 결과적으로는 후자가 베를린 지역 대학 개혁을 주도하게 된다.

훔볼트 대학의 개혁

1) 재통일 이전의 훔볼트 대학

동독 지역에 있어서의 대학은 1965년 2월 25일 제정된 교육법

---

13) T.Raiser(1998), 14쪽.

(das Bildungsgesetz)에 따라서 통일된 사회주의적 교육 체계의 일 부분이었다. 그 교육 체계는 유아원에서부터 대학에 이르기까지 전 교육 과정을 모든 방면에서 조화롭게 발전하는 사회주의적 인간성 을 형성하는 교육을 지향하는 목적을 지니고 있었다.14) 이 법은 독 일 재통일 이전까지 그 골격을 유지하고 있었다.

이 법에 따르면 대학에는 학문적으로 양질이면서 사회주의적으 로 의식화된 인간성을 형성하고 교육하는 특별한 임무가 부여되었 다.15) 대학에도 가르침과 양육의 통일, 이론과 실천의 통일 그리고 가르침과 연구의 통일이라는 원칙이 통용되었다.16) 마르크스주의 레닌주의에 대한 학습은 대학 교육의 본질적인 구성 부분으로 규정 되었는데, 그것은 대학생들의 사회주의적인 의식을 심화하고 강화 하기 때문이며 대학 교육은 자연과 사회의 그리고 인간적인 사유의 일반적인 발전 법칙을 인생에 있어서 독창적으로 적용할 수 있게 하기 때문이다.17)

이후 1970년 2월 25일 제정된 각료 회의의 대학 법령에 따르면 대학은 사회주의적인 계급의식을 지닌 전문가를 교육하며 배출해야 하는 사회주의적인 교육 기관으로서 특징지어졌다. 그런데 이들은 마르크스-레닌주의를 기초로 노동 계급과 마르크스-레닌주의 당 과의 확고한 연합 아래 사회주의적인 공동체 노동에 있어서 선구적

---

14) 교육법 1조. § 1 das Bildungsgesetz vom 25.Feb.1965 der DDR. 이는 '통합 사회주의 교 육체계법'이라고 불리는데, 이는 중앙집권적인 통합 교육체계로서 국가가 그 운용에 있어 서 직접 개입할 수 있는 법적 토대를 제공하고 있다. Anweiler, Oskar(1985) 232쪽 침고.
15) 교육법 52조 1항.
16) 교육법 53~55조.
17) 교육법 53조 3항.

인 최고의 업적을 수행하며 사회주의적인 노동자 집단을 이끌 수 있는 준비와 능력을 갖춘 자들이라고 규정되어 있다.[18] 이 법령은 대학에게 사회주의 통일당의 결정 사항을 실현하는 데 있어서 그리고 대학과 전문학교 및 다른 그것에 소속된 국가적인 기관에 관한 장관의 명령과 훈령 그리고 중앙 정부의 지시 사항을 토대로 자신의 과제를 수행하라고 명하고 있다.[19] 이처럼 동독의 대학은 사회주의적 이념과 국가의 명령을 충실히 이행하는 하급 기관으로서 역할하기 때문에 전통적인 의미에 있어서의 대학의 이념과 대학 교육 체계는 전면적으로 부정되었으며 사회주의 이념 및 당의 계획에 의한 교육 과정 및 대학 인력 수급이 결정되었다.

예를 들면, 이러한 교육 정책을 가장 충실히 따르고 있었던 훔볼트 대학은 5개의 학부(Fakultäten)와 그 밑에 35개의 학과(Sektionen)가 있었는데, 그중에서 마르크스-레닌주의 학과와 교육학과는 사회주의 통일당의 이념적인 부분을 개발 및 선전하고 교육하는 기관으로서 그 구성원은 대학에서의 정치적인 핵심부를 형성하고 있었다.

훔볼트 대학의 교원은 정교수와 자리가 보장된 대학 교원, 명예교수와 명예 교원이 있었으며 그 이외에 원외 교수와 교원이 있었다. 이들을 일반적으로 대학 교원(Hochschuldozenten)이나 학문적인 협력자(wissenschaftliche Mitarbeiter)로 구분하기도 한다. 특히 후자가 정식 교원으로 승진되는 경우에는 학문적 업적뿐만 아니라, 연구와 학외 봉사에 있어서의 국가에의 봉사도 및 교육에 있

---

18) 대학법령 1, 2조. Die Hochschulverordnung des Ministerrats vom 25. Feb. 1970 der DDR.
19) 대학법령 1조 2장.

어서 사회주의적 국가 의식을 학생들에게 얼마나 증진시켰는지가 당의 여러 경로를 통해서 공식, 비공식적으로 여러 차례 검토된다.[20]

1960년대 이래로 지속되어온 이러한 동독의 교육 체계는 70년대와 80년대에도 본질적으로는 변화하지 않았다.[21] 1985년 이래로 지속적으로 이루어지고 있었던 소련의 개혁과 개방 정책은 동독에 있어서의 정치적인 개혁으로 이어지지 않았다. 오히려 호네커 정권의 정치적 견해가 강력히 고수됨에 따라서 특히 경제 분야에 있어서의 위기 징후에도 불구하고 개혁은 현실적으로 나타나지 않았다. 이러한 상황에서는 대학에 있어서의 실질적인 개혁을 기대할 수 없었다.

2) 훔볼트 대학의 인력 및 구조 조정 내용

따라서 새로운 질서는 1989년 여름부터 시작된 동독의 위기 상황 속에서 자연발생적으로 나타났다. 사회의 자유화 운동은 한꺼번에 폭발적으로 확장되었으며 이 과정에서 동독의 대학 구성원들이 (대학생들의 주도 아래) 자율적으로 결정한 사항을 1990년 9월 로타 드 메지에 정권이 대학에 관한 법령으로 만들었다. 이 법령은 서독의 독일 연방의 대학이 갖는 권리를 모델로 작성된 것으로서 교육과 연구에 있어서의 학문의 자유를 바탕으로 서독의 다른 대학과 함께, 특히 서베를린의 자유 대학과 공과 대학과 함께, 학문과 연구

---

20) T. Raiser(1998), 25~28쪽 참고.

21) 1973년, 1981년 그리고 1985년에 약간의 수정이 있었지만 이는 주변적인 규정이 조금 바뀐 것에 지나지 않았다. 참고: 같은 책, 28쪽 각주 37.

에 있어서의 경쟁력 강화를 그 목표로 하고 있었다. 이 법령은 1990년 10월 3일 발표된 통일 조약과 함께 동시에 시행되었다. 그러나 이 법령은 베를린에서는 즉시 무력화되었는데, 그 이유는 그것이 1990년 9월 28일 베를린 주의 권리를 동일화하는 법령에 있어서의 해당 규정들을 통해서 폐기 처분되었기 때문이다.[22]

이 과정에서의(1989.12.11.~1991.1.28. 사이) 훔볼트 대학의 학문 인력의 변동표에 따르면 이 기간 동안 3,279명 중 639명이 퇴직했는데, 이 중 기존 정교수는 360명 중 13명이 그리고 교원은 423명 중 74명이 학교를 떠났다. 그렇지만 이들은 대부분 60세 이상으로서 강제 퇴직이나 구조 조정에 의한 자동 퇴직의 형태가 아니라, 정년퇴직의 의미를 지니고 있었다.[23]

이 기간은 훔볼트 대학이 자구 노력을 하던 기간으로서 개혁은 인력 및 구조 조정 위원회(die Personal-und Strukturkommissionen)를 통해서 시도되었다. 법적 근거는 통일 조약 13조 1항 및 3항으로서 베를린 주의 의회는 3년 이내에 대학의 인력 및 구조 조정을 단행하기로 결정했다. 이처럼 시간적인 여유를 갖고서 대학 개혁을 시행할 수밖에 없었던 현실적인 이유는 훔볼트 대학 행정에 있어서의 급작스러운 공백 상태를 피하기 위해서 기존의 전문 인력이 필요했기 때문이다. 그러나 헌법에 명시된 인간의 기본권을 훼손한 고용인과 동독의 국가 안전 기획부에 협력했던 고용인은 우선적으

---

22) 같은 책, 29쪽 참고.
23) 같은 책, 38쪽 도표 1 참고. 원 자료의 출처는 훔볼트 대학의 인력담당 부서의 자료이다 (Quelle: Personalabteilung der HU).

로 해고되었다.

1990년 12월 초 베를린에서의 선거 후에 1990년 12월 18일 베를린 의회는 훔볼트 대학의 일부 학과들이 구조 조정되었는데, 법학과, 경제학과, 역사학과, 교육학과 그리고 철학 연구소가 1991년 1월 1일부로 개편을 목적으로 폐과되었다. 이후 1991년 1월 1일부로 새로운 학과들로서 '국가학(Staatswissenschaften)', '철학 및 사회과학(Philosophie und Sozialwissenschaften)', '교육 관련 과학(Pädagogische Wissenschaften)' 과가 신설되었는데, 1991년 10월 이들 학과의 구체적인 구조가 형성되었다. 다른 과들 예를 들면 독어독문학과, 아시아 및 아프리카학과, 문화과학 및 예술과학과 등은 가까스로 학과의 구조 조정을 면하게 되었다.

(1) 인력 및 구조 조정 위원회의 활동과 그 내용

이 과정에서 인력 및 구조 조정 위원회의 활동이 활발히 진행된다. 이 위원회 구성원은 1990년 12월 13일 선발되었다. 이 위원회는 구성 즉시 작업에 들어가 1991년 1월 4일 보고서를 통해 위의 구조 조정을 주도적으로 수행하였다.[24]

이를 1991.1.28.~1992.6.1. 사이에 발생한 대학 교원 변화를 도표에 대한 분석을 통해서 살펴보면 다음과 같다.[25]

---

24) 이에 대한 구체적인 내용은 T.Raiser(1998) 50~59쪽을 참고.
25) 출처: T.Raiser(1998), 62쪽.

[표 2] 1991.1.28.~1992.6.1. 사이에 발생한 대학 교원 변화

	91.1.28.	92.6.1.	유입(내부)	퇴출(>60)	차이(퍼센트)
정교수	322	345	116(61)	93	+23(+7)
(정년보장된) 교원	361	244	61(47)	178(33)	−117(−32)
조교장	483				
무기한 조교	862	1267	209(56)	764(25)	−555(−30)
기한 조교	477				
학문적 비서	46	0	0(0)	46(2)	−46(−100)
시간강사	97	63	4(2)	38(11)	−34(−35)
LHD교사	297	212	3(2)	88(4)	−85(−29)
사서	33	25	1(1)	9(6)	−8(−24)
합계	2978	2156	394(169)	1216(119)	−822(−28)

표 2에서 볼 수 있듯이 통일 후 2년간 수행된 교수 및 교원 그리고 조교의 인력 조정 비율이 그 이전의 시기에 비해서 대단히 높음을 알 수 있다. 이러한 인력 조정은 서독의 대학을 특히 베를린 자유 대학을 모델로 삼아 인력 구조를 재조정함으로써 서독 대학의 구조에 거의 접근했음을 보여주고 있다. 그러나 이 구조 조정은 인력 및 구조 조정 위원회가 독자적으로 한 것은 아니다. 이 위원회는 판정을 위한 법적이거나 사실적인 토대가 명시화되지 않은 상태에서 활동하였기 때문에 적극적으로 대학의 개혁에 대해 그 영향력을 행사할 수 없었다. 그 결과 위원회의 구성원들은 판정의 결과에 대한 과잉 부담을 지고 있었으며 따라서 대학의 자율적인 개혁에 대한 평가 역시 조심스러우면서도 추상적인 방식으로 내려졌다. 위에서 언급한 훔볼트 대학에 있어서의 구체적인 인력 개편에 있어서도 1991년 전반기까지 활동한 이 위원회가 주도적으로 하기는 어려웠

기 때문에 1991년 후반기부터 본격적으로 활동하기 시작한 구조 조정 및 초빙 위원회(die Struktur-und Berufungskommissionen)에 그 임무를 넘겨줌으로써 과도기적인 역할에 만족해야만 했다. 결국 이 구조 개혁은 구조 조정 및 초빙 위원회가 마무리 지음으로써 이후 개혁에서도 이 위원회의 역할이 한층 강화되었다.

(2) 구조 조정 및 초빙 위원회의 활동과 그 내용

베를린 대학법에 따라 관리 규약(die Kuratorialverfassung)이 도입되고 구조 조정 및 초빙 위원회가 구성됨으로써 베를린 주는 독자적으로 동베를린의 대학을 자율적으로 개혁하기 시작했다. 물론 이 개혁은 국가가 서독 대학의 학제, 조직 형태, 질적인 척도들을 제시하고 이에 따라 구조 조정을 수행하는 방식이긴 했지만, 베를린 주 의회는 구조 조정 및 초빙 위원회를 가동시킴으로써 훔볼트 대학의 위원회들과의 협력하에 구체적인 대학 개혁을 시행했다.

이러한 진행 과정은 동독 대학의 개혁에 있어서 상식적으로 받아들여지고 있는 대학 내부의 자율적인 개혁의 실패와 외부로부터의 개혁의 일방적인 실행이라는 방식이 베를린에서는 그 타당성을 확보하지 못할 것으로 보인다. 물론 외부로부터의 개혁과정은 서독 사회의 고유한 구조에 따라 통일 조약, 대학 기본법, 주의 대학법, 문교 장관 협의회, 학술 자문 위원회, 주 정부와 주 의회 등의 상호 견제와 협력에 의해 이루어졌음을 부인할 수는 없다.[26]

---

26) 서독의 교육 및 연구체계에 영향을 주는 기구들의 상호관계에 대한 도표식 설명은 김진업 (1997), 119쪽을 참고. 이 도표식 설명 자료의 출처는 Arbeitsgruppe Bildungsbericht am Max-Plank-Institut für Bildungsforschung(1994), 78쪽.

그러나 베를린 지역에만 한정해서 볼 경우 통일 후 일 년간 활동했던 인력 및 구조 조정 위원회와 그 이후 설립된 구조 조정 및 초빙 위원회는 개혁에 필요한 자료 및 방향을 상당 부분 공유할 수 있었기 때문에 훔볼트 대학의 개편에 있어서 어느 정도 일관성을 유지할 수 있었다. 이런 점에서 내부 개혁과 외부 개혁을 이분법적으로 구분해서 평가하려는 시도는 베를린 지역에서는 타당성을 확보하지 못할 것이다. 물론 훔볼트 대학 자체의 자구 노력을 통한 개혁의 관점에서 보자면 이 이분법이 통용될 수 있겠지만 이러한 해석 방식은 독일의 대학과 주 정부 그리고 국가의 관계를 고려하지 않고 있다는 점에서 현실성이 없다.

어쨌든 구조 조정 및 초빙 위원회는 1991년 3월과 4월 사이에 그 활동을 시작했지만 초기에는 법적인 토대가 없었기 때문에 보조적인 일만을 수행했다. 1991년 7월 27일 베를린 대학법의 보충법이 발효된 이후에야 비로소 이 위원회는 그 활동에 있어서 확고한 법적 토대를 갖게 되었다. 이 보충법은 모든 학과에 있어서 구조 조정 및 초빙 위원회를 설립할 것을 요구했으며, 각 위원회는 각 3명씩의 내/외부의(구동독 지역/서베를린이 아닌 구서독 지역의) 대학 교원과 한 명의 학문적인 고용인 대표와 한 명의 학생(대개 학생회 간부)으로 구성되었다. 이 위원회에 법적으로 주어진 임무는 연구와 교육의 구조를 혁신하는 일과 교수 자격 논문에 관한 모든 결정 그리고 이에 덧붙여 교수직에 관한 초빙 제안을 준비하는 일 등 거의 모든 대학 해당 학과의 개편에 관한 것이었다. 이 위원회는 학과 수에 따라 총 32개가 대개 1991년 가을부터 규칙적으로 일을 수행할 수 있었다. 학과 사정에 따라 시간적인 차이는 있지만 빠른 과는 1993년 초에 그 활동을 끝냈으며 베를린 대학법의 보충법에 명시된 대로 1994년 3월까지는 모든 일을 처리해야만 했다. 초기에는 구성원들의 의견 조율 때문에 약간의 의견 충돌이 있었지만, 수많은 회의 및 제시된 자료 검토를 한 후 사실 및 그것에 관한 법적·논리적 근거에 의거해서 구성원간의 합의가 이루어질 수 있었다.

　이 위원회들은 대부분 수십 번의 하루나 이틀에 걸친 회의와 수많은 인터뷰 등을 통한 자료 수집을 해야만 했으며 구성원들 사이의 화합을 이끌어내야 하는 등의 과중한 업무를 수행했음에도 불구하고 극히 예외적인 경우를 제외하고는 구성원은 경질되지 않았다. 어쨌든 이 과정에서 구체적인 사안 결정을 위한 표 대결은 거의 없었으며 정치적인 전선이나 그룹 형성이 의사 결정에 있어서 주도적인 역할을 하지 못했다. 오히려 의사 결정 과정에서 강력하게 영향을 미친 것은 구서독 출신의 위원회 구성원의 (특히 위원장의) 개인적인 명망, 전문적인 능력, 경험과 관철 능력 등이었다. 이에 비해 구동독 지역 구성원은 정확한 자료 수집 경로와 수집된 자료의 객관성을 판정하는 일을 주로 담당하였으며 자신도 구조 조정의 대상이 될 수 있다는 생각으로 인해서 불안한 위치를 점하고 있었던 것으로 보인다.[27] 게다가 대부분의 구동독 지역 구성원들은 그들의

---

27) 각 학과의 구조 조정 및 초빙 위원회에서 제안된 내용을 주 교육부 장관이 허락하는 방식으로 진행됨. 이 위원회의 위원장은 철학과의 경우 서독 엣센 대학 교수인 게트만(Gettmann)이 맡았으며(다른 두 명의 서독 교수는 본 대학의 호네펠트(Honnefeld)와 콘트탄쯔 대학의 미텔슈트라쓰(Mittelstraß)였다) 위원장은 이 위원회의 토론을 거친 내용 중 특정 내용을 자의적으로 결정할 수 있는 자격이 있었다. 이런 의미에서 민주적인 토론을 통해 합의된 사항을 결정하는 절차가 아니었다. 따라서 이 위원회 구성원 중 훔볼트 대학 출신들은 사실 자료 제시와 그것에 대한 판별을 위해 이용되었다고 판단된다. Das Interview mit Herrn Hans-Jürgen Stöppler(1998.1.12.).

그 때까지의 직업적인 경험으로 인해서 갈등이 있더라도 그것을 밀고 나갈 준비가 되어 있지 않았으며 이런 점에서 그들은 이 위원회를 통해 많은 것을 배웠다는 점을 인정하고 있다.[28]

각각의 위원회가 풀어야 할 문제들은 각 학과의 상황에 따라 다양하게 전개되었다. 그러나 그들의 공통적인 과제는 전공 학과의 미래의 모습에 관한 생각이었다. 구체적으로는 어떤 교과 과정을 학과가 제공해야 하는지의 문제가, 달리 말하면 기존의 교과 과정을 어떤 관점에서 변경할 것인지의 문제가 결정되어야만 했다. 이것은 학생 수, 학문 인력과 학문 보조 인력 그리고 시설물의 공급과 관련된 문제로서 이는 서독의 대학과 예상되는 수요를 고려해서 결정되었다. 베를린의 경우에는 이 결정에 있어서 베를린 자유 대학 및 공대 그리고 베를린 소재 다른 전문대학뿐만 아니라 포츠담 대학이 일차적인 고려의 대상이었다.

이러한 절차에 의거해서 1991년 10월 베를린 의회에서 결정된 인력 조정 계획에 따라서 개편하도록 제안된 내용에 따르면,[29] 의대를 제외한 다른 학부에서의 인력 감축은 5,165명에서 3,316명으로 총 36%인 1,849명에 달하며, 이 중 학문 인력은 2,574명에서 1,802명으로 30%인 772명이 학문 보조 인력은 2,591에서 1,514명으로 42%인 1,077명이다. 그런데 학문 인력 중 교수 및 자리가 보장된 강사는 667명에서 550명으로 그리고 계약직 학문적인 협력자들은 376명에서 964명으로 약간 감축되든지 오히려 늘어난 반면에

---

28) F. Neidhardt(1994), S. 46f 참고.
29) T.Raiser(1998), 80~86쪽 도표 4~7 참고.

학문적인 중간층인 무기한 고용 계약을 맺은 협력자들은 1,531명에서 271명으로 82%가 감축되어야 했다. 이 층은 서독의 다른 대학과의 형평성을 고려해서 대폭 개편되어야 했다.[30)]

3) 훔볼트 대학의 철학과와 독어학과의 인력 및 구조 조정 내용

이러한 개편 계획에 따라 진행된 결과를 철학과와 독어독문학과만을 중점적으로 살펴보면 다음과 같다.[31)]

(1) 철학과의 인력 및 구조 조정 내용

철학과의 시기적 변화를 도표화하면 다음과 같다.[32)]

[표 3] 철학과의 시기적 변화

1989년	1991년	1992년	1995년
마르크스－레닌주의 철학부	철학부	철학 연구소	철학 연구소
	학문적 철학과 인류 개체발생학 연구소	학문으로서의 철학과 인류 개체 발생학 연구소	인류개체발생학 분과
	분과 상호적인 문명화 연구를 위한 연구소	해체됨	

---

30) 훔볼트 대학은 서독의 다른 대학과 비교해서 교수 수는 3배가 많았으며 학생 수는 1/3 수준이었다. 훔볼트 대학은 구동독 시절 소수 정예 엘리트 대학이었으며 일부 교수는 이를 준수하려고 시도했지만 받아들여지지 않았으며, 결국은 서독 다른 대학과 같은 상태로의 개편이 이루어졌다. 이 중 교수 인력은 거의 감축되지 않았지만 총 520명 중 최소한 260명은 서독 출신으로 충원되어야 한다고 구조조정 및 초빙 위원회에서 결정했다. 그렇지만 인문 사회과학부 교수들은 대부분 옛 동독의 사회주의 통일 민주당(SED)과 밀접히 연관되어 있었으며 따라서 극소수만이(약 10% 정도) 재임용되었다. 예를 들면 철학과 2명, 역사학과 2명, 정치 경제 법학과 2~3명, 교육학과는 120명 중 전원 탈락(호네커의 교육 정책 담당 이데올로그들뿐이었기 때문)했으며, 자연과학부 특히 수학과와 화학과 교수는 당과 공식적으로 연관된 사람이 거의 없었으며 학문적인 수준도 높았기 때문에 거의 다 재임용되었다. Das Interview mit Herrn Hans–Jürgen Stöppler(1998.1.12.).
31) 이 도표는 T.Raiser(1998), 부록 II 도표 9 및 20번을 참고해서 작성.
32) 마르크스－레닌주의 철학부에서 분화된 학문적 철학과 및 인류 개체발생학 연구소 및 분과 상호적인 문명화 연구를 위한 연구소는 최종적으로는 1995년에 이르면 유명무실화되었기 때문에 이 분야에 대한 도표식 설명을 생략한다.

[표 4] 철학과의 인력 개편 상황에 대한 도표적 설명(1989~1995년 사이의 변화)

	89.12.11	91.1.28	초빙 (내부)	퇴출	92.6.1	1995	초빙 (내부)	퇴출
교수	7	5	1(1)	3	5	5	3	3
강사	8	4	0	4	4	1	0	3
수석 조교	10	6	0	4	6	2	0	4
무기한 계약 조교	10	11	1(1)	6	11	19	14	7
기한 계약 조교	6							
학문적 비서	1	0	0	1				
(외국어) 강사	1	0	0	1				
합계	43	26	2	19	26	26	17	17

(2) 독어학과의 인력 및 구조 조정 내용

독어독문학과는 시기적으로 보면 1989년 12월 11일~1991년 1월 28일: 독어독문학부, 1992년: 독어독문학과, 1995년: 독어독문학 연구소로 변경된다.

[표 5] 독어독문학과의 인력 개편 상황에 대한 도표적 설명(1989~1995년 사이의 변화)

	89.12.11	91.1.28	초빙 (내부)	퇴출	92.6.1	1995	초빙 (내부)	퇴출
교수	15	15	1(1)	1	13	29	20(2)	4
강사	12	11	1(0)	2	8	3	0	5
수석 조교	13	13	1(1)	1	10	5	0	5
무기한 계약 조교	35	44	0(0)	0	43	48	17(2)	17
기한 계약 조교	19	8	11(0)	11	5			
학문적 비서	2	1	1(0)	1				
(외국어)강사	10	10	0(0)	0	7	3	0	4
LHD교사	20	18	1(0)	3	12	6	0	6
합계	126	120	13	19	98	94	37	41

(3) 두 과의 인력 및 구조 조정 내용 비교

　　이 두 도표식 설명에서 설명할 수 있는 부분은 철학과의 경우 동독의 이데올로기를 배출했던 마르크스－레닌주의 철학부의 폐지와 새로운 철학 연구소의 설립으로 이어졌다는 점이다. 이는 철학과의 전반적인 개혁으로 이어졌음을 쉽게 짐작할 수 있다. 인력 수급에 있어서도 이전의 교수 및 강사는 각각 2명과 1명을 제외하고는 다 교체되었으며 학문 중간층으로 분류되는 조교의 수는 대폭 감축되었음을 알 수 있다. 그리고 결원된 교원의 충원은 내부 충원이 아니라 외부의 인력이 대거 유입되었음을 보여주고 있다.

　　이와는 대조적으로 독어독문학과는 학부에서 학과로 그리고 최종적으로는 연구소로 그 명칭만을 변경한 채 원래의 틀을 거의 그대로 유지했을 뿐만 아니라, 인력 수급에 있어서도 교수는 과거의 인력을 대부분 그대로 유지한 채, 새롭게 다수를 충원하는 방식으로 진행되었다. 강사급은 상대적으로 변동이 있었지만, 학문 중간층으로 분류되는 조교의 수는 큰 변동이 없이 기존의 인력을 거의 이용하는 형태를 띠고 있다.

　　이러한 두 학과의 대조적인 개편 방향은 훔볼트 대학뿐만 아니라 다른 동독 지역 대학에 있어서도 사정이 비슷함을 유추할 수 있다. 앞서 언급했듯이 특히 과거의 동독 정권과 밀착되어 있던 과 및 교원들은 우선적인 감축의 대상이 되었다. 이는 통일 후 전개되는 교과목 개정 작업과 밀접히 연결되어 있는 부분으로서 구체적인 교과목 내용 분석을 통해 그 방향을 가늠할 수 있다.

4) 홈볼트 대학의 커리큘럼 변경 과정─철학 및 독어학의 경우

독일 통일은 흡수 통일 방식이었기 때문에 교육 체제 역시 서독식으로 흡수되는 것이 당연시되었다. 그 결과 동독 지역의 교육 체제가 교육 이념과 학제, 교과목, 교사 등에서 전면적으로 수정되는 것이 불가피했다. 구동독의 중앙 집권적이며 일률적인 교육 체제는 서독식 지방 분권형으로 바뀌었다. 이는 각 주 단위로 자율적인 교육 정책을 지원하는 것을 골자로 하는 1991년 5월 24일 제정된 '고등 교육 개혁안'에 따른 것이다. 이에 따라 교육 과정에서 정치 교육과 군사 교육이 사라졌으며, 제1 외국어를 러시아어에서 벗어나 영어, 프랑스어로 확장시켰다. 그리고 사회주의 체제와 관련된 학과, 즉 마르크스─레닌주의와 관련된 법학, 경제학, 역사학, 철학, 교육학, 심리학, 경영학 등 인문 사회 과학 과목이 대부분 폐지되었다. 따라서 정치성 교사는 교단에서 추방되었는데, 특히 이 중 사회주의 이데올로기를 양산했던 동베를린의 홈볼트 대학 철학과는 철저하게 개편되었다. 해고된 교사뿐만 아니라 잔류 교사들도 많은 문제를 내포하고 있는데, 그들의 교육 내용이 구서독 지역의 교사에 비해 질적인 차원에서 현저하게 낮기 때문이었다. 이는 대부분 그들이 교육받은 내용의 현실적 적용 능력이 매우 떨어지기 때문이다.33) 그러나 독어학과의 경우는 대폭적인 수정이 필요하지 않았

---

33) 철학과의 경우 구동독의 마르크스─레닌주의 학과의 폐기와 철학연구소로의 개편에 따라 마르크스─레닌주의 강좌가 폐지되었으며 방법론적 다원론에 입각한 강의가 이루어졌다. 이 과정에서 새로 임용된 교수의 전공 분야와 강의 개설 의도가 교과 과정 개편에 막대한 영향을 미쳤으며 학생들의 요구사항도 적극 수용되었다. 또한 학생들은 새 대학법과 옛 동독 시절 통용된 대학 법 중 하나를 자유롭게 선택해서 졸업할 수 있었으나 대부분이 새 대학 법에 따라 자격증을 얻거나 졸업을 했다. 특히 인문 사회과학 학과들은 구동독

는데, 그 이유는 문법 연구에 있어서 그동안 표준 문법 논의를 위한 왕래 및 의사소통이 원활히 이루어졌으며 표준 문법에 있어서 두 나라의 기본 골격이 동일했기 때문이다. 따라서 통일 이후 문법을 개정할 필요가 없었으며 다만 이질화된 어휘를 조정하는 문제만 부각되었다. 그 결과 철학과와는 달리 대학 커리큘럼 변경이나 교수진 개편 혹은 학문 예비 세대의 연구 주제 등에 있어서 변화가 적었던 것으로 판단된다.

그럼 우선 철학과의 교과 과정 개편부터 분석해보겠다. 여기서 분석된 커리큘럼은 8학기 분으로서 전체의 일부분에 지나지 않지만, 구동독 시절의 교과 과정 개편이 거의 이루어지지 않았기 때문에 이 자료를 기반으로 70년대와 80년대의 교과 과정을 유추해볼 수밖에 없었다. 이 자료와 함께 1990년 이후의 자료를 같이 분석함으로써 교과목의 변화 과정을 쉽게 파악할 수 있도록 대비시켜 보았다.

(1) 철학과의 커리큘럼 변경 내용.

1965~68년 사이의 철학부 교과목을 분석해보면, 65/66년 1학기는 31개 과목, 66년 2학기 27과목, 66/67년 1학기 29과목, 67년 2학기 26과목, 67/68년 1학기 37과목, 68년 2학기 55과목을 개설하였다. 이 중 수학 및 논리학 과목이 1~2개 그리고 철학사 과목이

교과 과정이 취직을 위해서는 불리한 과목 내용을 제시했기 때문에 새 법에 따라 새 교과 과정에 의거해서 학위증을 받았다. 그러나 수학 등 특정 학과는 서독과 거의 동등한 내용을 가르쳤으며 그 수준도 상당히 높았기 때문에 이러한 문제가 거의 발생하지 않았다. Das Interview mit Herrn Hans-Jürgen Stöppler(1998.1.12.).

2~3개 개설되었으며 미학과 윤리학 각 1개와 사이버네틱 관련 과목이 약 2~3개가 개설되었다. 그 이외의 과목은 마르크스주의와 레닌주의 관련 존재론, 인식론, 사회철학, 윤리학, 철학사 등으로 구성되어 있었다. 이 부분이 교과목 개설 내용 중 약 70% 내외를 차지하고 있었다. 특이한 점은 다른 과목에 비해 자연과학과 논리학 그리고 사이버네틱 관련 과목이 계속해서 개설되고 있다는 점이다. 이러한 편성은 그 당시의 소련 학제의 도입으로 인해 나타난 결과로 보인다. 어쨌든 이것 역시 마르크스-레닌주의가 강조하는 유물변증법 및 과학 이론에 입각한 교과 과정 개편으로 파악할 때 이데올로기로부터 상대적으로 자유롭게 진행되었던 과목은 거의 없었던 것으로 파악된다. 단지 철학사 중 근대 부르주아지 철학 비판이라는 과목에서 근대철학을 강의한 것으로 보인다. 따라서 전반적으로는 철학과 교과목 중 이데올로기로부터 일정 부분 벗어나 진행되었던 과목은 논리학을 제외하면 거의 없었던 것으로 파악된다.[34]

이는 1969년과 1973년에 발행된 훔볼트 대학 지침서 중 마르크스-레닌주의 철학부의 교육 지침 설명 부분을 참조할 경우 그 내용이 명백해진다. 여기서는 독일 민주 공화국의 역사적 임무를 마르크스-레닌주의의 확립과 확장으로 파악하고 있으며 이에 따라 마르크스-레닌주의 철학부는 마르크스-레닌주의 철학을 학문적으로 강화하며 사회주의 통일당의 강령에 의거해서 사회주의적인 계급의 관점을 적극적으로 강화시키는 역할을 하도록 규정되어 있

---

34) 훔볼트 대학 1965~68년 철학과 커리큘럼 참고.

다.[35] 마르크스–레닌주의 철학부는 세 단계로 구성되어 있는데, 첫째 단계에서는 변증법적 유물론과 사적 유물론과 마르크스–레닌주의에 관한 기초 지식을 쌓는 단계이며, 두 번째 단계에서는 이 기본 철학적인 입장을 사회의 발전 및 자연과학과 사회과학과 연관짓는 교육을 받으며, 세 번째 단계에서는 마르크스–레닌주의 철학을 부르주아 이데올로기 및 근대의 수정주의와 대별해서 논쟁하는 문제를 다룬다.[36] 1973년에는 이에 덧붙여 학문적인 공산주의를 역사적 발전 단계에 맞춰서 설명하고 사회적으로는 독일 및 세계적인 수준의 노동자 운동의 역사와 연관지어서 학습하는 프로그램을 교육 과정에 첨가하고 있다.[37]

1990년 이후의 교과목 내용을 분석해보면, 1990/91년 겨울학기에는 45과목, 91년 여름학기에는 54과목, 그 이후에도 1993/94년 겨울학기까지 평균 40~50과목을 개설했으며 1994/95년 겨울학기부터는 과목 수가 계속 증가해서 1997년 여름학기까지 평균 65~70과목을 개설하고 있다. 그 내용도 마르크스–레닌주의 철학은 거의 사라졌으며, 마르크스의 자본론 강독이나 근대철학 강좌에서 맑시즘이 언급되는 식으로 그 흔적을 찾을 수 있을 뿐이다. 이역시 서독의 다른 대학 교과 과정에서 다루고 있는 학문적인 수준에서의 언급으로 국한되고 있다.[38] 다만 논리학 일반 및 수리논리

---

35) 이런 의미에서 구동독지역에 있어서의 철학은 사회주의적이며 공산주의적인 사회 및 사회주의 통일당의 정책을 이론적으로 정초하는 일을 담당해야만 했으며, 이것은 '정치학과 철학의 통일'이라는 형태를 취하고 있었다. 즉, 철학은 이데올로기적인 계급투쟁에 있어서 '무기'였다. Elke Hahn/Klaus Wieweg(1993), 103쪽.

36) 참고: Humbolt Universität Wegweiser(1969), 119~121쪽.

37) 참고: Humbolt Universität Wegweiser(1973), 94~97쪽.

강의만이 그 이전의 과목과 유사한 형태를 띠고 있지만 이것 역시 마르크스-레닌주의 철학과는 전혀 다른 맥락에서 전개되고 있는 것으로 파악된다.39) 논리학과 철학사 관련 과목은 동독 대학에 있어서도 상당한 이론적인 수준에 도달해 있었으며, 이와 관련된 과목들은 통독 이전 훔볼트 대학 교수였던 베쎌(H. Wessel) 교수와 일리쯔(G. Irrlitz) 교수가 재임용되어 담당하고 있다.40) 그러나 이들은 마르크스-레닌주의 이데올로기로부터 상대적으로 자유로운 상태에서 연구를 했던 사람들이기 때문에 그 내용도 다른 서독의 교과 과정 내용과 다르지 않게 진행되고 있다. 따라서 통일 이후의 철학과 교과 과정은 다른 서독의 철학과 교과 과정 내용과 유사하게 진행되고 있으며 다만 임용된 교수의 전공 분야에 따라 교과목과 그 내용이 차이를 보이고 있을 뿐이다. 이는 다른 서독 지역의 대학도 마찬가지로 진행된다는 점에서 특별한 차이를 보이지 않고 있다고 이해될 수 있다.

이처럼 철학부의 교과 과정은 전면 개편의 방식을 취했으며 따라서 연구 인력에 대한 대대적인 개편은 오히려 당연한 논리적인 결과로 보인다.

---

38) 이는 다른 서독 대학의 철학과 커리큘럼과 유사한 형태로 변환되었다고 판단된다. 예를 들어 베를린 자유대학 철학과의 경우에는 기본적으로 철학사 및 철학적 문제 중심의 기초 강좌를 학부에서 개설한 후 대학원 과정에서는 존재론과 형이상학, 실천철학, 과학철학, 해석학 및 미학 등으로 세분화된 각 전공 분야별로 5~10강좌씩 개설된다. 따라서 특정 이데올로기 관련 과목이나 마르크스-레닌주의 및 사회주의 관련 철학 내용은 철학사 강좌의 일부분으로 다루어지거나 실천철학 분야의 특정 강좌 중 일부분으로 다루어질 뿐 독자적인 강좌로 개설되는 경우가 극히 드물다.

39) Das Inhaltverzeichnis vom Institut für Philosophie, in: Das Vorlesungsverzeichnis der Humbolt Universität(1990~1997), 참고.

40) Elke Hahn/Klaus Wieweg(1993), 102쪽.

(2) 독어독문학과의(특히 독어학의) 커리큘럼 변경 내용

이에 비해 독어독문학과의 교과 과정 개편을 분석해보면 그 내용은 다음과 같다.

1965~68년 사이의 독어학부 교과목 분석:[41] 65/66년 1학기는 10개 과목, 66년 2 학기 4과목, 66/67년 1학기 6과목, 67년 2학기 8과목, 67/68년 1학기 13과목, 68년 2학기 12과목을 개설하였다. 이 과목들은 어학 교육을 위한 기본과목으로서 어휘론, 문체론, 통사론, 형태론, 독어사, 음운론, 고지독어 및 저지독어, 언어학 개론 등이 해마다 고정적으로 개설되었으며 다른 과목들도 일반 언어학 강의 내용이 주를 이루고 있었다.[42] 즉, 1965년에서 68년까지의 어학 분야의 개설 과목을 살펴보면 기초과목부터 개설해가면서, 크게는 옛말과 현대말 연구의 비율을 고려하여 각 분야에 걸쳐 고르게 과목을 개설하고 있다. 특히 67/68년에는 세계 언어학의 동향에 맞추어 '생성 문법'이 개설되고 있다.

물론 훔볼트 대학 지침서에는 "언어학은 특히 현대어를 연구하고, 마르크스－레닌주의의 언어이론을 확립시킬 것을 그 목적으로 한다. 동시에 대학교와 중·고등학교의 어학 수업을 위한 언어학적 기반을 마련할 것을 그 목적으로 한다."[43]라고 밝히고 있지만, 이 것은 커리큘럼의 구체적인 내용에까지 적용되지 않고 있다. 오히려

---

41) 이 글에서는 독어학의 경우만을 한정해서 분석하고자 했기 때문에 독어독문학부의 문학 관련 교과목 개요는 분석의 대상에서 제외하겠다. 어쨌든 문학 관련 부분은 교과목 내용만을 살펴보아도 철학부와 마찬가지로 상당 부분 이데올로기적인 내용을 강조하고 있음을 쉽게 파악할 수 있다.

42) 참고: 훔볼트 대학 1965~1968년 독어학과 커리큘럼.

43) 참고: Humbolt Universität Wegweiser(1969), 145~148쪽.

1973년의 지침서에 따르면, "문헌학 및 독어학 분과는 통일된 학문 이론을 근간으로 하여 모든 유럽 국가와 미국과 아시아 일부의 문화, 특히 언어와 문학을 다룬다. 그리하여 우리 공화국의 발달된 사회주의 사회를 위하여 유용하게 쓴다."[44]라고 구체적으로 명시함으로써 언어학 분과가 갖는 전문 영역을 용인하고 있다. 이처럼 넓은 의미의 언어학 분야에서는 지침과 구체적인 내용이 분리된 채, 국가 및 당의 이데올로기로부터 상대적으로 자유로운 상태에서 전문적인 일반 언어학 커리큘럼 및 교육이 시행되고 있음을 알 수 있다.

1990년 이후의 교과목 내용을 분석해보면, 우선 크게 눈에 띄는 것은 이때부터 학부수업과 대학원 수업으로 나뉘어 각 과목별로 전문성을 기하는 데 역점을 두고 있다는 점이다. 또한 1990/91년 겨울학기에는 총 30과목 중 21과목이, 91년 여름학기에는 총 30과목 중 16과목이, 1991/92년 겨울학기에는 총 20과목 중 8과목이 그리고 1992년 여름학기에는 19과목 중 7과목을 그리고 그 후에도 한 학기 평균 열 과목 이상을 신설하는 등 커리큘럼 개정이 계속되고 있음을 확인할 수 있다.[45] 그 내용도 언어학 일반에 관한 강의에서부터 현대언어학의 쟁점들을 소개하는 강의가 주를 이루고 있다.

이처럼 독어학부의 교과 과정은 언어학의 연구 분야가 베를린 자유대학 독어학과 커리큘럼에 상응해서 다양화되고 있다. 신설 과목의 수적인 확장은 결과적으로 독어학의(특히 현대 일반 언어학

---

44) Humbolt Universität Wegweiser(1973), 119~1122쪽 참고.

45) Dasn Inhaltverzeichnis vom Fachbereich Germanistik(bes. Germanistische Linguistik), in: Das Vorlesungsverzeichnis der Humbolt Universität(1990~1997), 참고.

의) 강화와 독어학 전공 학자 그룹의 양적인 팽창을 가져온다. 따라서 독어독문학과의 경우에는 통일 전의 훔볼트 대학 커리큘럼과 비교할 경우 문학 분야 과목의 상대적 약화와 어학 분야 과목의 강화로 이어짐을 알 수 있다.46)

(3) 두 학과의 커리큘럼 비교

여기서 사용되고 있는 자료의 불충분성에도 불구하고 그것에 어느 정도의 타당성을 부여할 수 있는 이유는 구동독 대학의 커리큘럼이 1965년에 입안된 교육법의 골격이 전면적인 수정 없이 통일 전까지 지속되었기 때문이다. 어쨌든 이 자료에 의거해서 확인할 수 있는 바는 커리큘럼의 내용 변화에 따른 철학과와 독어학과의 변화 내용을 구체적으로 제시할 수 있다는 점이다. 철학과의 경우 이데올로기화된 부분이 가장 먼저 제거되었으며 그 후 각 학자에 대한 자질의 문제가 검증된 것으로 파악된다. 이에 비해 독어학과의 경우는 커리큘럼의 변화가 전면적이지 않았으며 이에 덧붙여 학

---

46) 문학의 경우 커리큘럼 조정이 매우 광범위하게 이루어졌다. 마르크스-레닌주의에 입각해서 개설된 과목들은 전반적으로 사라지고, 새로 충원된 교수들의 전공 분야에 따라 새로운 과목들로 대체되고 있지만 독어학의 경우처럼 대폭적인 증가로 이어지지 않고 있다. 훔볼트 대학 1965~1968년 독어독문학과 커리큘럼/Das Inhaltverzeichnis vom Fachbereich Germanistik, in: Das Vorlesungsverzeichnis der Humbolt Universität(1990~1997), 참고. 독어 문법의 경우 Duden(13판)이 모두에게 통용되고 있어서 발음상 그리고 정서법 상으로는 전반적으로 통일성을 유지하고 있었다. 그렇지만 다른 한편으로는 동·서독 두 지역에서 약 40년간 이질적인 어휘들이 사용되어온 것도 사실이다. 정동규, 「통일 독일의 민족어 통합과정과 표준어 설정 연구」, 143쪽, 『어학연구』, 제32권 제1호(1996.3), 137~162쪽 참고. 예를 들면 서독에서의 영미어의 대대적인 유입, 동독에서는 표어나 격문, 관청이나 정당의 규정적 내지는 전형적 언어의 만연과 러시아어의 영향 등이 이질화를 초래했다. 같은 논문, 145쪽 참고. 그러나 재통일 이후 표준어로서 서독의 표준어가 채택된 이후 구동독의 표준어는 문법뿐만 아니라, 어휘, 억양 등에 이르기까지 거의 모든 측면에서 급속히 소멸되었다.

자들이 이데올로기적인 검증 과정에서 부정적으로 평가받지 않았기 때문에, 학자의 커리큘럼 수행 능력 및 연구 능력이 우선적으로 검토의 대상이 되었던 것으로 판단된다. 이러한 과정을 통해서 나타난 결과는 각 학과의 구조조정 및 인력 수급의 양상이 판이하게 다른 양상을 띠고 있다는 사실이다. 물론 이것은 2.1장에서 제시된 것처럼 주 정부에 의해서 인력 개편의 방향이 제시되었으며 이 기준에 따라서 수행된 것이지만, 그 결과는 개별 학과의 상황에 따라 전혀 다른 양상으로 나타났음을 확인할 수 있다.

결 론

1980년대 중반까지만 해도 독일의 통일 전문가들도 5년 후에 재통일이 가능하리라고 구체적인 자료를 바탕으로 예견하지 못 했다. 따라서 재통일 방안이나 그 이후의 문제들을 해결할 수 있는 구체적인 청사진이 준비되어 있지 않았다. 대학의 통합 역시 비슷한 상황이었다. 통합의 뼈대는 새롭게 제정된 통일 조약 3조, 37조, 38조 등이었으나, 구체적인 문제해결은 각 주정의 대학에 관한 법의 개정 및 제정을 통해서 이루어졌다. 베를린의 경우는 훔볼트 대학의 인력 및 구조조정을 베를린 대학법과 그 보충법 그리고 대학인력 이행법을 기반으로 구조조정 및 초빙 위원회가 맡았다. 이 위원회는 법적 강제력을 바탕으로 정해진 시기 내에서 가장 효율적인 해결 방안을 모색했음에도 불구하고 여러 번의 시행착오를 겪었던 것도 사실이다. 그 이유는 크게 본다면 급작스러운 재통일과 40여

년 동안 이질화된 문제들을 약 3년 안에 처리해야 했던 시간적 촉박함 그리고 구동독지역에서의 정보와 인력 활용 방안이 전무했기 때문이었다.

이 문제를 구체화시켜보면 다음과 같다.

1. 구동독 대학 개편에 서독의 법을 너무 일률적으로 도입한 결과 서독 법이 동독의 상황에 맞지 않는 경우가 발생했다. 예를 들면, 교수의 재임용에 관한 사항에서 발생한 문제다. 서독 법에 따르면 한번 재임용된 혹은 임용된 정부 관료는 해고되지 않는다. 즉, 재임용 심사를 통과한 후는 더 이상의 해고가 불가능하다. 서독의 경우 교수 임용에는 장기간에 거친 연구실적 및 해당 분야의 교육 경력이 요구된다. 그러나 훔볼트 대학 교수 재임용 과정에서 사용된 기준은 앞에서 제시된 바와 같이 기존 교수의 연구 능력이나 업적보다는 구정권과의 협력관계 및 사상적 편향성과 정치적 성향에 대한 검토를 우선시함으로써 서독에서와 같은 학문상의 공정한 평가 방식과는 상당한 편차를 보이고 있다. 이런 점에서 대학에서 교육 및 연구에 필요한 인력 수급 원칙이 부수적으로 검토되는 비정상적인 사태를 야기했다.

문제는 이러한 검증 과정을 통과한 50%에 이른 교수들이 법적인 보장을 받음으로써 훔볼트 대학의 정상적인 개혁 및 쇄신에 있어서 걸림돌로 작용할 여지를 마련해줬다는 점이다. 바로 이 점이 대학의 개혁 과정에서 기존 교수와 신규 채용 교수 간의 지금까지도 계속되고 있는 비합리적이며 비생산적인 논쟁의 기반을 제공하고 있다.

결국 이러한 빌미를 제공한 교수 임용 및 재임용 조항은 과도기적인 대체 조항으로 보완될 필요가 있다. 즉, 재통일 과정에서는 과도기적인 법을 제정해서 좀 더 장기적인 측면에서 대학의 교원 수급을 할 수 있는 여지를 만들어야 할 것이다. 또한 이 과정에서 가장 중요한 사항은 이들의 연구 업적에 대한 보다 공정하고 객관적인 평가 방식의 고안에 있다. 이렇게 함으로써 이들의 재임용이 훨씬 더 심도 있게 대학의 교육 및 연구 능력을 고양시키는 방향에서 검토될 수 있을 것이기 때문이다. 이 작업은 상당 기간이 소요될 것이지만 대학의 장기적인 인력 수급을 위해서는 필수적인 과정이라고 판단된다.

2. 이질적인 대학의 통합은 학문적인 상호 개선의 방향으로 나아갈 수도 있었으나, 이는 구성원들 사이의 토론 및 합의의 부재로 현실적으로는 불가능했다. 이런 상황에서 학문적 논쟁 및 이론적 상호 보완은 가능하지 않았으며 다만 앞 절에서 살펴본 바대로 커리큘럼의 서독화에서도 알 수 있듯이 전면적인 흡수통합의 형태를 띠고 있다. 그 주된 이유는 구동독의 정신과학 전공자들의 수동적인 자세 때문이었다.[47] 그들은 공개적으로 자신의 이론 및 강좌를 정당화하는 시도

---

47) U.J.Schneider(1996), 150쪽.

를 하지 않았다. 다만 소수의 학자만이 자신의 학문과 이념 적 성향에 대해 입장을 표명했지만, 이는 일회적인 선언에 머물게 됨으로써 학문적인 논쟁의 수준으로 발전하지 못했 다. 오히려 학문 후속 세대들이 지적인 대화에 적극적이었 으며 새로운 이론에 대한 적극적인 수용 자세를 보였다.[48] 따라서 학문 후속 세대에 대한 지원이 기존의 대학 교원의 재임용보다 우선적으로 고려되는 방향으로 정책을 변경하는 것이 필요할 것으로 판단된다.

3. 원칙적으로 보면 대학 개혁은 그 대학 당사자들이 해야 한 다. 누구를 해고하고 재임용해야 할지를 스스로 결정해야 한다. 예를 들면, 훔볼트 대학의 개혁에 있어서는 그곳 당사 자들의 개혁 노력이 중심을 이루어야 했다. 특히 대학생 및 대학원생 그리고 신진 학문 인력들은 학생들에게 강제로 이 데올로기를 주입시킨 교수를 스스로 밝혔어야 했으며, 이 작업은 정확한 정보에 의거해서 자율적으로 수행되어야 했 다. 그러나 현실적으로는 교육주체들의 침묵과 사보타지 그 리고 정보폐기 등이 빈번하게 일어남으로써 현실적인 대안 으로 떠오르지 못했다. 따라서 대학 구성원들의 능동적인 참여를 유인하는 방안이 적극적으로 고안되어야 할 것이다.

4. 훔볼트 대학의 개편에 참가한 주 정부 담당자들 및 서독 교 수들은 당시에 훔볼트 대학에 관한 정보를 거의 갖지 못한

---

48) Das Interview mit Herrn Volker Gerhardt(1998.1.14.).

상태였기 때문에 옛 동독 정부 교육부 담당자의 정보에 의존할 수밖에 없었다. 그러나 이들은 대부분 비협조적인 자세로 일관함으로써 정확한 정보와 자료를 취득하기 어려운 상황이 지속되었다. 더욱이 당사자들에게 불리한 자료 및 정보는 대부분 파기함으로써 객관적인 판단 자료를 수집하기 매우 어려웠다.

결국 이러한 시행착오를 반복하지 않기 위해서는 해당 대학의 자료를 관리하는 방식을 사전에 파악하고 그 관리자들에 대한 법적 도덕적 책임의 소재를 명시하는 구체적인 방안을 고안해내야 한다. 이는 크게 보면 전 분야에 있어서 구 정권의 정부 엘리트의 정보 소유 및 판단 능력을 이용할 수 있는 법적 기술적 방법을 개발하고 그들의 도덕적 이념적 성향에 대한 신속한 검토를 할 수 있는 방안을 만들어야 한다는 결론에 이른다.

5. 대학 개혁에 소요되는 경비를 고려해야 한다. 재통일 이후 독일연방 및 각 주들은 과도한 예산 지출로 경제적 어려움을 겪고 있다. 교육 예산도 축소되고 있는데, 특히 베를린의 경우는 세 개의 종합 대학을 유지해야 하는 어려움 때문에 대학의 인력 및 구조를 축소 조정하는 방식을 취할 수밖에 없는 상황이다. 결국 대학의 구조조정도 정부의 재정 상황의 중장기적 흐름을 고려해서 이루어질 수밖에 없다는 점을 고려할 경우 대학은 지속적으로 그 구조가 축소될 것을 예상하면서 합리적인 해결 방안을 제시해야 할 것이다.

6. 독일 재통일은 법적·행정적 측면에서 급속히 진행됨으로써 그것은 "통일에 있어서의 규범적인 내용의 결여"[49]로 나타 났다. 물론 이러한 현상은 실용적인 측면과 규범적인 측면 둘 다를 고려하지 않는 단기적인 정책 운영 때문이기도 하지만, 인문학의 자체 반성의 측면으로 시각을 돌리면, 대부분의 인문학자들이 급작스럽게 다가온 통일에 대비하지 못했으며 따라서 규범적 대안과 이것의 구체화를 준비하지 못했기 때문인 것으로 보인다. 이는 철학자를 포함한 인문학자들이 재통일 이후 그 자체에 대해서 비판적인 태도를 취함으로써 예측 가능한 미래의 모습에 대한 구체적인 청사진을 제시하지 못했다는 점에서도 확인될 수 있다. 예를 들면 대학의 인적 구조 개편에서도 시행착오를 겪었으며, 커리큘럼 개정에 있어서도 서독의 제도화된 커리큘럼을 무비판적으로 도입하는 방식을 택함으로써 재통일과 동시에 요구되었던 새로운 인문학적 비전을 제시하기 위한 잠재력으로서의 '비판적이며 자유로운 철학'[50]의 구체화를 고려하지 못했다.

이런 일이 우리에게 반복되지 않기 위해서는 통일 이후의 인문학의 자기정립을 위한 청사진뿐만 아니라, 그것의 구체화 방안이 (예를 들면, 새로운 커리큘럼 개발 및 대학의 재편 방향에 관한) 심도 있게 다루어져야 할 것이다. 특히 인

---

49) J.Habermas(1993), 62쪽.
50) W.Schmid(1996), 314쪽.

문사회과학의 경우는 정치적인 성향과 그들의 연구성과를 처리할 수 있는 방안을 고안해야 할 것이다. 예를 들면, 그들이 강세를 보이고 있는 한국철학 일반, 한국 고대사 등의 연구성과를 객관적으로 파악할 수 있는 방안을 고안해야 할 것이다.

이에 덧붙여 통일 이후에는 통일 한국의 현재와 미래의 지평에 관한 인문학적 이념 제시의 문제가 급격하게 대두될 것이다. 이에 대한 준비를 위해서 한국 근, 현대의 현실에 대한 사상적 정립의 과제가 우리에게 주어져 있다. 독일의 경우 재통일 이후 민족과 시민 중 무엇을 중심으로 국가 정책을 결정할 것인지에 대한 논쟁이 첨예하게 대립되었는데, 이는 통일 이후의 국가적 정체성을 구성하는 문제와 직결되어 있기 때문이다. 이를 위해서는 우선적으로 '통일 이후의 교육제도 및 교육인력 개편을 준비하는 조직'을 한시적으로 운영함으로써 통일 후 발생하게 될 교육 문제를 정치·경제·사회적 문제들을 고려하면서 다층적으로 예측하고 이에 대한 대응책을 준비할 수 있어야 할 것이다.

7. 훔볼트 대학의 개편을 논의하면서 우리의 상황과 연관해서 논의하고 싶은 내용은 다음과 같다: 동독, 서독은 동구와 서구의 두 부자 나라였다. 그들에게는 상대적인 사회적 합리성과 부가 존재했다. 따라서 문제 처리 방식이 감정이나 비합리적인 요소에 치우치지 않고 전개되었으며 어느 정도 구성원들의 공감대를 형성하는 데 있어서 성공한 것으로 보인

다. 그러나 우리의 상황을 다르다. 경제적 파산 상태의 북한과 넉넉하지 못한 남한의 통일은 독일보다 어려울 것이다. 이러한 상황을 개선시키는 일이, 즉 경제적 수준 향상과 사회적인 합리성의 확대는 통일 이후의 문제를 합리적으로 해결하기 위한 초석으로서 작용한다는 점에서, 통일을 위해 우리가 고려해야 할 최우선적인 사항임이 분명하다. 그러나 이에 못지않게 중요한 점은 통일을 구체적으로 대비하기 위해서는 다양하게 전개될 여러 분야의 통일을 개별적으로 검토하는 작업이다. 이 글에서 살펴본 몇 가지 주제들이 이러한 과정에서 긍정적으로 검토될 수 있는 자료로서 사용될 수 있었으면 한다.

참고문헌

김진업, 「독일 통일과 대학 제도의 통합에 관한 연구」, 『경제와 사회』 제33호, 1997, 봄호.

정동규, 「통일 독일의 민족어 통합과정과 표준어 설정 연구」, 『어학 연구』 제32권 제1호, 1996.3.

Anweiler, Oskar(1985) "Das Bildungswesen." Eckhard Jesse(Hg.)(1985) Bundesrepublik Deutschland und Deutsche Demokratische Republik. Berlin, Colloquium Verlag.

Arbeitsgruppe Bildungsbericht am Max-Plank-Institut für Bildungsforschung (1994) Das Bildungswesen in der Bundesrepublik Deutschland: Strukturen und Entwicklungen im Überblick. Reinbeck bei Hamburg. Rowohlt.

Bierwisch, M.(1992) "Konflikte der Erneuerung: Die Universitäten der ehemaligen DDR." H.-L.Arnold/ F.Meyer-Gosau(Hg.)(1992) Abwicklung der DDR. Göttingen.

Das Inhaltverzeichnis vom Fachbereich Germanistik, in: Das Vorlesungsverzeichnis der Humbolt Universität 1965-68/ 1990-97.

Das Inhaltverzeichnis vom Institut für Philosophie. in: Das Vorlesungsverzeichnis der Humbolt Universität 1965-68/ 1990-97.

Eckhard Jesse(Hg.)(1985) Bundesrepublik Deutschland und Deutsche Demokratische Republik. Berlin, Colloquium Verlag.

Elke Hahn/Klaus Wieweg(1993) "Zur Geschichte der Philosophie in der DDR." H.Schnädelbach/Geert Keil (Hg.)(1993).

H. Schnädelbach(1983) Philosophie ni Deutschland 1831-1933. Frankfurt a.M. Suhrkamp.

H. Schnädelbach/Geert Keil(Hg.)(1993) Philosophie der Gegenwart-Gegenwart der Philosophie. Hamburg Junius Verlag.

Habermas, Jürgen(1990) Die nachholende Revolution. Frankfurt a.M.

Suhrkamp Verlag.

Habermas, Jürgen(1993) Vergangenheit als Zukunft. München Pieper Verlag.

Hall, K.-H.(1994) "Die Hochschulgesetzgebung der neuen Länder als Rahmenbedingung der Neustrukturiung." R.Mayntz(Hg.)(1994).

Humbolt Universität Wegweiser 1969/1973.

Irrlitz, Gerd(1990) "Ankunft der Utopie." Sinn und form 5, 1990, 930-955.

Kapferer, Norbert(Hg.)(1990) Das Feindbild der marxistisch-leninistischen Philosophie in der DDR 1945-1988, Darmstadt.

Kocka, J.(1994) "Reformen von oben und au β en." Das Hochschulwesen. Jg. 42 Heft 2.

Krüger, Hans-Peter(1992) "Rückblick auf die DDR der 70er und 80er Jahre." ders., Demission der Helden. Berlin 1992, 79-103.

Krull, W.(1994) "Im Osten wie im Westen-nichts Neues? Zu den Empfehlungen des Wissenschaftsrates für die Neuordnung der Hochschulen auf dem Gebiet der ehemaligen DDR." R. Mayntz(Hg.)(1994).

Mayntz, R.(1994) "Die Erneuerung der ostdeutschen Universitäten zwischen Selbstreform und externer Intervention." R. Mayntz(Hg.)(1994).

Neidhardt, F.(1994) "Konflikte und Balance: Die Umwandlung der Humbolt Universität zu Berlin 1990~1993." R.Mayntz(Hg.)(1994).

R. Mayntz(Hg.)(1994) Aufbruch und Reform von oben: Ostdeutsche im Transformationsproze β. Frankfurt a.M./New York.

Raiser, Thomas(1998) Schicksalsjahre einer Universität. Berlin, Berlin Verlag.

Schneider, Ulrich Johannes(1996) "Situation der Philosophie, Kultur der Philosophen-Über die neudeutsche Universitäts philosophie." Deutsche Zeitschrift für Philosophie. Bd.44 1996.1. Jahrgang.

Stekeler-Weithofer, Pirmin(1993) "Philosophie in Leipzig: Neubgeginn oder Kontinuität?." Hochschule Ost. August 1993, 46-51.

W.Schmid(1996) "Zur Situation der Philosophie." Deutsche Zeitschrift für

Philosophie. Bd.44 1996.2. Jahrgang.

Wilharm, Heiner(1990) Denken für eine geschlossene Welt. Philosophie in der DDR. Hamburg.

Wissenschaftsrat(1992) Empfehlungen zur künftigen Struktur der Hochschullandschaft in den neuen Ländern und Ostteil von Berlin. Köln.

*연방 교육법 및 베를린 주의 대학에 관한 법령

Das Bildungsgesetz vom 25. Feb. 1965 der DDR.

Die Hochschulverordnung des Ministerrats vom 25. Feb. 1970 der DDR.

Gesetz über die Hochschulen im Land Berlin (Berliner Hochschulgesetz — BerlHG) vom 12. Oktober 1990.

Gesetz über die Vereinheitlichung des Berliner Landesrechts vom 28. 9. 1990.

Zweites Gesetz über die Vereinheitlichung des Berliner Landesrechts vom 10. 12. 1990.

Gesetz zur Ergänzung des Berliner Hochschulgesetzes - ErgGBerlHG - vom 18. Juli 1991.

Gesetz über die Übernahme des wissenschaftlichen und künstlicherischen Personals der Hochschulen im Ostteil Berlins in Rechtsverhältnisse nach dem Berliner Hochschulgesetz (Hochschulpersonal-Übernahmegesetz— HPersÜG) vom 11. Juni 1992.

필자 소개

권용혁

울산대학교 철학과 교수. 독일 베를린자유대학교에서 철학박사학위를 받았다. 주요 저서로는 『홉스의 개인주의 비판』, 『이성과 사회』, 『철학과 현실』, 『한국가족, 철학으로 바라보다』 등이 있으며, 주요 논문으로는 「열린 공동체주의를 향하여」, 「철학자와 '사회적 현실'」, 「동아시아 공동체의 가능성 모색」, 「다수와 소수의 관계 탐구」, 「정상성으로의 귀환」, 「민주주의와 소수자」, 「개인과 공동체」 등이 있다.

김용해

서강대학교 신학대학원 철학과 교수. 독일 뮌헨 예수회 철학대학교에서 철학박사학위를 받았다. 주요 저서로는 『종교 간의 대화를 통한 인권과 인간존엄성의 근거』, 『젊은이의 행복학』, 『인간존엄성의 철학』, 『일반윤리학』, 『알프레드 델프』 등이 있으며, 주요 논문으로는 「아시아에서의 인권 이념의 철학적 기초」, 「동아시아에서의 인권이념의 논쟁과 인간존엄성」, 「남북통일의 정당성과 통일국가의 비전」, 「연대의 가능성과 인간의 의무」 등이 있다.

김원식

국가안보전략연구원 책임연구위원. 연세대학교에서 철학박사학위를 받았다. 주요 저서로는 『배제, 무시, 물화』, 『하버마스 읽기』, 『주체사상과 인간중심철학』(공저) 등이 있으며, 주요 논문으로는 「비판적 북한학 시론」, 「자주성의 역설에 대한 성찰」, 「인정과 재분배」 등이 있고, 주요 역서로는 『지구화 시대의 정의』, 『하버마스와 현대사회』 등이 있다.

김의수

전북대학교 철학과 명예교수. 독일 보쿰-루어 대학교에서 철학박사학위를 받았으며, 주요 저서로는『현실과 철학 사이』,『상식철학으로 읽는 인류문명과 한국 사회 현실』,『네가 아는 상식 그게 철학이야』등이 있으며, 주요 논문으로는「문화다원주의와 21세기 인류의 철학적 지향」,「한국사회의 위기에 대처할 철학적 원리들」,「신문명을 창조해야 한다」등이 있고, 역서로는『철학적 인간학』이 있다.

나종석

연세대학교 문과대학 및 국학연구원 교수. 독일 에센대학교에서 철학박사학위를 받았다. 주요 저서로는『차이와 연대』,『삶으로서의 철학』,『헤겔 정치철학의 통찰과 맹목』,『대동민주 유학과 21세기 실학』등이 있으며, 주요 논문으로는「헤겔과 함께 헤겔을 넘어서-서구중심주의 비판, 화해의 정신 그리고 대동민주 유학을 중심으로-」,「한국 민주공화국 헌법 이념의 탄생과 유교 전통」,「사회인문학의 이중적 성찰: 대동민주 유학의 관점에서」등이 있다.

선우현

청주교육대학교 윤리교육과 교수. 서울대학교에서 철학박사학위를 받았다. 주요 저서로는『사회비판과 정치적 실천』,『위기시대의 사회철학』,『한국사회의 현실과 사회철학』,『자생적 철학체계로서 인간중심철학』,『평등』,『우리시대의 북한철학』등이 있으며, 주요 논문으로는「공동체주의의 그림자: 신보수주의의 정당화 논리」,「한국사회에서의 낙인효과와 적대적 배제 정치」등이 있다.

이삼열

대화문화아카데미 이사장. 숭실대 철학과 교수 및 유네스코 아시아태평양 국제이해교육원장과 한국위원회 사무총장을 역임. 독일 괴팅겐 대학교에서 사회과학 박사학위를 받았다. 주요 저서로는 『평화의 철학과 통일의 실천』, 『현실개조를 향한 사회철학의 모색』, 『기독교와 사회 이념』, 『평화체제를 향하여』 등이 있다.

임경석

경기대학교 초빙교수. 독일 튀빙엔 대학교에서 철학박사학위를 받았다. 주요 저서(공저)로는 『한나 아렌트와 세계사랑』, 『촛불, 어떻게 볼 것인가』, 『기본소득의 쟁점과 대안사회』, 『한국 교육 현실의 철학적 성찰』 등이 있으며, 주요 논문으로는 「세계화 시대의 정의」, 「세계화 시대와 소외된 노동」, 「글로벌 기본소득」, 「인권의 실현을 위한 기본소득」 등이 있고, 역서로는 『이해의 에세이』가 있다.

한승완

국가안보전략연구원 책임연구위원. 독일 브레멘대학교에서 철학박사학위를 받았다. 주요 저서로는 『유럽 내 우익민족주의 확산동향과 전망』, 『공동체란 무엇인가』(공저) 등이 있으며, 주요 논문으로는 「국가사회주의 시민사회론 재고」, 「'자유주의적 민족주의'와 '헌법애국주의'」, 「한국 근대 공론장과 개인의 문제」, 「한국 공론장의 원형 재구성 시도와 사회·정치철학적 함축」 등이 있다.

사회와 철학 연구총서 ❹

한반도의 분단, 평화, 통일 그리고 민족
분단과 국민국가의 미래에 대한 철학적 성찰

초판발행 2019년 2월 28일
초판 2쇄 2019년 12월 5일

저　　　자 사회와 철학 연구회
펴 낸 이 김성배
펴 낸 곳 도서출판 씨아이알

책임편집 박영지, 최장미
디 자 인 김진희, 윤미경
제작책임 김문갑

등록번호 제2-3285호
등 록 일 2001년 3월 19일
주　　　소 (04626) 서울특별시 중구 필동로8길 43(예장동 1-151)
전화번호 02-2275-8603(대표)
팩스번호 02-2265-9394
홈페이지 www.circom.co.kr

I S B N 979-11-5610-738-5 93340
정　　　가 20,000원